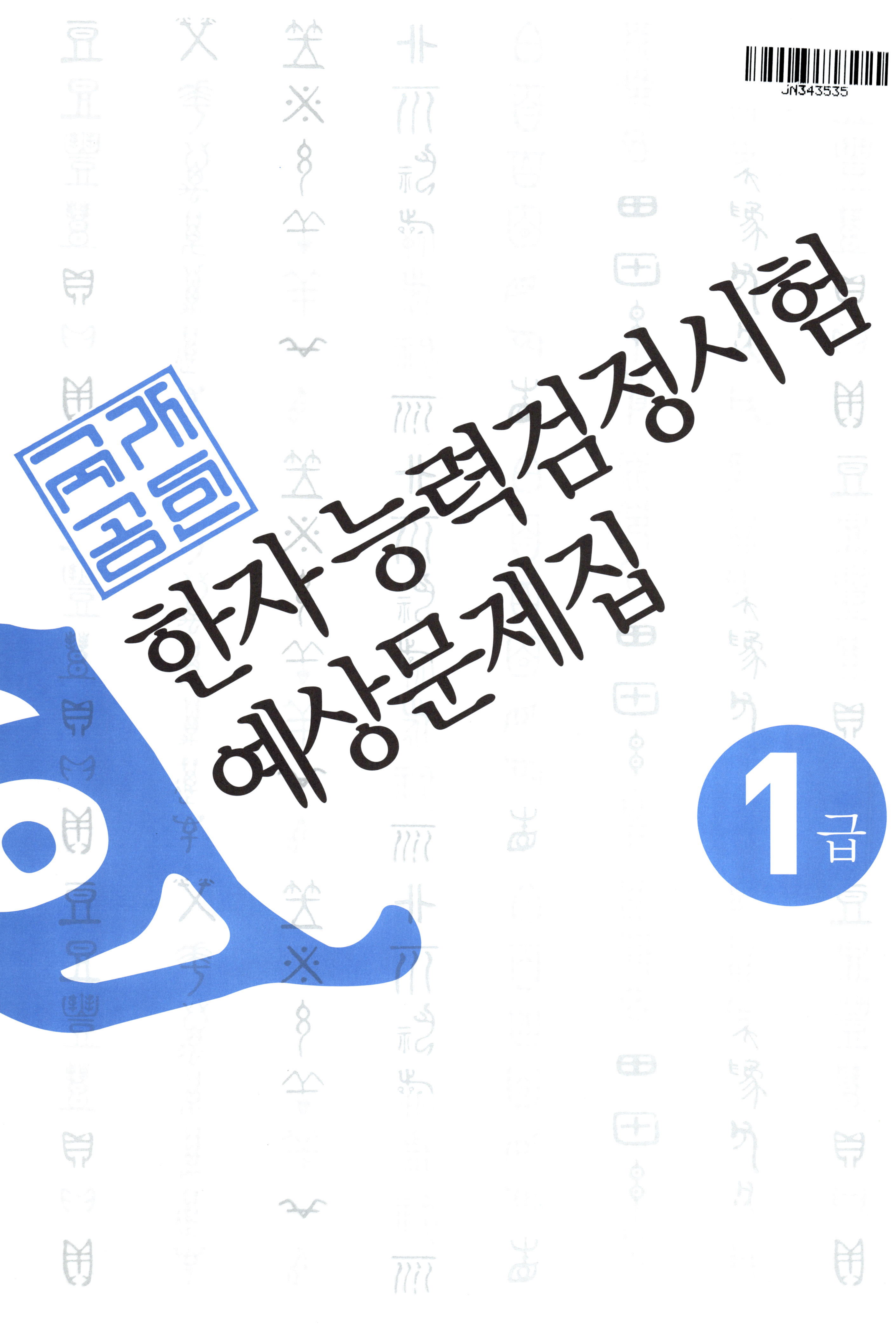

JN343535
개정
한자능력검정시험
예상문제집
1급

머리말

우리말은 70% 이상이 한자로 이루어져 있습니다. 특히, 전문 용어는 더더욱 한자로 이루어진 단어가 많습니다. 이런 점을 고려할 때, 요즈음 한자에 대한 조기 교육 열풍은 향후 우리 학생들이 공부하는 데 있어서 긍정적 역할을 하리라 믿습니다. 또한, 한자를 알면 일본어나 중국어를 공부할 때도 많은 도움이 됩니다. 물론 중국에서는 간체자라고 하여 우리와 쓰는 한자와 다소 다릅니다. 하지만 한자를 알면 이 간체자는 한 달이면 누구나 쉽게 터득할 수 있습니다.

(사)한국어문회에서 초등학생부터 일반에 이르기까지 실시하고 있는 한자 능력 검정 시험의 응시생이 날이 갈수록 늘어나고 있습니다. 이는 그 동안 도외시하고 있던 한자 교육이 얼마나 중요하고 필요한가를 보여 주는 한 예라고 볼 수 있습니다.

본 교재는 한자 능력 검정 시험에 응시하는 모든 수험생들이 짧은 시간에 가장 효과적으로 준비할 수 있도록 핵심적인 문제만을 엄격히 선별하여 만들었습니다.

이 책으로 시험을 준비하는 독자 여러분 모두에게 좋은 결과가 있기를 기원하며, 한자 교육에 앞장서는 아트미디어(주) 사장님과 편집 · 제작에 힘써 주신 여러분에게 감사의 마음을 전합니다.

지은이

a r t m e d i a

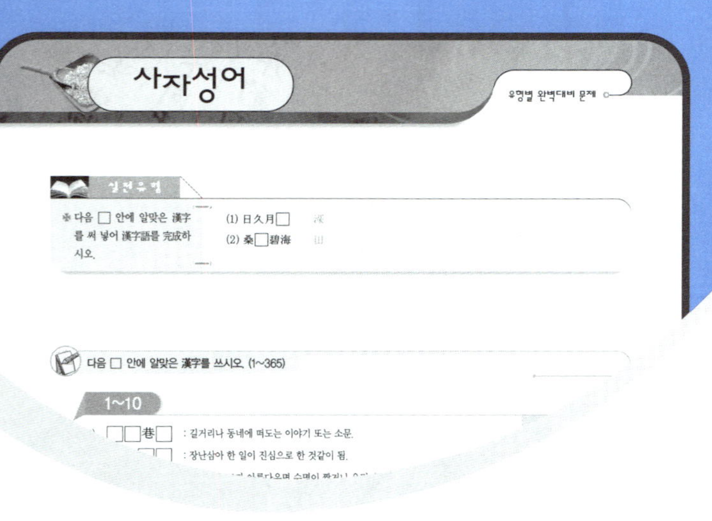

이 책의 구성과 특징

01 시험출제 기준에 꼭 맞춘 문제출제

시중 교재와는 다르게 본 교재는 시험출제 기준에 꼭 맞추어 문제를 출제하였습니다. 즉, 읽기 배정 한자에만 해당하는 한자는 독음을 위주로, 쓰기 배정 한자는 직접 쓰면서 익힐 수 있는 문제출제를 통하여 효과적으로 시험에 준비할 수 있도록 만들었습니다.

02 각 급수별 배정 한자 요약정리

표를 이용하여 시각적으로 쉽고 편하게 각 급수별 배정 한자를 정리 · 학습할 수 있도록 구성하였습니다.

03 고유 한자로 이루어진 핵심 단어 제공

각 급수의 고유 한자를 실제 사용되는 단어를 통하여 집중적으로 학습할 수 있습니다.

04 출제유형에 따른 완벽대비 문제

한자능력검정시험에 자주 출제되는 문제를 유형별로 정리하여 시험에 완벽대비할 수 있게 구성하였습니다. 특히 문제를 풀면서 한자 하나하나에 대한 학습도 병행할 수 있습니다.

05 최근 출제 경향에 따른 예상문제

최근 출제된 한자능력검정시험을 분석하여 향후 출제될 가능성이 높은 문제만을 엄선하여 실었습니다.

06 실제 시험규격과 동일한 답안지 견본

실전예상문제에 실제 시험과 똑같은 규격의 답안지 견본을 제공하여 실전과 최대한 같은 상황에서 모의시험을 치를 수 있도록 하였습니다.

07 기출분석문제

기존에 출제된 문제를 통해 실전에 완벽대비할 수 있도록 하였습니다.

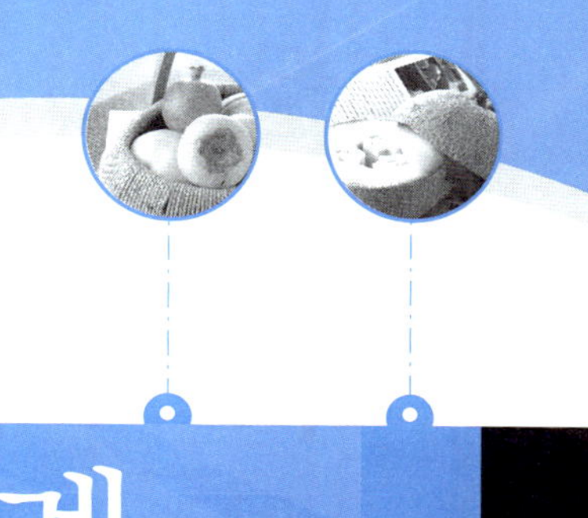

차례

1급 배정 한자 3500자

＊ : 2급 인명, 지명자

ㄱ	駕 1급 가마/멍에 가	袈 1급 가사 가	柯 ＊2급 가지 가	價 5급 값 가	街 4급Ⅱ 거리 가	假 4급Ⅱ 거짓 가	暇 4급 겨를/틈 가	呵 1급 꾸짖을/웃을 가	歌 7급 노래 가
加 5급 더할 가	苛 1급 매울 가	迦 ＊2급 부처이름 가	賈 ＊2급 성 가/장사 고	哥 1급 소리 가	軻 ＊2급 수레 가	架 3급Ⅱ 시렁 가	嫁 1급 시집갈 가	稼 1급 심을/일할 가	嘉 1급 아름다울 가
佳 3급Ⅱ 아름다울 가	可 5급 옳을 가	伽 ＊2급 절 가	家 7급 집 가	各 6급 각각 각	覺 4급 깨달을 각	殼 1급 껍질 각	脚 3급Ⅱ 다리 각	却 3급 물리칠 각	角 6급 뿔 각
刻 4급 새길/모질 각	珏 ＊2급 쌍옥 각	恪 1급 조심할 각	閣 3급Ⅱ 집/누각 각	揀 1급 가릴 간	肝 3급Ⅱ 간 간	簡 4급 간략할/대쪽 간	奸 1급 간사할 간	姦 3급 간사할 간	懇 3급Ⅱ 간절할 간
癎 1급 간질 간	諫 1급 간할 간	墾 1급 개간할 간	艮 ＊2급 괘이름/그칠 간	杆 ＊2급 몽둥이 간	干 4급 방패 간	看 4급 볼 간	間 7급 사이 간	澗 1급 산골물 간	刊 3급Ⅱ 새길/간행할 간
艱 1급 어려울 간	竿 1급 장대 간	幹 3급Ⅱ 줄기/맡을 간	褐 1급 굵은베옷 갈	竭 1급 다할 갈	渴 3급 목마를 갈	鞨 ＊2급 오랑캐이름 갈	喝 1급 외칠 갈	葛 2급 칡 갈	紺 1급 감색 감
柑 1급 감자나무 감	疳 1급 감질 감	鑑 3급Ⅱ 거울/볼 감	堪 1급 견딜/하늘 감	敢 4급 구태여/감히 감	瞰 1급 내려다볼 감	感 6급 느낄 감	甘 4급 달 감	減 4급Ⅱ 덜 감	監 4급Ⅱ 볼 감
憾 2급 섭섭할 감	勘 1급 헤아릴 감	匣 1급 갑 갑	鉀 ＊2급 갑옷 갑	甲 4급 갑옷/첫째천간 갑	岬 ＊2급 곶 갑	閘 1급 수문 갑	江 7급 강 강	慷 1급 강개할 강	鋼 3급Ⅱ 강철 강
強 6급 강할 강	彊 ＊2급 굳셀 강	剛 3급Ⅱ 굳셀 강	降 4급 내릴 강/항복할 항	綱 3급Ⅱ 벼리 강	腔 1급 빈속/가락 강	岡 ＊2급 산등성이 강	薑 1급 생강 강	姜 ＊2급 성 강	糠 1급 쌀겨 강
崗 ＊2급 언덕 강	講 4급Ⅱ 욀/강론할 강	疆 ＊2급 지경 강	康 4급Ⅱ 편안할 강	芥 1급 겨자 개	改 5급 고칠 개	介 3급Ⅱ 낄 개	箇 1급 낱 개	個 4급Ⅱ 낱 개	塏 ＊2급 높은땅 개
皆 3급 다 개	槪 3급Ⅱ 대개 개	蓋 3급Ⅱ 덮을 개	漑 1급 물댈 개	愾 1급 성낼 개	慨 3급 슬퍼할 개	開 6급 열 개	凱 1급 즐길 개	价 ＊2급 클/착할 개	客 5급 손 객

坑 2급 구덩이 갱	羹 1급 국 갱	醵 1급 추렴할 거(갹)	去 5급 갈 거	渠 1급 개천/그 거	倨 1급 거만할 거	據 4급 근거/의거할 거	擧 5급 들 거	拒 4급 막을 거	居 4급 살 거
距 3급Ⅱ 상거할/떨어질 거	車 7급 수레 거/수레 차	巨 4급 클 거	健 5급 굳셀 건	件 5급 물건 건	建 5급 세울 건	巾 1급 수건 건	鍵 *2급 자물쇠 건	虔 1급 정성 건	乾 3급Ⅱ 하늘 건/마를 간(건)
腱 1급 힘줄 건	杰 *2급 뛰어날 걸	傑 4급 뛰어날/호걸 걸	乞 3급 빌 걸	桀 *2급 하왕이름 걸	檢 4급Ⅱ 검사할 검	儉 4급 검소할 검	劍 3급Ⅱ 칼 검	怯 1급 겁낼 겁	劫 1급 위협할/긴세월 겁
揭 2급 높이들/걸 게	偈 1급 불교글귀 게	憩 2급 쉴 게	檄 1급 격문 격	格 5급 격식 격	激 4급 격할 격	覡 1급 남자무당 격	隔 3급Ⅱ 사이뜰 격	擊 4급 칠 격	膈 1급 흉격 격
犬 4급 개 견	繭 1급 고치 견	堅 4급 굳을 견	譴 1급 꾸짖을 견	鵑 1급 두견이 견	遣 3급 보낼 견	見 5급 볼 견	絹 3급 비단 견	肩 3급 어깨 견	牽 3급 이끌/끌 견
甄 *2급 질그릇 견	決 5급 결정할 결	潔 4급Ⅱ 깨끗할 결	結 5급 맺을 결	訣 3급Ⅱ 이별할 결	缺 4급Ⅱ 이지러질 결	謙 3급Ⅱ 겸손할 겸	兼 3급Ⅱ 겸할 겸	更 4급 고칠 경/다시 갱	輕 5급 가벼울 경
鏡 4급 거울 경	儆 *2급 경계할 경	慶 4급Ⅱ 경사 경	磬 1급 경쇠 경	鯨 1급 고래 경	敬 5급 공경할 경	瓊 *2급 구슬 경	勁 1급 굳셀 경	硬 3급Ⅱ 굳을 경	經 4급Ⅱ 글/지날 경
傾 4급 기울 경	憬 1급 깨달을 경	警 4급Ⅱ 깨우칠 경	驚 4급 놀랄 경	競 5급 다툴 경	竟 3급 다할/마침내 경	梗 1급 대개/곧을/막힐 경	頸 1급 목 경	耕 3급Ⅱ 밭갈 경	卿 3급 벼슬 경
庚 3급 별 경	景 5급 볕/경치 경	炅 *2급 빛날 경	京 6급 서울 경	痙 1급 심줄땅길 경	璟 *2급 옥빛 경	頃 3급Ⅱ 이랑/잠깐 경	脛 1급 정강이 경	莖 1급 줄기 경	境 4급Ⅱ 지경 경
徑 3급Ⅱ 지름길/길 경	戒 4급 경계할 계	桂 3급Ⅱ 계수나무 계	季 4급 계절 계	械 3급Ⅱ 기계 계	鷄 4급 닭 계	悸 1급 두근거릴 계	繫 3급 맬 계	係 4급Ⅱ 맬 계	契 3급Ⅱ 맺을/계약 계
階 4급 섬돌 계	計 6급 셀 계	溪 3급Ⅱ 시내 계	啓 3급Ⅱ 열 계	系 4급 이어맬/이을 계	繼 4급 이을 계	界 6급 지경 계	癸 3급 천간/북방 계	痼 1급 고질병 고	告 5급 고할 고
庫 4급 곳집 고	固 5급 굳을 고	股 1급 넓적다리 고	高 6급 높을 고	顧 3급 돌아볼 고	敲 1급 두드릴 고	錮 1급 땜질할 고	枯 3급 마를 고	袴 1급 바지 고	鼓 3급Ⅱ 북 고
膏 1급 살찔 고	考 5급 생각할 고	姑 3급Ⅱ 시어머니 고	苦 6급 쓸 고	皐 *2급 언덕 고	故 4급Ⅱ 연고 고	古 6급 예 고	孤 4급 외로울 고	呱 1급 울 고	稿 3급Ⅱ 원고/볏짚 고

叩 1급 조아릴 고	拷 1급 칠 고	雇 2급 품살 고	辜 1급 허물 고	鵠 1급 고니/과녁 곡	穀 4급 곡식 곡	谷 3급Ⅱ 골 곡	曲 5급 굽을 곡	梏 1급 수갑 곡	哭 3급Ⅱ 울 곡
袞 1급 곤룡포 곤	困 4급 곤할 곤	坤 3급 땅 곤	昆 1급 맏 곤	棍 1급 몽둥이 곤	汨 1급 빠질 골/물이름 멱	骨 4급 뼈 골	功 6급 공 공	恭 3급Ⅱ 공손할 공	公 6급 공평할/공변될 공
孔 4급 구멍 공	恐 3급Ⅱ 두려울 공	鞏 1급 묶을/굳을 공	貢 3급Ⅱ 바칠 공	空 7급 빌 공	供 3급Ⅱ 이바지할 공	工 7급 장인 공	攻 4급 칠 공	拱 1급 팔짱낄 공	共 6급 한가지 공
科 6급 과목 과	菓 2급 과자 과	課 5급 과정/공부할 과	顆 1급 낱알 과	果 6급 실과 과	瓜 2급 오이 과	誇 3급Ⅱ 자랑할 과	寡 3급Ⅱ 적을/홀어미 과	過 5급 지날 과	戈 2급 창 과
槨 1급 덧널 곽	廓 1급 둘레 곽	郭 3급 외성/둘레 곽	藿 1급 콩잎 곽	冠 3급Ⅱ 갓 관	關 5급 관계할 관	顴 1급 광대뼈 관	貫 3급Ⅱ 꿸 관	寬 3급Ⅱ 너그러울 관	棺 1급 널 관
管 4급 대롱/주관할 관	灌 1급 물댈 관	官 4급Ⅱ 벼슬 관	觀 5급 볼 관	琯 *2급 옥피리 관	慣 3급Ⅱ 익숙할 관	串 *2급 익힐 관	館 3급Ⅱ 집 관	款 2급 항목/정성 관	括 1급 묶을 괄
刮 1급 비빌/깎을 괄	壙 1급 광 광	廣 5급 넓을 광	狂 3급Ⅱ 미칠 광	匡 1급 바로잡을 광	胱 1급 방광 광	光 6급 빛 광	鑛 4급 쇳돌 광	曠 1급 휑할/밝을 광	掛 3급 걸 괘
罫 1급 바둑판정간 괘	卦 1급 점괘 괘	怪 3급Ⅱ 괴이할 괴	壞 3급Ⅱ 무너질 괴	愧 3급 부끄러울 괴	拐 1급 속일/지팡이 괴	乖 1급 어그러질 괴	魁 1급 우두머리 괴	傀 2급 허수아비 괴	槐 *2급 회화/느티나무 괴
塊 3급 흙덩이 괴	轟 1급 수레소리 굉	宏 1급 클 굉	肱 1급 팔뚝 굉	敎 8급 가르칠 교	轎 1급 가마 교	較 3급Ⅱ 견줄/비교 교	巧 3급Ⅱ 공교할/교묘할 교	驕 1급 교만할 교	狡 1급 교활할 교
喬 1급 높을 교	橋 5급 다리 교	僑 2급 더부살이 교	郊 3급 들 교	絞 2급 목맬 교	矯 3급 바로잡을 교	交 6급 사귈 교	咬 1급 새소리 교	膠 2급 아교 교	嬌 1급 아리따울 교
攪 1급 어지러울 교	蛟 1급 이무기 교	校 8급 학교 교	皎 1급 희게빛날 교	龜 3급 지명 구/거북 귀/터질 균	廏 1급 마구간 구	鉤 1급 갈고리 구	鷗 2급 갈매기 구	具 5급 갖출 구	狗 3급 개 구
矩 1급 곱자/법 구	球 6급 공/옥경 구	枸 1급 구기자 구	歐 2급 구라파/칠 구	區 6급 구분할/지경 구	救 5급 구원할 구	求 4급Ⅱ 구할 구	句 4급Ⅱ 글귀 구	柩 1급 널/관 구	衢 1급 네거리 구
謳 1급 노래할 구	寇 1급 도둑 구	溝 1급 도랑 구	懼 3급 두려울 구	垢 1급 때 구	毆 1급 때릴 구	灸 1급 뜸질할 구	駒 1급 망아지 구	驅 3급 몰 구	軀 1급 몸 구

鳩 1급 비둘기 구	購 2급 살 구	舅 1급 시아비 구	九 8급 아홉 구	丘 3급Ⅱ 언덕 구	邱 *2급 언덕/땅이름 구	構 4급 얽을 구	究 4급Ⅱ 연구할/궁구할 구	舊 5급 예 구	久 3급Ⅱ 오랠 구
玖 *2급 옥돌 구	仇 1급 원수 구	口 7급 입 구	拘 3급Ⅱ 잡을 구	臼 1급 절구 구	苟 3급 진실로/구차할 구	嘔 1급 토할 구	俱 3급 함께 구	嶇 1급 험할 구	菊 3급Ⅱ 국화 국
鞠 *2급 기를/공 국	國 8급 나라 국	局 5급 판 국	郡 6급 고을 군	軍 8급 군사 군	窘 1급 막힐 군	群 4급 무리 군	君 4급 임금 군	窟 2급 굴 굴	屈 4급 굽힐 굴
掘 2급 팔 굴	窮 4급 다할/궁할 궁	躬 1급 몸 궁	宮 4급Ⅱ 집 궁	穹 1급 하늘 궁	弓 3급Ⅱ 활 궁	捲 1급 걷을/말 권	倦 1급 게으를 권	權 4급Ⅱ 권세 권	勸 4급 권할 권
眷 1급 돌아볼 권	券 4급 문서 권	圈 2급 우리 권	拳 3급Ⅱ 주먹 권	卷 4급 책 권	厥 3급 그/짧을 궐	蹶 1급 넘어질 궐	闕 2급 대궐 궐	潰 1급 무너질 궤	軌 3급 바퀴자국 궤
詭 1급 속일 궤	几 1급 안석 궤	机 1급 책상 궤	櫃 1급 함 궤	鬼 3급Ⅱ 귀신 귀	貴 5급 귀할 귀	歸 4급 돌아갈 귀	硅 1급 규소 규	規 5급 법 규	奎 *2급 별 규
叫 3급 부르짖을 규	圭 *2급 서옥/쌍토 규	閨 2급 안방 규	糾 3급 얽힐/모을 규	窺 1급 엿볼 규	逵 1급 큰길 규	葵 1급 해바라기 규	揆 *2급 헤아릴 규	珪 *2급 홀 규	均 4급 고를 균
菌 3급Ⅱ 버섯 균	橘 1급 귤나무 귤	極 4급Ⅱ 극진할/다할 극	棘 1급 멧대추나무 극	劇 4급 심할/연극 극	克 3급Ⅱ 이길 극	剋 1급 이길/정할 극	戟 1급 창 극	隙 1급 틈 극	近 6급 가까울 근
僅 3급 겨우 근	斤 3급 도끼/근/날 근	槿 *2급 무궁화나무 근	覲 1급 뵐 근	勤 4급 부지런할 근	根 6급 뿌리 근	謹 3급 삼갈 근	瑾 *2급 아름다운옥 근	饉 1급 흉년들 근	筋 4급 힘줄 근
琴 3급Ⅱ 거문고 금	禁 4급Ⅱ 금할 금	禽 3급Ⅱ 날짐승/새 금	錦 3급Ⅱ 비단 금	擒 1급 사로잡을 금	襟 1급 옷깃/마음 금	衾 1급 이불 금	今 6급 이제 금	急 6급 급할 급	扱 1급 다룰 급
級 6급 등급 급	汲 1급 물길을 급	及 3급Ⅱ 미칠 급	給 5급 줄 급	兢 *2급 떨릴 긍	亘 1급 뻗칠/건널 긍	矜 1급 자랑할/불쌍할 긍	肯 3급 즐길 긍	岐 *2급 갈림길 기	畿 3급Ⅱ 경기 기
羈 1급 굴레/맬 기	其 3급Ⅱ 그 기	器 4급Ⅱ 그릇 기	旗 7급 기/깃발 기	伎 1급 기량 기	記 7급 기록할 기	麒 *2급 기린 기	妓 1급 기생 기	期 5급 기약할 기	氣 7급 기운 기
忌 3급 꺼릴 기	企 3급Ⅱ 꾀할/바랄 기	譏 1급 나무랄 기	杞 1급 나무이름 기	耆 *2급 늙은이 기	朞 1급 돌 기	畸 1급 뙈기밭 기	騎 3급Ⅱ 말탈 기	幾 3급 몇/기미 기	己 5급 몸 기

汽 5급 수증기 기	沂 *2급 물이름 기	淇 *2급 물이름 기	棋 2급 바둑(장기) 기	冀 *2급 바랄 기	棄 3급 버릴 기	紀 4급 벼리/법 기	璣 *2급 별이름/구슬 기	寄 4급 부칠 기	綺 1급 비단 기
祈 3급Ⅱ 빌 기	肌 1급 살 기	欺 3급 속일 기	琪 *2급 아름다운옥 기	豈 3급 어찌 기	奇 4급 어찌/기특할 기	琦 *2급 옥이름 기	旣 3급 이미 기	起 4급Ⅱ 일어날 기	技 5급 재주 기
飢 3급 주릴 기	騏 *2급 준마 기	嗜 1급 즐길 기	驥 *2급 천리마 기	箕 *2급 키 기	基 5급 터 기	機 4급 틀/때 기	崎 1급 험할 기	緊 3급Ⅱ 긴할 긴	吉 5급 길할 길
拮 1급 일할 길	金 8급 쇠 금/성 김	喫 1급 마실/당할 끽	ㄴ	懦 1급 나약할 나	拿 1급 붙잡을 나	拏 1급 붙잡을 나	那 3급 어찌 나	儺 1급 역귀쫓을 나	煖 1급 따뜻할 난
暖 4급Ⅱ 따뜻할 난	難 4급Ⅱ 어려울 난	捺 1급 누를 날	捏 1급 반죽할 날	南 8급 남녘 남	男 7급 사내 남	納 4급 들일 납	衲 1급 장삼/기울 납	娘 3급Ⅱ 계집/아가씨 낭	囊 1급 주머니 낭
耐 3급Ⅱ 견딜 내	內 7급 안 내	奈 3급 어찌 내/나락 나	乃 3급 이에 내	女 8급 계집 녀	撚 1급 비틀 년	年 8급 해 년	涅 1급 앙금흙 녈(날)	念 5급 생각 념	寧 3급Ⅱ 편안 녕
駑 1급 둔한말 노	怒 4급Ⅱ 성낼 노	弩 1급 쇠뇌 노	奴 3급Ⅱ 종 노	努 4급Ⅱ 힘쓸 노	膿 1급 고름 농	農 7급 농사 농	濃 2급 짙을 농	腦 3급Ⅱ 뇌수/골 뇌	惱 3급 번뇌할 뇌
撓 1급 구부러질 뇨	尿 2급 오줌 뇨	訥 1급 말더듬을 눌	紐 1급 끈 뉴	能 5급 능할 능	尼 2급 여승 니	泥 3급Ⅱ 진흙 니	溺 2급 빠질 닉	匿 1급 숨을 닉	ㄷ
多 6급 많을 다	茶 3급Ⅱ 차 다/차 차	斷 4급Ⅱ 끊을 단	端 4급Ⅱ 끝/바를 단	但 3급Ⅱ 다만 단	壇 5급 단 단	簞 1급 대광주리 단	團 5급 둥글 단	檀 4급Ⅱ 박달나무 단	丹 3급Ⅱ 붉을 단
緞 1급 비단 단	蛋 1급 새알 단	鍛 2급 쇠불릴 단	旦 3급Ⅱ 아침 단	湍 *2급 여울 단	短 6급 짧을 단	段 4급 층계 단	單 4급Ⅱ 홑 단/흉노임금 선	撻 1급 매질할 달	達 4급Ⅱ 통달할 달
疸 1급 황달 달	痰 1급 가래 담	澹 1급 담박할 담	談 5급 말씀 담	淡 3급Ⅱ 맑을 담	擔 4급Ⅱ 멜 담	潭 2급 못 담	膽 2급 쓸개 담	譚 1급 이야기 담	憺 1급 편안할 담
曇 1급 흐릴 담	畓 3급 논 답	答 7급 대답할 답	遝 1급 몰릴 답	踏 3급Ⅱ 밟을 답	唐 3급Ⅱ 당나라/당황할 당	當 5급 마땅할 당	塘 *2급 못 당	黨 4급Ⅱ 무리 당	螳 1급 사마귀 당
棠 1급 아가위 당	糖 3급Ⅱ 엿 당/사탕 탕	堂 6급 집 당	撞 1급 칠 당	待 6급 기다릴 대	臺 3급Ⅱ 대/집 대	代 6급 대신할 대	對 6급 대할 대	擡 1급 들 대	帶 4급Ⅱ 띠 대

隊 4급Ⅱ 무리 대	貸 3급Ⅱ 빌릴 대	戴 2급 일 대	袋 1급 자루 대	垈 2급 집터 대	大 8급 큰 대	悳 *2급 덕 덕	德 5급 덕 덕	渡 3급Ⅱ 건널 도	圖 6급 그림 도
途 3급Ⅱ 길 도	道 7급 길 도	倒 3급Ⅱ 넘어질 도	堵 1급 담집 도	鍍 1급 도금할 도	盜 4급 도둑 도	逃 4급 도망할 도	賭 1급 도박/내기 도	都 5급 도읍 도	挑 3급 돋울 도
跳 3급 뛸 도	徒 4급 무리/헛될 도	滔 1급 물넘칠 도	蹈 1급 밟을 도	度 6급 법 도/헤아릴 탁	稻 3급 벼 도	桃 3급Ⅱ 복숭아 도	睹 1급 볼 도	燾 *2급 비칠 도	禱 1급 빌 도
島 5급 섬 도	悼 2급 슬퍼할 도	到 5급 이를 도	導 4급Ⅱ 인도할 도	淘 1급 일어낼 도	屠 1급 죽일 도	陶 3급Ⅱ 질그릇 도	搗 1급 찧을 도	塗 3급 칠할/진흙 도	刀 3급Ⅱ 칼 도
濤 1급 큰물결 도	萄 1급 포도 도	掉 1급 흔들 도	督 4급Ⅱ 감독할 독	禿 1급 대머리 독	瀆 1급 더럽힐 독	篤 3급 도타울 독	毒 4급Ⅱ 독 독	讀 6급 읽을 독/구절 두	獨 5급 홀로 독
惇 *2급 도타울 돈	敦 3급 도타울 돈	豚 3급 돼지 돈	燉 *2급 불빛 돈	沌 1급 어두울 돈	頓 *2급 조아릴 돈	突 3급Ⅱ 갑자기 돌	乭 *2급 이름 돌	冬 7급 겨울 동	洞 7급 골 동/밝을 통
銅 4급Ⅱ 구리 동	憧 1급 그리워할 동	瞳 1급 눈동자 동	東 8급 동녘 동	棟 2급 마룻대 동	胴 1급 몸통 동	董 *2급 바를 동	童 6급 아이 동	疼 1급 아플 동	凍 3급Ⅱ 얼 동
桐 2급 오동나무 동	動 7급 움직일 동	同 7급 한가지 동	杜 *2급 막을 두	斗 4급Ⅱ 말 두	頭 6급 머리 두	痘 1급 천연두 두	豆 4급Ⅱ 콩/제기 두	兜 1급 투구 두(도)	遁 1급 달아날 둔
鈍 3급 둔할 둔	臀 1급 볼기 둔	屯 3급 진칠 둔	得 4급Ⅱ 얻을 득	鄧 *2급 나라이름 등	燈 4급Ⅱ 등(불) 등	藤 2급 등나무 등	橙 1급 등자나무 등	等 6급 무리 등	謄 2급 베낄 등
騰 3급 오를 등	登 7급 오를 등	ㄹ	懶 1급 게으를 라	癩 1급 문둥병 라	螺 1급 소라 라	邏 1급 돌 라	羅 4급Ⅱ 벌릴/벌 라	裸 2급 벗을 라	駱 1급 낙타 락
酪 1급 유즙 락	烙 1급 지질 락	落 5급 떨어질 락	洛 2급 물이름 락	絡 3급Ⅱ 이을/얽을 락	樂 6급 즐거울 락/노래 악/좋아할 요	諾 3급Ⅱ 허락할 낙	鸞 1급 난새 란	欄 3급Ⅱ 난간 란	蘭 3급Ⅱ 난초 란
瀾 1급 물결 란	爛 2급 빛날 란	卵 4급 알 란	亂 4급 어지러울 란	辣 1급 매울 랄	剌 1급 어그러질 랄	濫 3급 넘칠/함부로 람	籃 1급 바구니 람	覽 4급 볼 람	藍 2급 쪽 람
臘 1급 납향 랍	蠟 1급 밀 랍	拉 2급 끌 랍	狼 1급 이리 랑	浪 3급Ⅱ 물결 랑	朗 5급 밝을 랑	郎 3급Ⅱ 사내 랑	廊 3급Ⅱ 행랑/사랑채 랑	萊 *2급 명아주 래	來 7급 올 래

5급 冷 찰 랭	4급 略 간략할 략	3급 掠 노략질할 략	1급 粱 기장 량	4급Ⅱ 兩 두 량	*2급 樑 들보 량	3급Ⅱ 梁 들보/돌다리 량	*2급 亮 밝을 량	3급 諒 살펴알/믿을 량	3급Ⅱ 涼 서늘할 량
2급 輛 수레 량	4급 糧 양식 량	5급 良 어질 량	1급 倆 재주 량	5급 量 헤아릴 량	1급 濾 거를 려	1급 黎 검을 려	*2급 驪 검은말 려	4급Ⅱ 麗 고울 려	5급 旅 나그네 려
*2급 廬 농막집 려	*2급 呂 법칙/성 려	1급 閭 마을 려	4급 慮 생각할 려	*2급 礪 숫돌 려	1급 戾 어그러질 려	1급 侶 짝 려	3급Ⅱ 勵 힘쓸 려	1급 瀝 거를 력	1급 礫 조약돌 력
5급 歷 지낼 력	3급Ⅱ 曆 책력 력	7급 力 힘 력	1급 輦 손수레 련	3급Ⅱ 戀 그리워할/사모할 련	3급Ⅱ 鍊 단련할/쇠불릴 련	2급 煉 달굴 련	3급 憐 불쌍히여길 련	3급Ⅱ 蓮 연꽃 련	3급Ⅱ 聯 연이을 련
4급Ⅱ 連 이을 련	5급 練 익힐 련	*2급 漣 잔물결 련	4급 烈 매울 렬	3급 劣 못할 렬	4급Ⅱ 列 벌일/벌 렬	3급Ⅱ 裂 찢어질 렬	1급 斂 거둘 렴	*2급 濂 물이름 렴	1급 簾 발 렴
1급 殮 염할 렴	3급 廉 청렴할 렴	3급 獵 사냥/찾을 렵	1급 囹 감옥 령	5급 領 거느릴 령	3급Ⅱ 嶺 고개 령	1급 逞 굳셀 령	1급 齡 나이 령	3급 零 떨어질/영 령	1급 鈴 방울 령
3급Ⅱ 靈 신령 령	*2급 玲 옥소리 령	5급 令 하여금 령	3급 隷 종/서체 례	*2급 醴 단술 례	6급 例 법식 례	6급 禮 예도 례	5급 勞 일할 로	7급 老 늙을 로	*2급 蘆 갈대 로
1급 撈 건져낼 로	*2급 盧 검을/성 로	6급 路 길 로	*2급 魯 노둔할 로	1급 擄 노략질할 로	*2급 鷺 백로 로	3급Ⅱ 露 이슬/드러날 로	1급 虜 포로 로	3급Ⅱ 爐 화로 로	4급Ⅱ 錄 기록 록
3급Ⅱ 祿 녹 록	1급 碌 돌모양 록	3급 鹿 사슴 록	1급 麓 산기슭 록	6급 綠 푸를 록	4급Ⅱ 論 논할 론	1급 聾 귀머거리 롱	2급 籠 대바구니 롱	1급 壟 언덕 롱	1급 瓏 옥소리 롱
3급Ⅱ 弄 희롱할 롱	1급 牢 우리 뢰	1급 賂 뇌물 뢰	1급 磊 돌무더기 뢰	1급 儡 꼭두각시 뢰	3급Ⅱ 雷 우레 뢰	3급Ⅱ 賴 의뢰할 뢰	1급 寥 쓸쓸할 료	1급 聊 귀울 료	1급 寮 동관 료
3급 僚 동료 료	3급 了 마칠 료	*2급 遼 멀 료	1급 瞭 밝을 료	2급 療 병고칠 료	1급 燎 불놓을 료	5급 料 헤아릴 료	4급 龍 용 룡	1급 陋 좁을 루	3급 淚 눈물 루
3급Ⅱ 樓 다락 루	3급Ⅱ 漏 샐 루	3급 屢 여러 루	3급Ⅱ 累 여러/자주 루	1급 壘 진 루	1급 琉 유리 류	2급 謬 그르칠 류	4급Ⅱ 留 머무를 류	*2급 劉 묘금도/죽일 류	5급 類 무리 류
1급 溜 물방울 류	4급 柳 버들 류	2급 硫 유황 류	1급 瘤 혹 류	6급 流 흐를 류	1급 戮 죽일 륙	5급 陸 뭍 륙	8급 六 여섯 륙	1급 綸 다스릴 륜	4급 輪 바퀴/돌 륜

淪 1급 빠질 륜	崙 *2급 산이름 륜	倫 3급Ⅱ 인륜 륜	慄 1급 두려울 률	栗 3급Ⅱ 밤 률	律 4급Ⅱ 법칙 률	率 3급Ⅱ 비율 률/ 거느릴 솔	隆 3급Ⅱ 높을/성할 륭	肋 1급 갈비 륵	勒 1급 굴레 륵
凜 1급 찰 름	菱 1급 마름 릉	稜 1급 모서리 릉	綾 1급 비단 릉	凌 1급 능가할 릉	楞 *2급 네모질 릉	陵 3급Ⅱ 언덕 릉	罹 1급 걸릴 리	痢 1급 설사 리	李 6급 오얏/성 리
吏 3급Ⅱ 관리/벼슬아치 리	理 6급 다스릴 리	離 4급 떠날 리	釐 1급 리 리	里 7급 마을 리	履 3급Ⅱ 밟을 리	梨 3급 배 리	裡 1급 속 리	裏 3급Ⅱ 속 리	俚 1급 속될 리
悧 1급 영리할 리	籬 1급 울타리 리	利 6급 이로울 리	燐 1급 도깨비불 린	鱗 1급 비늘 린	吝 1급 아낄 린	麟 *2급 기린 린	隣 3급 이웃 린	躪 1급 짓밟을 린	淋 1급 물뿌릴 림
臨 3급Ⅱ 임할 림	林 7급 수풀 림	笠 1급 삿갓 립	粒 1급 알갱이 립	立 7급 설 립	ㅁ	磨 3급Ⅱ 갈 마	魔 2급 마귀 마	馬 5급 말 마	摩 2급 문지를 마
麻 3급Ⅱ 삼 마	痲 2급 저릴 마	漠 3급Ⅱ 넓을/아득할 막	膜 2급 막/꺼풀 막	寞 1급 쓸쓸할 막	莫 3급Ⅱ 없을/말 막	幕 3급Ⅱ 장막 막	慢 3급 거만할 만	彎 1급 굽을 만	輓 1급 끌 만
娩 2급 낳을 만	晩 3급Ⅱ 늦을 만	挽 1급 당길 만	蔓 1급 덩굴 만	饅 1급 만두 만	卍 1급 만자 만	灣 2급 물굽이 만	鰻 1급 뱀장어 만	瞞 1급 속일 만	蠻 2급 오랑캐 만
萬 8급 일만 만	滿 4급Ⅱ 찰 만	漫 3급 흩어질/퍼질 만	沫 1급 거품 말	末 5급 끝 말	靺 *2급 말갈족 말	抹 1급 바를 말	襪 1급 버선 말	網 2급 그물 망	芒 1급 까끄라기 망
妄 3급Ⅱ 망녕될 망	亡 5급 망할 망	惘 1급 멍할 망	望 5급 바랄 망	忙 3급 바쁠 망	茫 3급 아득할 망	罔 3급 없을 망	忘 3급 잊을 망	邁 1급 갈 매	煤 1급 그을음 매
枚 2급 낱 매	妹 4급 누이 매	每 7급 매양 매	魅 2급 매혹할 매	梅 3급Ⅱ 매화 매	埋 3급 묻을 매	買 5급 살 매	昧 1급 어두울/새벽 매	呆 1급 어리석을 매	罵 1급 욕할 매
寐 1급 잠잘 매	媒 3급Ⅱ 중매 매	賣 5급 팔 매	貊 *2급 맥국 맥	麥 3급Ⅱ 보리 맥	脈 4급Ⅱ 줄기 맥	盲 3급Ⅱ 눈멀/소경 맹	孟 3급Ⅱ 맏 맹	盟 3급Ⅱ 맹세 맹	猛 3급Ⅱ 사나울 맹
萌 1급 싹 맹	覓 *2급 찾을 멱	緬 1급 가는실 면	眄 1급 곁눈질 면	面 7급 낯/얼굴 면	冕 *2급 면류관 면	免 3급Ⅱ 면할 면	棉 1급 목화 면	沔 *2급 물이름 면	麪 1급 밀가루 면
綿 3급Ⅱ 솜 면	眠 3급Ⅱ 잠잘 면	俛 *2급 힘쓸 면	勉 4급 힘쓸 면	滅 3급Ⅱ 멸할/꺼질 멸	蔑 2급 업신여길 멸	皿 1급 그릇 명	螟 1급 마디충 명	命 7급 목숨 명	明 6급 밝을 명

3급Ⅱ 銘 새길 명	1급 酩 술취할 명	1급 暝 어두울 명	3급 冥 어두울 명	1급 溟 어두울/바다 명	4급 鳴 울 명	7급 名 이름 명	1급 袂 소매 몌	3급Ⅱ 慕 그릴/사모할 모	*2급 謨 꾀 모
3급Ⅱ 謀 꾀 모	*2급 茅 띠 모	1급 糢 모범 모	3급Ⅱ 貌 모양 모	2급 帽 모자 모	3급 冒 무릅쓸 모	*2급 牟 보리 모	4급 模 본뜰/모범 모	3급 募 뽑을/모을 모	1급 牡 수컷 모
3급 某 아무 모	8급 母 어미 모	3급 侮 업신여길 모	3급 暮 저물 모	1급 耗 줄 모	2급 矛 창 모	1급 摸 찾을 모	4급Ⅱ 毛 털 모	8급 木 나무 목	6급 目 눈 목
2급 沐 머리감을 목	4급Ⅱ 牧 칠/기를 목	*2급 穆 화목할 목	3급Ⅱ 睦 화목할 목	3급Ⅱ 沒 빠질 몰	1급 歿 죽을 몰	3급Ⅱ 夢 꿈 몽	3급Ⅱ 蒙 어릴/몽고 몽	1급 猫 고양이 묘	1급 描 그릴 묘
3급 苗 모/싹 묘	4급 妙 묘할 묘	4급 墓 무덤 묘	3급 卯 무성할/토끼 묘	*2급 昴 별이름 묘	3급 廟 사당 묘	1급 渺 아득할 묘	1급 杳 어두울 묘	1급 蕪 거칠 무	1급 毋 말/없을 무
1급 憮 멍한모양 무	1급 誣 무고할 무	1급 巫 무당 무	3급Ⅱ 茂 무성할 무	3급Ⅱ 貿 무역할 무	1급 畝 밭이랑 무(묘)	3급 霧 안개 무	1급 撫 어루만질 무	1급 拇 엄지손가락 무	5급 無 없을 무
3급 戊 천간 무	4급 舞 춤출 무	4급Ⅱ 武 호반/군사 무	4급Ⅱ 務 힘쓸 무	3급Ⅱ 默 잠잠할 묵	3급Ⅱ 墨 먹 묵	7급 文 글월 문	6급 聞 들을 문	1급 蚊 모기 문	3급Ⅱ 紋 무늬 문
8급 門 문 문	2급 紊 문란할 문	7급 問 물을 문	*2급 汶 물이름 문	3급Ⅱ 勿 말 물	7급 物 물건 물	1급 薇 고비 미	3급Ⅱ 尾 꼬리 미	3급 眉 눈썹 미	4급Ⅱ 味 맛 미
*2급 彌 미륵/오랠 미	3급 迷 미혹할 미	6급 米 쌀 미	1급 靡 쓰러질 미	4급Ⅱ 未 아닐 미	6급 美 아름다울 미	1급 媚 아첨할 미	3급Ⅱ 微 작을 미	3급 憫 민망할 민	3급 敏 민첩할 민
8급 民 백성 민	1급 悶 번민할 민	*2급 閔 성 민	*2급 玟 옥돌 민	*2급 珉 옥돌 민	*2급 旻 하늘 민	*2급 旼 화할 민	1급 謐 고요할 밀	3급 蜜 꿀 밀	4급Ⅱ 密 빽빽할/몰래 밀
ㅂ	4급Ⅱ 博 넓을 박	1급 撲 때릴 박	3급 泊 머무를/배댈 박	1급 縛 묶을 박	1급 箔 발/금박 박	2급 舶 배 박	1급 剝 벗길 박	6급 朴 성 박	1급 膊 어깨 박
1급 駁 얼룩말/논박할 박	3급Ⅱ 薄 엷을 박	1급 粕 지게미 박	1급 搏 칠 박	4급 拍 칠 박	1급 樸 통나무 박	3급Ⅱ 迫 핍박할/닥칠 박	1급 珀 호박 박	1급 頒 나눌 반	6급 班 나눌 반
6급 反 돌아올 반	3급 返 돌이킬 반	1급 畔 두둑 반	1급 礬 명반 반	6급 半 반 반	*2급 磻 반계 반/번	3급Ⅱ 飯 밥 반	3급 叛 배반할 반	1급 拌 버릴 반	1급 蟠 서릴 반

3급Ⅱ 盤 소반/쟁반 반	1급 槃 소반/즐길 반	1급 斑 얼룩 반	2급 搬 운반할 반	3급Ⅱ 般 일반/가지 반	1급 攀 잡을 반	1급 絆 줄/얽을 반	3급 伴 짝 반	1급 魃 가뭄귀신 발	*2급 渤 바다이름 발
*2급 鉢 바리때 발	1급 勃 발끈할 발	1급 跋 밟을 발	3급Ⅱ 拔 뽑을/뺄 발	1급 醱 술익을 발	4급 髮 터럭 발	1급 撥 퉁길 발	6급 發 필 발	1급 潑 활발할 발	1급 彷 거닐 방
3급 傍 곁 방	*2급 旁 곁/두루 방	1급 肪 기름 방	2급 紡 길쌈 방	3급Ⅱ 芳 꽃다울 방	3급 邦 나라 방	*2급 龐 높은집 방	6급 放 놓을 방	1급 枋 다목 방	1급 幇 도울 방
1급 坊 동네 방	1급 昉 마침 방	4급Ⅱ 防 막을 방	7급 方 모 방	4급Ⅱ 房 방 방	1급 榜 방붙일 방	4급 妨 방해할 방	3급 倣 본뜰/모방할 방	1급 尨 삽살개 방	1급 膀 오줌통 방
4급Ⅱ 訪 찾을 방	1급 謗 헐뜯을 방	5급 倍 곱 배	1급 徘 노닐 배	4급Ⅱ 背 등 배	1급 陪 따를/도울 배	3급Ⅱ 輩 무리 배	1급 湃 물결칠 배	2급 賠 물어줄 배	3급Ⅱ 排 밀칠/물리칠 배
2급 俳 배우 배	3급Ⅱ 培 북돋울 배	*2급 裵 성/긴옷 배	1급 胚 아이밸 배	3급 杯 잔 배	4급Ⅱ 拜 절 배	4급Ⅱ 配 짝/나눌 배	1급 魄 넋 백	3급Ⅱ 伯 맏 백	1급 帛 비단 백
7급 百 일백 백	2급 柏 측백/잣나무 백	8급 白 흰 백	*2급 潘 넘칠 번	3급 煩 번거로울 번	3급Ⅱ 繁 번성할 번	3급 飜 번역할 번	1급 蕃 우거질 번	1급 藩 울타리 번	6급 番 차례 번
*2급 筏 뗏목 벌	2급 閥 문벌 벌	4급Ⅱ 罰 벌할 벌	4급Ⅱ 伐 칠 벌	2급 汎 넓을 범	1급 氾 넘칠 범	1급 帆 돛 범	1급 泛 뜰/넓을 범	3급Ⅱ 凡 무릇 범	1급 梵 범어 범
4급 犯 범할 범	4급 範 법 범	*2급 范 성/풀이름 범	5급 法 법 법	2급 僻 궁벽할 벽	1급 璧 둥근옥 벽	1급 癖 버릇/적취 벽	4급Ⅱ 壁 벽 벽	1급 擘 엄지손가락 벽	1급 闢 열 벽
1급 劈 쪼갤 벽	3급Ⅱ 碧 푸를 벽	4급Ⅱ 邊 가 변	*2급 弁 고깔 변	4급 辯 말씀 변	5급 變 변할 변	3급 辨 분변할 변	*2급 卞 성/조급할 변	6급 別 다를/나눌 별	1급 瞥 언뜻볼 별
1급 鼈 자라 별	5급 兵 군사 병	3급 竝 나란히 병	3급Ⅱ 丙 남녘 병	1급 餠 떡 병	*2급 昞 밝을 병	*2급 昺 밝을 병	1급 甁 병 병	6급 病 병 병	3급 屛 병풍 병
*2급 炳 불꽃 병	2급 倂 아우를 병	*2급 柄 자루 병	*2급 秉 잡을 병	4급Ⅱ 步 걸음 보	3급Ⅱ 補 기울 보	4급 普 넓을 보	*2급 輔 도울 보	*2급 潽 물이름 보	1급 洑 보 보/스며흐를 복
1급 菩 보리수 보	4급Ⅱ 寶 보배 보	4급Ⅱ 報 알릴/갚을 보	1급 堡 작은성 보	3급Ⅱ 譜 족보/적을 보	4급Ⅱ 保 지킬 보	*2급 甫 클 보	4급Ⅱ 復 회복할 복/다시 부	4급 複 겹칠 복	1급 匐 길 복

覆 3급Ⅱ 다시 복/ 덮을 부	輻 1급 바퀴살 복(폭)	腹 3급Ⅱ 배 복	福 5급 복 복	伏 4급 엎드릴 복	服 6급 옷 복	鰒 1급 전복 복	卜 3급 점 복	僕 1급 종 복	馥 *2급 향기 복
本 6급 근본 본	縫 2급 꿰맬 봉	俸 2급 녹 봉	逢 3급Ⅱ 만날 봉	棒 1급 몽둥이 봉	捧 1급 받들 봉	奉 5급 받들 봉	蜂 3급 벌 봉	峯 3급Ⅱ 봉우리 봉	封 3급Ⅱ 봉할 봉
烽 1급 봉화 봉	鳳 3급Ⅱ 새 봉	蓬 *2급 쑥 봉	鋒 1급 칼끝 봉	釜 *2급 가마 부	駙 1급 곁말 부	俯 1급 굽어볼 부	赴 3급 다다를/갈 부	斧 1급 도끼 부	扶 3급Ⅱ 도울 부
部 6급 떼 부	浮 3급Ⅱ 뜰 부	府 4급Ⅱ 마을/관청 부	婦 4급Ⅱ 며느리/지어미 부	簿 3급Ⅱ 문서 부	副 4급Ⅱ 버금 부	訃 1급 부고 부	賦 3급Ⅱ 구실/매길 부	芙 1급 부용 부	賻 1급 부의 부
富 4급Ⅱ 부자 부	符 3급Ⅱ 부호 부	咐 1급 분부할 부	附 3급Ⅱ 붙을 부	膚 2급 살갗 부	埠 1급 선창 부	傅 *2급 스승 부	腐 3급Ⅱ 썩을/낡을 부	否 4급 아닐 부	父 8급 아버지/아비 부
孵 1급 알깔 부	阜 *2급 언덕 부	腑 1급 육부 부	付 3급Ⅱ 줄 부	夫 7급 지아비 부	負 4급 질/패할 부	剖 1급 쪼갤 부	敷 2급 펼 부	北 8급 북녘 북	粉 4급 가루 분
扮 1급 꾸밀 분	分 6급 나눌 분	奔 3급Ⅱ 달릴 분	盆 1급 동이 분	奮 3급Ⅱ 떨칠 분	糞 1급 똥 분	吩 1급 명령할 분	墳 3급 무덤 분	憤 4급 분할 분	焚 1급 불사를 분
噴 1급 뿜을 분	忿 1급 성낼 분	雰 1급 안개 분	紛 3급Ⅱ 어지러울 분	芬 *2급 향기로울 분	不 7급 아닌가 부/아니 불	拂 3급Ⅱ 떨칠 불	佛 4급Ⅱ 부처 불	彿 1급 비슷할 불	弗 2급 아닐 불
崩 3급 무너질 붕	繃 1급 묶을 붕	朋 3급 벗 붕	硼 1급 붕산 붕	鵬 *2급 붕새 붕	棚 1급 선반 붕	備 4급Ⅱ 갖출 비	比 5급 견줄 비	憊 1급 고달플 비	沸 1급 끓을 비
蜚 1급 날 비	飛 4급Ⅱ 날 비	卑 3급Ⅱ 낮을 비	庇 1급 덮을 비	裨 1급 도울 비	毘 *2급 도울 비	鄙 1급 마을/더러울 비	扉 1급 문짝 비	翡 1급 물총새 비	泌 *2급 분비할 비
緋 1급 비단 비	誹 1급 비방할 비	砒 1급 비상 비	碑 4급 비석 비	匕 1급 비수 비	譬 1급 비유할 비	匪 2급 비적/도적 비	琵 1급 비파 비	批 4급 비평할 비	肥 3급Ⅱ 살찔 비
毖 *2급 삼갈 비	秘 4급 숨길 비	悲 4급Ⅱ 슬플 비	費 5급 쓸 비	非 4급Ⅱ 아닐 비	婢 3급Ⅱ 여자종 비	妃 3급Ⅱ 왕비 비	脾 1급 자라/비위 비	痺 1급 저릴 비	妣 1급 죽은어미 비
秕 1급 쭉정이 비	鼻 5급 코 비	丕 *2급 클 비	臂 1급 팔 비	貧 4급Ⅱ 가난할 빈	嬪 1급 궁녀 빈	濱 1급 물가 빈	瀕 1급 물가임박할 빈	殯 1급 빈소 빈	彬 *2급 빛날 빈

賓 3급 손님 빈	頻 3급 자주 빈	嚬 1급 찡그릴 빈	馮 *2급 탈 빙	憑 1급 기댈 빙	聘 3급 부를 빙	氷 5급 얼음 빙	人	巳 3급 뱀 사	邪 3급Ⅱ 간사할 사
飼 2급 기를 사	蛇 3급Ⅱ 긴뱀 사	紗 1급 깁 사	四 8급 넉 사	似 3급 닮을/같을 사	嗣 1급 대이을 사	蓑 1급 도롱이 사	詞 3급Ⅱ 말/글 사	辭 4급 말씀 사	司 3급Ⅱ 맡을 사
沙 3급Ⅱ 모래 사	社 6급 모일 사	泗 *2급 물이름 사	捨 3급 버릴 사	寫 5급 베낄 사	唆 2급 부추길 사	斜 3급Ⅱ 비낄 사	史 5급 사기 사	祠 1급 사당 사	謝 4급Ⅱ 사례할 사
私 4급 사사로울 사	獅 1급 사자 사	奢 1급 사치할 사	麝 1급 사향노루 사	思 5급 생각 사	士 5급 선비/군사 사	仕 5급 섬길 사	詐 3급 속일 사	師 4급Ⅱ 스승 사	絲 4급 실 사
瀉 1급 쏟을 사	射 4급 쏠 사	徙 1급 옮길 사	赦 2급 용서할 사	斯 3급 이 사	事 7급 일 사	些 1급 적을/어조사 사	寺 4급Ⅱ 절 사	祀 3급Ⅱ 제사 사	査 5급 조사할 사
死 6급 죽을 사	賜 3급 줄 사	舍 4급Ⅱ 집 사	娑 1급 춤출 사	使 6급 하여금/부릴 사	削 3급Ⅱ 깎을 삭	朔 3급 초하루 삭	刪 1급 깎을 산	産 5급 낳을 산	山 8급 메 산
疝 1급 산증 산	珊 1급 산호 산	算 7급 셈 산	酸 2급 실 산	傘 2급 우산 산	散 4급 흩을 산	煞 1급 죽일 살	薩 1급 보살 살	撒 1급 뿌릴 살	殺 4급Ⅱ 죽일 살/감할 쇄
滲 1급 스밀 삼	森 3급Ⅱ 빽빽할 삼	蔘 2급 삼 삼	三 8급 석 삼	森 3급 수풀 삼	插 2급 꽂을 삽	澁 1급 떫을/막힐 삽	償 3급Ⅱ 갚을 상	孀 1급 과부 상	翔 1급 높이날 상
傷 4급 다칠/상할 상	常 4급Ⅱ 떳떳할 상	嘗 3급 맛볼/일찍 상	像 3급Ⅱ 모양 상	桑 3급Ⅱ 뽕나무 상	床 4급Ⅱ 상 상	祥 3급 상서 상	箱 2급 상자 상	賞 5급 상줄 상	想 4급Ⅱ 생각 상
相 5급 서로 상	霜 3급Ⅱ 서리 상	爽 1급 시원할 상	尙 3급Ⅱ 오히려/숭상 상	上 7급 윗 상	喪 3급Ⅱ 잃을 상	詳 3급Ⅱ 자세할 상	觴 1급 잔 상	商 5급 장사 상	裳 3급Ⅱ 치마 상
象 4급 코끼리 상	庠 *2급 학교 상	狀 4급Ⅱ 형상 상/문서 장	璽 1급 도장 새	塞 3급Ⅱ 막힐 색/변방 새	色 7급 색 색	嗇 1급 아낄 색	索 3급Ⅱ 찾을 색/노(끈) 삭	生 8급 날 생	甥 1급 생질 생
牲 1급 희생 생	逝 3급 갈 서	署 3급Ⅱ 관청/마을 서	書 6급 글 서	黍 1급 기장 서	棲 1급 깃들일 서	暑 3급 더울 서	誓 3급 맹세할 서	庶 3급 무리/여러 서	犀 1급 무소 서
壻 1급 사위 서	瑞 2급 상서 서	曙 1급 새벽 서	西 8급 서녘 서	胥 1급 서로 서	緖 3급Ⅱ 실마리 서	恕 3급Ⅱ 용서할 서	嶼 1급 작은섬 서	鼠 1급 쥐 서	序 5급 차례 서

著 1급 참마 서	徐 3급Ⅱ 천천히 서	抒 1급 토로할 서	舒 *2급 펼 서	敍 3급 펼/베풀 서	潟 1급 개펄 석	石 6급 돌 석	晳 *2급 밝을 석	惜 3급Ⅱ 아낄 석	昔 3급 옛 석
席 6급 자리 석	夕 7급 저녁 석	錫 *2급 주석 석	析 3급 쪼갤 석	奭 *2급 클 석	碩 2급 클 석	釋 3급Ⅱ 풀 석	選 5급 가릴 선	鮮 5급 고울 선	璿 *2급 구슬 선
繕 2급 기울 선	瑄 *2급 도리옥 선	旋 3급Ⅱ 돌 선	先 8급 먼저 선	銑 1급 무쇠 선	船 5급 배 선	宣 4급 베풀 선	羨 1급 부러워할 선	扇 1급 부채 선	煽 1급 부추길 선
腺 1급 샘 선	禪 3급Ⅱ 선 선	膳 1급 선물 선	仙 5급 신선 선	璇 *2급 옥 선	線 6급 줄 선	善 5급 착할 선	屑 1급 가루 설	雪 6급 눈 설	說 5급 말씀 설
設 4급Ⅱ 베풀/가령 설	卨 *2급 사람이름 설	泄 1급 샐 설	洩 1급 샐 설	薛 *2급 성 설	渫 1급 치울 설	舌 4급 혀 설	纖 2급 가늘 섬	殲 1급 다죽일 섬	蟾 *2급 두꺼비 섬
陜 *2급 땅이름 섬	閃 1급 번쩍할 섬	暹 *2급 햇살미칠 섬	涉 3급 건널 섭	攝 3급 다스릴/잡을 섭	燮 *2급 불꽃 섭	醒 1급 깰 성	晟 *2급 밝을 성	星 4급Ⅱ 별 성	省 6급 살필 성/덜 생
姓 7급 성 성	聖 4급Ⅱ 성인 성	性 5급 성품 성	盛 4급Ⅱ 성할 성	聲 4급Ⅱ 소리 성	成 6급 이룰 성	城 4급Ⅱ 재/성 성	誠 4급Ⅱ 정성 성	細 4급Ⅱ 가늘 세	稅 4급Ⅱ 세금 세
貰 2급 세놓을 세	洗 5급 씻을 세	世 7급 인간/세상 세	歲 5급 해 세	勢 4급Ⅱ 형세 세	逍 1급 거닐 소	遡 1급 거스를 소	搔 1급 긁을 소	甦 1급 깨어날 소	蔬 3급 나물 소
蕭 1급 대쑥 소	蘇 3급Ⅱ 되살아날 소	疎 1급 드물 소	邵 *2급 땅이름/성 소	騷 3급 떠들 소	沼 *2급 못 소	所 7급 바 소	昭 3급 밝을 소	宵 1급 밤 소	素 4급Ⅱ 본디/흴 소
召 3급 부를 소	梳 1급 빗 소	消 6급 사라질 소	燒 3급Ⅱ 사를 소	巢 *2급 새집 소	掃 4급Ⅱ 쓸 소	笑 4급Ⅱ 웃음 소	紹 2급 이을 소	小 8급 작을 소	少 7급 적을 소
瘙 1급 종기 소	塑 1급 토우 소	簫 1급 퉁소 소	疏 3급Ⅱ 트일/소통할 소	訴 3급Ⅱ 호소할 소	束 5급 묶을 속	屬 4급 붙일 속	速 6급 빠를 속	續 4급Ⅱ 이을 속	贖 1급 재물바칠 속
粟 3급 조 속	俗 4급Ⅱ 풍속 속	遜 1급 겸손할 손	損 4급 덜 손	孫 6급 손자 손	頌 4급 기릴/칭송할 송	悚 1급 두려울 송	送 4급Ⅱ 보낼 송	松 4급 소나무 송	宋 *2급 송나라 송
訟 3급Ⅱ 송사할 송	誦 3급 욀 송	灑 1급 물뿌릴 쇄	碎 1급 부술 쇄	鎖 3급Ⅱ 쇠사슬/자물쇠 쇄	刷 3급Ⅱ 인쇄할/쓸 쇄	衰 3급Ⅱ 쇠할 쇠	囚 3급 가둘 수	酬 1급 갚을 수	收 4급Ⅱ 거둘 수

髓 1급 골수 수	需 3급Ⅱ 구할/쓰일/쓸 수	愁 3급Ⅱ 근심 수	樹 6급 나무 수	誰 3급 누구 수	殊 3급Ⅱ 다를 수	修 4급Ⅱ 닦을/고칠 수	竪 1급 더벅머리 수	遂 3급 드디어/이룰 수	垂 3급Ⅱ 드리울 수
隨 3급Ⅱ 따를 수	首 5급 머리 수	須 3급 모름지기 수	蒐 1급 모을 수	壽 3급Ⅱ 목숨 수	水 8급 물 수	洙 *2급 물가 수	受 4급Ⅱ 받을 수	輸 3급Ⅱ 보낼 수	羞 1급 부끄러울 수
雖 3급 비록 수	秀 4급 빼어날 수	狩 1급 사냥 수	數 7급 셈 수	袖 1급 소매 수	手 7급 손 수	隋 *2급 수나라 수	繡 1급 수놓을 수	粹 1급 순수할 수	讎 1급 원수 수
穗 1급 이삭 수	帥 3급Ⅱ 장수 수	銖 *2급 저울눈 수	睡 3급 졸음 수	授 4급Ⅱ 줄 수	戍 1급 지킬 수	守 4급Ⅱ 지킬 수	獸 3급Ⅱ 짐승 수	搜 3급 찾을 수	瘦 1급 파리할 수
嫂 1급 형수 수	塾 1급 글방 숙	孰 3급 누구 숙	淑 3급Ⅱ 맑을 숙	叔 4급 아재비 숙	肅 4급 엄숙할 숙	熟 3급Ⅱ 익을 숙	夙 1급 일찍 숙	宿 5급 잘 숙	菽 1급 콩 숙
馴 1급 길들 순	瞬 3급Ⅱ 눈깜짝할/순간 순	循 3급 돌 순	巡 3급Ⅱ 돌/순행할 순	殉 3급 따라죽을 순	盾 2급 방패 순	淳 *2급 순박할 순	純 4급Ⅱ 순수할 순	舜 *2급 순임금 순	順 5급 순할 순
旬 3급Ⅱ 열흘 순	珣 *2급 옥이름 순	脣 3급 입술 순	筍 1급 죽순 순	醇 1급 진한술 순	洵 *2급 참으로 순	荀 *2급 풀이름 순	戌 3급 개/지지 술	術 6급 재주 술	述 3급Ⅱ 펼/지을 술
崇 4급 높을 숭	膝 1급 무릎 슬	瑟 *2급 큰거문고 슬	襲 3급Ⅱ 엄습할 습	習 6급 익힐 습	濕 3급Ⅱ 젖을 습	拾 3급Ⅱ 주울 습/열 십	繩 *2급 노끈 승	丞 1급 도울 승	升 2급 되 승
昇 3급Ⅱ 오를 승	勝 6급 이길 승	承 4급Ⅱ 이을 승	僧 3급Ⅱ 중 승	乘 3급Ⅱ 탈 승	柿 1급 감나무 시	時 7급 때 시	侍 3급Ⅱ 모실 시	施 4급Ⅱ 베풀 시	示 5급 보일 시
視 4급Ⅱ 볼 시	始 6급 비로소 시	柴 *2급 섶 시	匙 1급 숟가락 시	豺 1급 승냥이 시	詩 4급Ⅱ 시/글 시	猜 1급 시기할 시	媤 1급 시집 시	試 4급Ⅱ 시험 시	諡 1급 시호 시
是 4급Ⅱ 옳을/이 시	市 7급 저자 시	屍 2급 주검 시	弑 1급 죽일 시	矢 3급 화살 시	熄 1급 꺼질 식	飾 3급Ⅱ 꾸밀 식	拭 1급 닦을 식	湜 *2급 물맑을 식	食 7급 밥/먹을 식
式 6급 법 식	殖 2급 불릴 식	軾 *2급 수레가로나무 식	息 4급Ⅱ 쉴 식	植 7급 심을 식	識 5급 알 식	蝕 1급 좀먹을 식	燼 1급 감부기 신	神 6급 귀신 신	呻 1급 끙끙거릴 신
宸 1급 대궐 신	紳 2급 띠 신	辛 3급 매울 신	身 6급 몸 신	蜃 1급 무명조개 신	訊 1급 물을 신	信 6급 믿을 신	迅 1급 빠를 신	愼 3급Ⅱ 삼갈 신	新 6급 새로울 신

3급 晨 새벽 신	1급 薪 섶나무 신	5급 臣 신하 신	1급 娠 아이밸 신	2급 腎 콩팥 신	3급 伸 펼 신	4급Ⅱ 申 펼/납(원숭이) 신	1급 悉 다 실	5급 實 열매 실	6급 失 잃을 실
8급 室 집/방 실	4급Ⅱ 深 깊을 심	7급 心 마음 심	3급Ⅱ 審 살필 심	3급Ⅱ 甚 심할 심	*2급 瀋 즙/물이름 심	3급 尋 찾을 심	8급 十 열 십	1급 什 열사람 십/세간 집	3급Ⅱ 雙 쌍/두 쌍
4급 氏 성/각시 씨	ㅇ	1급 俄 갑자기 아	3급Ⅱ 我 나/우리 아	1급 衙 마을/관청 아	3급 雅 맑을 아	1급 訝 맞을/의아할 아	3급Ⅱ 亞 버금 아	1급 啞 벙어리 아	3급Ⅱ 芽 싹 아
5급 兒 아이 아	3급Ⅱ 牙 어금니 아	3급Ⅱ 阿 언덕 아	3급 餓 주릴 아	1급 愕 놀랄 악	1급 堊 백토칠 악	5급 惡 악할 악/미워할 오	2급 握 쥘 악	3급 岳 큰산 악	1급 顎 턱 악
3급 雁 기러기 안	3급Ⅱ 顔 낯/얼굴 안	1급 按 누를 안	4급Ⅱ 眼 눈 안	1급 晏 늦을 안	1급 鞍 안장 안	3급Ⅱ 岸 언덕 안	5급 案 책상 안	7급 安 편안 안	1급 斡 관리할 알
*2급 閼 막을 알	3급 謁 뵐 알	1급 軋 삐걱거릴 알	1급 闇 닫힌문 암	3급Ⅱ 巖 바위 암	2급 癌 암 암	1급 庵 암자 암	4급Ⅱ 暗 어두울 암	3급 押 누를 압	4급Ⅱ 壓 누를/억누를 압
*2급 鴨 오리 압	3급Ⅱ 央 가운데 앙	1급 秧 모 앙	1급 昂 오를 앙	3급Ⅱ 仰 우러를 앙	1급 怏 원망할 앙	1급 鴦 원앙 앙	3급 殃 재앙 앙	1급 曖 가릴 애	2급 礙 거리낄 애
3급 涯 물가 애	1급 崖 벼랑 애	6급 愛 사랑 애	3급Ⅱ 哀 슬플 애	*2급 艾 쑥 애	1급 靄 아지랑이 애	1급 隘 좁을 애	*2급 埃 티끌 애	1급 腋 겨드랑이 액	1급 扼 누를 액
1급 縊 목맬 액	3급 厄 액/재앙 액	4급Ⅱ 液 액체 액	4급 額 이마/수량 액	1급 鶯 꾀꼬리 앵	1급 櫻 앵두나무 앵	*2급 倻 가야 야	1급 爺 노인존칭 야	6급 野 들 야	6급 夜 밤 야
1급 冶 불릴 야	3급 也 어조사 야	3급 耶 어조사 야	2급 惹 이끌 야	1급 揶 희롱할 야	3급Ⅱ 若 같을 약/반야 야	1급 葯 꽃밥 약	3급 躍 뛸 약	5급 約 맺을 약	6급 藥 약 약
6급 弱 약할 약	1급 癢 가려울 양	1급 恙 근심 양	5급 養 기를 양	3급Ⅱ 揚 날릴 양	*2급 襄 도울 양	4급 樣 모양 양	1급 攘 물리칠 양	3급 楊 버들 양	6급 陽 볕 양
3급Ⅱ 讓 사양할 양	1급 釀 술빚을 양	2급 孃 아가씨 양	4급Ⅱ 羊 양 양	1급 瘍 종기 양	6급 洋 큰바다 양	3급Ⅱ 壤 흙덩이 양	5급 漁 고기잡을 어	1급 禦 막을 어	7급 語 말씀 어
1급 瘀 멍들 어	5급 魚 물고기 어	3급Ⅱ 御 어거할/거느릴 어	3급 於 어조사 어/탄식할 오	1급 圄 옥 어	1급 臆 가슴 억	3급Ⅱ 抑 누를 억	3급Ⅱ 憶 생각할 억	5급 億 억 억	6급 言 말씀 언

1급 堰 방죽 언	1급 諺 상말 언	*2급 彦 선비 언	3급 焉 어찌/어조사 언	1급 奄 가릴 엄	1급 俺 나/클 엄	4급 嚴 엄할 엄	1급 儼 의젓할 엄	6급 業 업 업	4급Ⅱ 如 같을 여
3급 余 나 여	3급 予 나/줄 여	4급Ⅱ 餘 남을 여	3급 汝 너 여	4급 與 더불/줄 여	3급 輿 수레 여	4급Ⅱ 逆 거스를 역	3급Ⅱ 亦 또 역	4급 易 바꿀 역/쉬울 이	3급Ⅱ 譯 번역할 역
3급Ⅱ 役 부릴 역	3급Ⅱ 驛 역 역	3급Ⅱ 疫 전염병 역	4급 域 지경 역	1급 繹 풀어낼 역	4급Ⅱ 硏 갈 연	*2급 姸 고울 연	7급 然 그럴 연	4급 鉛 납 연	*2급 衍 넓을 연
4급 延 늘일 연	1급 筵 대자리 연	*2급 淵 못 연	3급Ⅱ 沿 물따라갈/따를 연	1급 捐 버릴/덜 연	2급 硯 벼루 연	1급 椽 서까래 연	1급 鳶 소리개/연 연	4급Ⅱ 煙 연기 연	3급Ⅱ 軟 연할 연
4급 緣 인연 연	3급Ⅱ 宴 잔치 연	3급Ⅱ 燕 제비 연	4급 燃 탈/불사를 연	4급Ⅱ 演 펼 연	3급Ⅱ 悅 기쁠 열	5급 熱 더울 열	3급 閱 볼 열	1급 艶 고울 염	*2급 閻 마을 염
3급Ⅱ 染 물들 염	1급 焰 불꽃 염	3급Ⅱ 炎 불꽃 염	3급Ⅱ 鹽 소금 염	2급 厭 싫어할 염	*2급 燁 빛날 엽	5급 葉 잎 엽	1급 嬰 갓난아이 영	4급 營 경영 영	3급Ⅱ 影 그림자 영
6급 永 길 영	6급 英 꽃부리 영	4급 迎 맞을 영	*2급 暎 비칠 영	4급 映 비칠 영	4급Ⅱ 榮 영화 영	*2급 瑛 옥빛 영	3급 詠 읊을 영	*2급 盈 찰 영	3급 泳 헤엄칠 영
3급Ⅱ 譽 기릴/명예 예	1급 曳 끌 예	3급 銳 날카로울 예	1급 穢 더러울 예	2급 預 맡길/미리 예	4급 豫 미리 예	*2급 芮 성 예	*2급 睿 슬기 예	1급 詣 이를 예	4급Ⅱ 藝 재주 예
*2급 濊 종족이름 예	1급 裔 후손 예	3급 傲 거만할 오	4급Ⅱ 誤 그르칠 오	3급Ⅱ 烏 까마귀 오	3급Ⅱ 悟 깨달을 오	1급 寤 깰 오	3급 吾 나/우리 오	7급 午 낮 오	8급 五 다섯 오
1급 伍 대오 오	3급 汚 더러울 오	*2급 墺 물가 오	*2급 吳 성/나라 오	1급 奧 속 오	3급 嗚 슬플 오	2급 梧 오동 오	3급 娛 즐길 오	1급 懊 한할 오	4급Ⅱ 玉 구슬 옥
*2급 沃 기름질 옥	*2급 鈺 보배 옥	3급Ⅱ 獄 옥 옥	5급 屋 집 옥	6급 溫 따뜻할 온	1급 蘊 쌓을 온	2급 穩 편안할 온	3급 擁 낄/안을 옹	3급 翁 늙은이 옹	*2급 甕 독 옹
1급 壅 막힐 옹	*2급 邕 막힐/화할 옹	*2급 雍 화할 옹	1급 訛 그릇될 와	3급Ⅱ 瓦 기와 와	3급 臥 누울 와	1급 蝸 달팽이 와	1급 渦 소용돌이 와	1급 腕 팔 완	3급Ⅱ 緩 느릴 완
1급 宛 마치/굽을 완	1급 婉 순할 완	1급 琓 옥돌 완	1급 頑 완고할 완	5급 完 완전할 완	*2급 莞 왕골 완	1급 阮 이름 완	3급 曰 가로/말할 왈	4급Ⅱ 往 갈 왕	1급 枉 굽을 왕

汪 *2급 넓을 왕	旺 *2급 왕성할 왕	王 8급 임금 왕	歪 2급 기울 왜(외)	倭 *2급 왜나라 왜	矮 1급 키작을 왜	巍 1급 높을 외	畏 3급 두려워할 외	外 8급 바깥 외	猥 1급 함부로 외
窯 1급 가마 요	窈 1급 그윽할 요	拗 1급 꺾을 요	饒 1급 넉넉할 요	謠 4급Ⅱ 노래 요	堯 *2급 높을/요임금 요	邀 1급 맞을 요	遙 3급 멀 요	僥 1급 바랄 요	耀 *2급 빛날 요
曜 5급 빛날 요	夭 1급 어릴 요	擾 1급 어지러울 요	姚 *2급 예쁠 요	凹 1급 오목할 요	要 5급 요긴할 요	妖 2급 요사할 요	腰 3급 허리 요	搖 3급 흔들 요	浴 5급 목욕할 욕
辱 3급Ⅱ 욕될 욕	慾 3급Ⅱ 욕심 욕	欲 3급Ⅱ 하고자할 욕	勇 6급 날랠 용	熔 2급 녹을 용	溶 *2급 녹을/흐를 용	庸 3급 떳떳할 용	踊 1급 뛸 용	茸 1급 무성할 용	涌 1급 샘솟을 용
聳 1급 솟을 용	鎔 *2급 쇠녹일 용	鏞 *2급 쇠북 용	用 6급 쓸 용	容 4급Ⅱ 얼굴 용	蓉 1급 연꽃 용	瑢 *2급 패옥소리 용	傭 2급 품팔 용	憂 3급Ⅱ 근심 우	羽 3급Ⅱ 깃 우
尤 3급 더욱 우	佑 *2급 도울 우	又 3급 또 우	優 4급 뛰어날 우	遇 4급 만날/대접할 우	迂 1급 멀 우	隅 1급 모퉁이 우	友 5급 벗 우	祐 *2급 복 우	雨 5급 비 우
寓 1급 빗댈 우	嵎 1급 산굽이 우	牛 5급 소 우	愚 3급Ⅱ 어리석을 우	于 3급 어조사 우	虞 1급 염려할 우	右 7급 오른(쪽) 우	禹 *2급 우임금/성 우	郵 4급 우편 우	宇 3급Ⅱ 집 우
偶 3급Ⅱ 짝/허수아비 우	煜 *2급 빛날 욱	頊 *2급 삼갈 욱	郁 *2급 성할 욱	旭 *2급 아침해 욱	昱 *2급 햇빛밝을 욱	雲 5급 구름 운	耘 1급 김맬 운	隕 1급 떨어질 운	運 6급 옮길 운
韻 3급Ⅱ 운 운	云 3급 이를 운	殞 1급 죽을 운	芸 *2급 향풀 운	鬱 2급 답답할 울	蔚 *2급 우거질 울	熊 *2급 곰 웅	雄 5급 수컷 웅	媛 *2급 계집 원	瑗 *2급 구슬 원
源 4급 근원 원	苑 2급 나라동산 원	援 4급 도울 원	園 6급 동산 원	圓 4급Ⅱ 둥글 원	遠 6급 멀 원	袁 *2급 성/긴옷 원	原 5급 언덕 원	怨 4급 원망할 원	猿 1급 원숭이 원
鴛 1급 원앙새 원	冤 1급 원통할 원	願 5급 원할 원	元 5급 으뜸 원	員 4급Ⅱ 인원 원	院 5급 집 원	越 3급Ⅱ 넘을 월	月 8급 달 월	僞 3급Ⅱ 거짓 위	韋 *2급 다룬가죽 위
萎 1급 마를 위	委 4급 맡길 위	渭 *2급 물이름 위	胃 3급Ⅱ 밥통 위	尉 2급 벼슬 위	魏 *2급 성 위	緯 3급 씨/씨줄 위	違 3급 어긋날 위	圍 4급 에워쌀 위	慰 4급 위로할 위
威 4급 위엄 위	危 4급 위태할 위	謂 3급Ⅱ 이를 위	位 5급 자리 위	衛 4급Ⅱ 지킬 위	偉 5급 클 위	爲 4급Ⅱ 할 위	庾 *2급 곳집 유	幽 3급Ⅱ 그윽할 유	油 6급 기름 유

1급 諭 깨우칠 유	3급Ⅱ 誘 꾈/달랠 유	1급 揄 끌 유	3급 愈 나을 유	4급 遺 남길/잃을 유	3급Ⅱ 裕 넉넉할 유	*2급 踰 넘을 유	4급 遊 놀 유	1급 鍮 놋쇠 유	*2급 楡 느릅나무 유
6급 由 말미암을 유	3급Ⅱ 悠 멀 유	3급Ⅱ 維 벼리 유	1급 癒 병나을 유	3급Ⅱ 柔 부드러울 유	1급 喩 비유할 유	3급 惟 생각할 유	4급 儒 선비 유	3급 酉 술그릇/닭 유	1급 諛 아첨할 유
3급Ⅱ 幼 어릴 유	3급 唯 오직 유	3급Ⅱ 猶 오히려 유	1급 宥 용서할 유	1급 柚 유자나무 유	7급 有 있을 유	*2급 兪 점점 유	4급 乳 젖 유	1급 愉 즐거울 유	1급 蹂 짓밟을 유
1급 游 헤엄칠 유	4급Ⅱ 肉 고기 육	7급 育 기를 육	*2급 允 맏 윤	3급Ⅱ 潤 불을/윤택할 윤	*2급 尹 성 윤	3급 閏 윤달 윤	*2급 胤 자손 윤	*2급 鈗 총 윤	2급 融 녹을 융
1급 戎 되/병기 융	1급 絨 융 융	4급 隱 숨을 은	6급 銀 은 은	*2급 殷 은나라 은	4급Ⅱ 恩 은혜 은	*2급 垠 지경 은	*2급 誾 향기 은	3급Ⅱ 乙 새 을	4급Ⅱ 陰 그늘 음
1급 蔭 그늘/덕택 음	6급 飮 마실 음	6급 音 소리 음	3급 吟 읊을 음	3급Ⅱ 淫 음란할 음	7급 邑 고을 읍	3급 泣 울 읍	1급 揖 읍할 읍	1급 膺 가슴 응	*2급 鷹 매 응
3급 凝 엉길/모을 응	4급Ⅱ 應 응할 응	4급 儀 거동/법 의	1급 毅 굳셀 의	6급 意 뜻 의	3급 宜 마땅 의	3급 矣 어조사 의	4급Ⅱ 義 옳을 의	6급 衣 옷 의	1급 椅 의나무 의
4급Ⅱ 議 의논 의	4급 疑 의심 의	6급 醫 의원 의	1급 誼 의좋을 의	4급 依 의지할 의	1급 擬 흉내낼/비길 의	5급 耳 귀 이	*2급 珥 귀고리 이	*2급 怡 기쁠 이	1급 爾 너/어조사 이
1급 弛 늦출 이	4급 異 다를 이	2급 貳 두 이	8급 二 두 이	3급 而 말이을 이	1급 餌 먹이 이	1급 痍 상처 이	5급 以 써 이	3급 夷 오랑캐 이	4급Ⅱ 移 옮길 이
1급 姨 이모 이	3급Ⅱ 已 이미 이	*2급 伊 저 이	3급Ⅱ 翼 날개 익	1급 翌 다음날 익	4급Ⅱ 益 더할 익	*2급 翊 도울 익	4급Ⅱ 引 끌 인	4급Ⅱ 印 도장 인	3급 寅 동방/범 인
1급 咽 목구멍 인/목멜 열	8급 人 사람 인	4급Ⅱ 認 알 인	4급 仁 어질 인	5급 因 인할 인	1급 湮 잠길 인	1급 蚓 지렁이 인	1급 靭 질길 인	3급Ⅱ 忍 참을 인	2급 刃 칼날 인
3급 姻 혼인 인	8급 日 날 일	1급 溢 넘칠 일	*2급 鎰 무게이름 일	1급 佚 숨은/편안 일	*2급 佾 춤 일	3급Ⅱ 逸 편안할 일	8급 一 하나 일	2급 壹 한 일	5급 任 맡길 임
2급 妊 아이밸 임	3급Ⅱ 壬 천간/북방 임	3급Ⅱ 賃 품삯 임	7급 入 들 입	1급 剩 남을 잉	1급 孕 아이밸 잉	ㅈ	1급 炙 구울 자(적)	3급 玆 검을/이 자	7급 字 글자 자

藉 1급 깔개 자	者 6급 놈 자	姿 4급 모양 자	諮 2급 물을 자	恣 3급 방자할/마음대로 자	滋 *2급 불을 자	瓷 1급 사기그릇 자	慈 3급Ⅱ 사랑/어머니 자	蔗 1급 사탕수수 자	煮 1급 삶을 자
姉 4급 손윗누이 자	自 7급 스스로 자	子 7급 아들 자	雌 2급 암컷 자	磁 2급 자석 자	仔 1급 자세할 자	紫 3급Ⅱ 자줏빛 자	資 4급 재물 자	刺 3급Ⅱ 찌를 자/찌를 척	疵 1급 흠 자
勺 1급 구기 작	鵲 1급 까치 작	綽 1급 너그러울 작	爵 3급 벼슬 작	灼 1급 사를 작	酌 3급 술부을/잔질할 작	嚼 1급 씹을 작	昨 6급 이제 작	作 6급 지을 작	雀 1급 참새 작
炸 1급 터질 작	芍 1급 함박꽃 작	殘 4급 남을 잔	盞 1급 잔 잔	棧 1급 잔도 잔	蠶 2급 누에 잠	箴 1급 돌침/경계할 잠	簪 1급 비녀 잠	潛 3급Ⅱ 잠길 잠	暫 3급Ⅱ 잠깐 잠
雜 4급 섞일 잡	藏 3급Ⅱ 감출 장	章 6급 글 장	長 8급 긴/어른 장	裝 4급 꾸밀 장	獐 *2급 노루 장	庄 *2급 농막/전장 장	粧 3급Ⅱ 단장할 장	墻 3급 담 장	檣 1급 돛대 장
場 7급 마당 장	障 4급Ⅱ 막힐 장	仗 1급 무기/의지 장	漿 1급 미음 장	璋 *2급 반쪽홀 장	張 4급 베풀 장	掌 3급Ⅱ 손바닥 장	莊 3급Ⅱ 씩씩할 장	丈 3급Ⅱ 어른 장	臟 3급Ⅱ 오장 장
奬 4급 장려할 장	帳 4급 장막 장	薔 1급 장미 장	葬 3급Ⅱ 장사지낼 장	將 4급Ⅱ 장수 장	匠 1급 장인 장	壯 4급 장할 장	醬 1급 젓갈 장	蔣 *2급 줄 장	杖 1급 지팡이 장
腸 4급 창자 장	再 5급 두 재	載 3급Ⅱ 실을 재	栽 3급Ⅱ 심을 재	哉 3급 어조사 재	裁 3급Ⅱ 옷마를 재	在 6급 있을 재	齋 1급 재계할/공부할 재	材 5급 재목 재	財 5급 재물 재
宰 3급 재상 재	災 5급 재앙 재	才 6급 재주 재	滓 1급 찌끼 재	爭 5급 다툴 쟁	錚 1급 쇳소리 쟁	著 3급Ⅱ 나타날 저	低 4급Ⅱ 낮을 저	觝 1급 닥뜨릴 저	沮 2급 막을 저
抵 3급Ⅱ 막을 저	躇 1급 머뭇거릴 저	底 4급 밑 저	猪 1급 산돼지 저	貯 5급 쌓을 저	咀 1급 씹을 저	狙 1급 원숭이 저	詛 1급 저주할 저	箸 1급 젓가락 저	邸 1급 큰집 저
寂 3급Ⅱ 고요할 적	的 5급 과녁 적	謫 1급 귀양갈 적	績 4급 길쌈/공 적	敵 4급Ⅱ 대적할 적	賊 4급 도적 적	摘 3급Ⅱ 딸 적	適 4급 맞을/마침 적	籍 4급 문서 적	滴 3급 물방울 적
跡 3급Ⅱ 발자취 적	赤 5급 붉을 적	積 4급 쌓을 적	狄 1급 오랑캐 적	迹 1급 자취 적	蹟 3급Ⅱ 자취 적	嫡 1급 정실 적	笛 3급Ⅱ 피리 적	廛 1급 가게 전	甸 *2급 경기 전
悛 1급 고칠 전	轉 4급 구를 전	箋 1급 글/쪽지 전	顚 1급 꼭대기 전	栓 1급 나무못 전	煎 1급 달일 전	錢 4급 돈 전	輾 1급 돌아누울 전	顫 1급 떨릴 전	塡 1급 메울 전

氈 1급 모전 전	癲 1급 미칠 전	田 4급Ⅱ 밭 전	典 5급 법 전	戰 6급 싸울 전	澱 1급 앙금 전	前 7급 앞 전	纏 1급 얽을 전	專 4급 오로지 전	全 7급 온전 전
剪 1급 자를 전	銓 1급 저울질할 전	殿 3급Ⅱ 전각/큰집 전	電 7급 전기 전	餞 1급 전별할 전	篆 1급 전자 전	傳 5급 전할 전	奠 1급 정할/바칠 전	展 5급 펼 전	箭 1급 화살 전
竊 3급 훔칠/몰래 절	折 4급 꺾을 절	截 1급 끊을 절	絶 4급Ⅱ 끊을 절	切 5급 끊을 절	節 5급 마디 절	店 5급 가게 점	粘 1급 끈끈할 점	點 4급 점 점	漸 3급Ⅱ 점점 점
占 4급 점칠/점령할 점	霑 1급 젖을 점	蝶 3급 나비 접	接 4급Ⅱ 이을/접할 접	整 4급 가지런할 정	靜 4급 고요할 정	貞 3급Ⅱ 곧을 정	楨 *2급 광나무 정	幀 1급 그림/족자 정	旌 *2급 기/표할 정
程 4급Ⅱ 길 정	淨 3급Ⅱ 깨끗할 정	鄭 *2급 나라 정	睛 1급 눈동자 정	碇 1급 닻 정	呈 2급 드릴 정	庭 6급 뜰 정	情 5급 뜻 정	停 5급 머무를 정	釘 1급 못 정
汀 *2급 물가 정	訂 3급 바로잡을 정	正 7급 바를 정	晶 *2급 밝을 정	町 1급 밭두둑 정	挺 1급 빼어날/뽑을 정	禎 *2급 상서로울 정	鼎 *2급 솥 정	酊 1급 술취할 정	錠 1급 신선로/덩이 정
偵 2급 염탐할 정	珽 *2급 옥이름 정	井 3급Ⅱ 우물 정	丁 4급 장정 정	政 4급Ⅱ 정사 정	頂 3급Ⅱ 정수리 정	亭 3급Ⅱ 정자 정	定 6급 정할 정	精 4급Ⅱ 정할/세밀할 정	廷 3급Ⅱ 조정 정
征 3급Ⅱ 칠 정	艇 2급 큰배 정	靖 1급 편안할 정	穽 1급 함정 정	齊 3급Ⅱ 가지런할 제	濟 4급Ⅱ 건널/건질 제	悌 1급 공경할 제	提 4급Ⅱ 끌 제	除 4급Ⅱ 덜 제	堤 3급 둑 제
制 4급Ⅱ 마를/절제할 제	諸 3급Ⅱ 모두 제	蹄 1급 발굽 제	梯 1급 사다리 제	弟 8급 아우 제	劑 2급 약제 제	啼 1급 울 제	帝 4급 임금 제	題 6급 제목 제	祭 4급Ⅱ 제사 제
際 4급Ⅱ 즈음/가 제	製 4급Ⅱ 지을 제	第 6급 차례 제	條 4급 가지 조	粗 1급 거칠 조	調 5급 고를 조	詔 1급 고할 조	槽 1급 구유/통 조	趙 *2급 나라 조	釣 2급 낚시 조
棗 1급 대추나무 조	助 4급Ⅱ 도울 조	措 2급 둘 조	曹 1급 마을 조	遭 1급 만날 조	藻 1급 말 조	眺 1급 바라볼 조	漕 1급 배저을 조	祚 *2급 복 조	繰 1급 비단 조/고치켤 소
嘲 1급 비웃을 조	照 3급Ⅱ 비칠 조	稠 1급 빽빽할 조	鳥 4급Ⅱ 새 조	彫 2급 새길 조	曺 *2급 성 조	躁 1급 성급할 조	爪 1급 손톱 조	凋 1급 시들 조	肇 1급 시작할 조
朝 6급 아침 조	早 4급Ⅱ 이를/아침 조	操 5급 잡을 조	弔 3급 조상할 조	租 3급Ⅱ 조세 조	潮 4급 조수/밀물 조	兆 3급Ⅱ 조짐/억조 조	糟 1급 지게미 조	造 4급Ⅱ 지을 조	組 4급 짤 조

祖 7급 할아버지 조	阻 1급 험할 조	族 6급 겨레 족	足 7급 발 족	簇 1급 조릿대 족	尊 4급Ⅱ 높을 존	存 4급 있을 존	猝 1급 갑자기 졸	卒 5급 마칠 졸	拙 3급 못날 졸
慫 1급 권할 종	宗 4급Ⅱ 마루/종교 종	終 5급 마칠 종	綜 2급 모을 종	踵 1급 발꿈치 종	腫 1급 부스럼 종	縱 3급Ⅱ 세로 종	種 5급 씨 종	琮 *2급 옥홀 종	踪 1급 자취 종
鍾 4급 종발/모을 종	從 4급 좇을 종	挫 1급 꺾을 좌	佐 3급 도울 좌	坐 3급Ⅱ 앉을 좌	左 7급 왼 좌	座 4급 자리 좌	罪 5급 허물 죄	胄 1급 투구 주	州 5급 고을 주
珠 3급Ⅱ 구슬 주	株 3급Ⅱ 그루 주	柱 3급Ⅱ 기둥 주	晝 6급 낮 주	走 4급Ⅱ 달릴 주	周 4급 두루 주	駐 2급 머무를 주	躊 1급 머뭇거릴 주	紬 1급 명주 주	輳 1급 몰려들 주
洲 3급Ⅱ 물가 주	疇 *2급 밭이랑 주	舟 3급 배 주	誅 1급 벌줄/꾸짖을 주	廚 1급 부엌 주	注 6급 부을 주	嗾 1급 부추길 주	朱 4급 붉을 주	呪 1급 빌/저주할 주	住 7급 살 주
鑄 3급Ⅱ 쇠불릴 주	酒 4급 술 주	奏 3급Ⅱ 아뢸/연주할 주	紂 1급 임금이름 주	註 1급 주낼 주	主 7급 주인 주	週 5급 주일 주	做 1급 지을 주	宙 3급Ⅱ 집 주	竹 4급Ⅱ 대 죽
浚 *2급 깊게할 준	濬 *2급 깊을 준	蠢 1급 꿈틀거릴 준	埈 *2급 높을 준	峻 *2급 높을/가파를 준	竣 1급 마칠 준	晙 *2급 밝을 준	准 2급 비준/승인할 준	樽 1급 술통 준	遵 3급 좇을 준
俊 3급 준걸 준	駿 *2급 준마 준	準 4급Ⅱ 준할/법 준	中 8급 가운데 중	重 7급 무거울/거듭 중	衆 4급Ⅱ 무리 중	仲 3급Ⅱ 버금 중	卽 3급Ⅱ 곧 즉	櫛 1급 빗 즐	葺 1급 기울 즙(집)
汁 1급 즙 즙	增 4급Ⅱ 더할 증	憎 3급Ⅱ 미울 증	曾 3급Ⅱ 일찍 증	贈 3급 줄 증	證 4급 증거 증	症 3급Ⅱ 증세 증	蒸 3급Ⅱ 찔 증	指 4급Ⅱ 가리킬 지	枝 3급Ⅱ 가지 지
持 4급 가질 지	之 3급Ⅱ 갈/어조사 지	止 5급 그칠 지	誌 4급 기록할 지	脂 2급 기름 지	咫 1급 길이 지	只 3급 다만 지	遲 3급 더딜/늦을 지	地 7급 땅 지	志 4급Ⅱ 뜻 지
旨 2급 뜻/맛 지	池 3급Ⅱ 못 지	祉 1급 복 지	肢 1급 사지 지	知 5급 알 지	至 4급Ⅱ 이를 지	摯 1급 잡을 지	紙 7급 종이 지	芝 *2급 지초 지	支 4급Ⅱ 지탱할 지
智 4급 지혜/슬기 지	枳 1급 탱자 지	址 *2급 터 지	直 7급 곧을 직	稙 *2급 올벼 직	職 4급Ⅱ 직분/벼슬 직	織 4급 짤 직	稷 *2급 피 직	秦 *2급 나라 진	津 2급 나루 진
進 4급Ⅱ 나아갈 진	盡 4급 다할 진	振 3급Ⅱ 떨칠 진	陳 3급Ⅱ 베풀/묵을 진	辰 3급Ⅱ 별 진/때 신	珍 4급 보배 진	嗔 1급 성낼 진	震 3급Ⅱ 우레 진	晋 *2급 진나라 진	鎭 3급Ⅱ 진압할 진

診 2급 진찰할 진	陣 4급 진칠 진	眞 4급Ⅱ 참 진	塵 2급 티끌 진	疹 1급 홍역 진	叱 1급 꾸짖을 질	跌 1급 넘어질 질	窒 2급 막힐 질	嫉 1급 미워할 질	迭 1급 바꿀 질
質 5급 바탕 질	疾 3급Ⅱ 병 질	姪 3급 조카 질	膣 1급 질 질	桎 1급 차꼬 질	秩 3급Ⅱ 차례 질	帙 1급 책갑 질	朕 1급 나/조짐 짐	斟 1급 헤아릴 짐	輯 2급 모을 집
集 6급 모을 집	執 3급Ⅱ 잡을 집	澄 1급 맑을 징	徵 3급Ⅱ 부를 징/음률이름 치	懲 3급 징계할 징	ㅊ	遮 2급 가릴 차	叉 1급 깍지낄 차	蹉 1급 넘어질 차	且 3급 또/구차할 차
次 4급Ⅱ 버금 차	借 3급Ⅱ 빌릴/빌 차	差 4급 어긋날/다를 차	此 3급Ⅱ 이 차	嗟 1급 탄식할 차	鑿 1급 뚫을 착	着 5급 붙을 착	錯 3급Ⅱ 어긋날/섞일 착	捉 3급 잡을 착	窄 1급 좁을 착
搾 1급 짤 착	讚 4급 기릴 찬	贊 3급Ⅱ 도울 찬	鑽 *2급 뚫을 찬	纂 1급 모을 찬	饌 1급 반찬 찬	餐 2급 밥 찬	燦 *2급 빛날 찬	簒 1급 빼앗을 찬	璨 *2급 옥빛 찬
瓚 *2급 옥잔/제기 찬	撰 1급 지을 찬	擦 1급 문지를 찰	察 4급Ⅱ 살필 찰	刹 2급 절 찰	札 2급 편지 찰	塹 1급 구덩이 참	懺 1급 뉘우칠 참	讒 1급 모함할 참	斬 2급 벨 참
慙 3급 부끄러울 참	站 1급 역마을 참	僭 1급 참람할 참	讖 1급 참서 참	參 5급 참여할 참/석 삼	慘 3급 참혹할 참	倡 1급 광대 창	彰 2급 드러날 창	猖 1급 미쳐날뛸 창	脹 1급 배부를 창
唱 5급 부를 창	瘡 1급 부스럼 창	漲 1급 불을 창	創 4급Ⅱ 비롯할 창	艙 1급 선창 창	愴 1급 슬퍼할 창	敞 *2급 시원할 창	槍 1급 창 창	窓 6급 창 창	倉 3급Ⅱ 창고/곳집 창
娼 1급 창녀 창	昌 3급Ⅱ 창성할 창	菖 1급 창포 창	滄 2급 큰바다 창	蒼 3급Ⅱ 푸를 창	昶 *2급 해길 창	廠 1급 헛간 창	暢 3급 화창할 창	菜 3급Ⅱ 나물 채	債 3급Ⅱ 빚 채
埰 *2급 사패지 채	蔡 *2급 성/나라 채	寨 1급 울타리 채	彩 3급Ⅱ 채색 채	採 4급 캘 채	采 *2급 풍채 채	策 3급Ⅱ 꾀 책	責 5급 꾸짖을 책	柵 1급 울타리 책	冊 4급 책 책
處 4급Ⅱ 곳 처	悽 2급 슬플 처	凄 1급 쓸쓸할 처	妻 3급Ⅱ 아내 처	拓 3급Ⅱ 넓힐 척/박을 탁	擲 1급 던질 척	脊 1급 등마루 척	瘠 1급 메마를 척	斥 3급 물리칠 척	滌 1급 씻을 척
陟 *2급 오를 척	隻 2급 외짝 척	尺 3급Ⅱ 자 척	戚 3급Ⅱ 친척/겨레 척	川 7급 내 천	穿 1급 뚫을 천	擅 1급 멋대로 천	踐 3급Ⅱ 밟을 천	泉 4급 샘 천	淺 3급Ⅱ 얕을 천
闡 1급 열/밝힐 천	遷 3급Ⅱ 옮길 천	千 7급 일천 천	薦 3급 천거할 천	賤 3급Ⅱ 천할 천	釧 *2급 팔찌 천	天 7급 하늘 천	喘 1급 헐떡일 천	撤 2급 거둘 철	澈 *2급 맑을 철

綴 1급 묶을 철	轍 1급 바퀏자국 철	哲 3급Ⅱ 밝을 철	喆 2급 밝을/쌍길 철	凸 1급 볼록할 철	鐵 5급 쇠 철	徹 3급Ⅱ 통할 철	僉 1급 다 첨	添 3급 더할 첨	瞻 *2급 볼 첨
尖 3급 뾰족할 첨	諂 1급 아첨할 첨	籤 1급 제비 첨	疊 1급 겹쳐질 첩	貼 1급 붙을 첩	諜 2급 염탐할 첩	捷 1급 이길/빠를 첩	妾 3급 첩 첩	牒 1급 편지 첩	帖 1급 표제 첩
晴 3급 갤 청	廳 4급 관청 청	聽 4급 들을 청	淸 6급 맑을 청	請 4급Ⅱ 청할 청	靑 8급 푸를 청	遞 3급 갈릴 체	涕 1급 눈물 체	滯 3급Ⅱ 막힐 체	締 2급 맺을 체
體 6급 몸 체	替 3급 바꿀 체	諦 1급 살필 체	逮 3급 잡을 체	梢 1급 나무끝 초	肖 3급Ⅱ 닮을/같을 초	貂 1급 담비 초	樵 1급 땔나무 초	超 3급Ⅱ 뛰어넘을 초	哨 2급 망볼 초
炒 1급 볶을 초	招 4급 부를 초	秒 3급 분초 초/ 벼끝 묘	抄 3급 뽑을 초	憔 1급 수척할 초	醋 1급 식초 초/술권할 작	礁 1급 암초 초	稍 1급 적을 초	礎 3급Ⅱ 주춧돌 초	初 5급 처음 초
楚 *2급 초나라 초	硝 1급 초석 초	焦 2급 탈/그을릴 초	蕉 1급 파초 초	草 7급 풀 초	蜀 *2급 나라이름 촉	觸 3급Ⅱ 닿을 촉	囑 1급 부탁할 촉	促 3급Ⅱ 재촉할 촉	燭 3급 촛불 촉
寸 8급 마디 촌	村 7급 마을 촌	忖 1급 헤아릴 촌	聰 3급 귀밝을 총	總 4급Ⅱ 다 총	叢 1급 모일/떨기 총	塚 1급 무덤 총	寵 1급 사랑할 총	銃 4급Ⅱ 총 총	撮 1급 취할/찍을 촬
最 5급 가장 최	崔 *2급 높을 최	催 3급Ⅱ 재촉할 최	槌 1급 망치 추/몽치 퇴	楸 *2급 가래 추	秋 7급 가을 추	芻 1급 꼴 추	趨 2급 달아날 추	酋 1급 두목 추	追 3급Ⅱ 따를/쫓을 추
墜 1급 떨어질 추	椎 1급 몸치/등뼈 추	鰍 1급 미꾸라지 추	推 4급 밀 추	抽 3급 뽑을 추	錐 1급 송곳 추	鎚 1급 쇠망치 추	錘 1급 저울 추	樞 1급 지도리 추	鄒 *2급 추나라 추
醜 3급 추할/더러울 추	軸 2급 굴대 축	蓄 4급Ⅱ 모을 축	祝 5급 빌 축	丑 3급 소 축	築 4급Ⅱ 쌓을 축	縮 4급 줄일 축	畜 3급Ⅱ 짐승/기를 축	逐 3급 쫓을 축	蹴 2급 찰 축
春 7급 봄 춘	椿 *2급 참나무 춘	出 7급 나갈 출	黜 1급 물리칠 출	蟲 4급Ⅱ 벌레 충	衷 2급 속마음 충	衝 3급Ⅱ 찌를 충	充 5급 채울 충	忠 4급Ⅱ 충성 충	沖 *2급 화할 충
萃 1급 모일 췌	膵 1급 췌장 췌	悴 1급 파리할 췌	贅 1급 혹 췌	取 4급Ⅱ 가질 취	就 4급 나아갈 취	臭 3급 냄새 취	趣 4급 뜻 취	聚 *2급 모을 취	脆 1급 무를 취
吹 3급Ⅱ 불 취	炊 2급 불땔 취	翠 1급 비취빛 취	娶 1급 장가들 취	醉 3급Ⅱ 취할 취	側 3급Ⅱ 곁 측	惻 1급 슬퍼할 측	測 4급Ⅱ 헤아릴 측	層 4급 층 층	値 3급Ⅱ 값 치

幟 1급 기 치	雉 *2급 꿩 치	治 4급Ⅱ 다스릴 치	馳 1급 달릴 치	置 4급Ⅱ 둘 치	恥 3급Ⅱ 부끄러울 치	嗤 1급 비웃을 치	緻 1급 빽빽할 치	侈 1급 사치할 치	熾 1급 성할 치
癡 1급 어리석을 치	稚 3급Ⅱ 어릴 치	峙 *2급 언덕 치	齒 4급Ⅱ 이 치	致 5급 이를 치	痔 1급 치질 치	則 5급 법칙 칙	勅 1급 조서 칙	親 6급 친할 친	漆 3급Ⅱ 옻/검을 칠
七 8급 일곱 칠	砧 1급 다듬잇돌 침	針 4급 바늘 침	枕 3급 베개 침	寢 4급 잘 침	沈 3급Ⅱ 잠길 침/성 심	浸 3급Ⅱ 잠길/젖을 침	鍼 1급 침 침	侵 4급Ⅱ 침노할 침	蟄 1급 숨을 칩
稱 4급 일컬을 칭	秤 1급 저울 칭	ㅋ	快 4급Ⅱ 쾌할 쾌	ㅌ	舵 1급 (배의)키 타	惰 1급 게으를 타	楕 1급 길쭉할 타	駝 1급 낙타 타	他 5급 다를 타
墮 3급 떨어질 타	陀 1급 비탈질 타	妥 3급 온당할 타	打 5급 칠 타	唾 1급 침 타	卓 5급 높을 탁	琢 2급 다듬을 탁	托 3급 맡길 탁	鐸 1급 방울 탁	託 2급 부탁할 탁
擢 1급 뽑을 탁	濯 3급 씻을 탁	濁 3급 흐릴 탁	憚 1급 꺼릴 탄	誕 3급 낳을/거짓 탄	呑 1급 삼킬 탄	炭 5급 숯 탄	灘 *2급 여울 탄	綻 1급 옷터질 탄	歎 4급 탄식할 탄
彈 4급 탄알 탄	坦 1급 평평할 탄	脫 4급 벗을 탈	奪 3급Ⅱ 빼앗을 탈	眈 1급 노려볼 탐	耽 *2급 즐길 탐	探 4급 찾을 탐	貪 3급 탐낼 탐	搭 1급 탈 탑	塔 3급Ⅱ 탑 탑
湯 3급Ⅱ 끓을 탕	蕩 1급 방탕할/쓸어버릴 탕	宕 1급 호방할 탕	殆 3급Ⅱ 거의/위태할 태	怠 3급 게으를 태	態 4급Ⅱ 모습/태도 태	兌 *2급 바꿀 태	跆 1급 밟을 태	台 *2급 별 태	笞 1급 볼기칠 태
汰 1급 씻을 태	胎 2급 아이밸 태	苔 1급 이끼 태	太 6급 클 태	泰 3급Ⅱ 클/편안할 태	颱 2급 태풍 태	擇 4급 가릴 택	澤 3급Ⅱ 못 택	宅 5급 집 택	撑 1급 버팀목 탱
攄 1급 펼 터	討 4급 칠/찾을 토	兎 3급Ⅱ 토끼 토	吐 3급Ⅱ 토할 토	土 8급 흙 토	統 4급Ⅱ 거느릴 통	筒 1급 대롱 통	痛 4급 아플 통	慟 1급 애통할 통	桶 1급 통 통
通 6급 통할 통	腿 1급 넓적다리 퇴	頹 1급 무너질 퇴	退 4급Ⅱ 물러갈 퇴	褪 1급 바랠 퇴	堆 1급 쌓을 퇴	投 4급 던질 투	套 1급 덮개/버릇 투	透 3급Ⅱ 사무칠 투	鬪 4급 싸움 투
妬 1급 투기할 투	慝 1급 사특할 특	特 6급 특별할 특	ㅍ	派 4급 갈래 파	爬 1급 긁을 파	破 4급Ⅱ 깨뜨릴 파	巴 1급 땅이름 파	罷 3급 마칠/파할 파	波 4급Ⅱ 물결 파
琶 1급 비파 파	播 3급 뿌릴 파	坡 *2급 언덕 파	頗 3급 자못 파	把 3급 잡을 파	跛 1급 절름발이 파	芭 1급 파초 파	婆 1급 할미 파	板 5급 널 판	阪 *2급 언덕/비탈 판

判 4급 판단할 판	版 3급Ⅱ 판목/조각 판	販 3급 팔 판	辦 1급 힘쓸 판	八 8급 여덟 팔	沛 1급 늪 패	稗 1급 비 패	悖 1급 어그러질 패	霸 2급 으뜸 패	貝 3급 조개 패
唄 1급 찬불 패	佩 1급 찰 패	牌 1급 패 패	敗 5급 패할 패	澎 1급 물결/부딪칠 팽	膨 1급 부풀 팽	彭 *2급 성 팽	愎 1급 괴팍할 퍅	遍 3급 두루 편	騙 1급 속일 편
編 3급Ⅱ 엮을 편	扁 *2급Ⅱ 작을 편	片 3급Ⅱ 조각 편	鞭 1급 채찍 편	篇 4급 책 편	偏 3급Ⅱ 치우칠 편	便 7급 편안할 편/똥오줌 변	貶 1급 떨어뜨릴 폄	坪 2급 들 평	萍 1급 부평초 평
平 7급 평평할 평	評 4급 평할 평	斃 1급 넘어질 폐	閉 4급 닫을 폐	蔽 3급 덮을/가릴 폐	陛 1급 섬돌 폐	廢 3급Ⅱ 폐할/버릴 폐	弊 3급Ⅱ 해질/폐단 폐	肺 3급Ⅱ 허파 폐	幣 3급 화폐/폐백 폐
浦 3급Ⅱ 개/물가 포	褒 1급 기릴 포	匍 1급 길 포	逋 1급 달아날 포	砲 4급Ⅱ 대포 포	抛 2급 던질 포	怖 2급 두려워할 포	袍 1급 두루마기 포	哺 1급 먹일 포	泡 1급 물거품 포
圃 1급 밭 포	飽 3급 배부를 포	布 4급Ⅱ 베 포/보시 보	蒲 1급 부들 포	庖 1급 부엌 포	胞 4급 세포/태 포	包 4급Ⅱ 쌀 포	抱 3급 안을 포	咆 1급 으르렁거릴 포	捕 3급Ⅱ 잡을 포
鮑 *2급 절인물고기 포	疱 1급 천연두 포	鋪 2급 펼/가게 포	脯 1급 포 포	葡 *2급 포도 포	爆 4급 불터질 폭	暴 4급Ⅱ 사나울 폭/ 모질 포	曝 1급 쬘 폭	幅 3급 폭/너비 폭	瀑 1급 폭포 폭
表 6급 겉 표	飄 1급 나부낄 표	慓 1급 날랠 표	漂 3급 떠다닐 표	杓 *2급 북두자루 표	票 4급Ⅱ 불똥튈/표 표	剽 1급 빠를 표	豹 1급 표범 표	標 4급 표할 표	稟 1급 여쭐/받을 품
品 5급 품질 품	豊 4급Ⅱ 풍년 풍	楓 3급Ⅱ 단풍(나무) 풍	風 6급 바람 풍	諷 1급 욀/변죽울릴 풍	皮 3급Ⅱ 가죽 피	被 3급Ⅱ 입을/당할 피	彼 3급Ⅱ 저 피	披 1급 펼칠 피	疲 4급 피곤할 피
避 4급 피할 피	弼 *2급 도울 필	畢 3급Ⅱ 마칠 필	必 5급 반드시 필	筆 5급 붓 필	匹 3급 짝 필	疋 1급 필 필/발 소	乏 1급 가난할 핍	逼 1급 닥칠 핍	ㅎ
霞 1급 노을 하	遐 1급 멀 하	荷 3급Ⅱ 멜/연 하	河 5급 물 하	蝦 1급 새우 하	下 7급 아래 하	何 3급Ⅱ 어찌 하	夏 7급 여름 하	瑕 1급 티 하	賀 3급Ⅱ 하례할 하
壑 1급 골 학	學 8급 배울 학	鶴 3급Ⅱ 학/두루미 학	瘧 1급 학질 학	謔 1급 희롱거릴 학	虐 2급 모질/사나울 학	邯 *2급 조나라서울 한	旱 3급 가물 한	韓 8급 나라/한국 한	罕 1급 드물/그물 한
汗 3급Ⅱ 땀 한	悍 1급 사나울 한	澣 1급 옷빨래 한	寒 5급 찰 한	翰 2급 편지 한	恨 4급 한(원망) 한	閑 4급 한가할 한	漢 7급 한수/한나라 한	限 4급Ⅱ 한할/막을 한	轄 1급 관장할 할

割 3급Ⅱ 벨 할	咸 3급 다 함	含 3급Ⅱ 머금을 함	緘 1급 봉할 함	陷 3급Ⅱ 빠질 함	銜 1급 재갈 함	涵 1급 젖을 함	檻 1급 짐승우리 함	鹹 1급 짤 함	喊 1급 크게외칠 함
艦 2급 큰배 함	函 1급 함 함	蛤 1급 대합조개 합	盒 1급 뚜껑있는그릇 합	合 6급 합할 합	巷 3급 거리 항	抗 4급 겨룰/항거할 항	沆 *2급 넓을 항	亢 *2급 높을 항	肛 1급 똥구멍 항
航 4급Ⅱ 배 항	港 4급Ⅱ 항구 항	項 3급Ⅱ 항목 항	恒 3급Ⅱ 항상 항	缸 1급 항아리 항	該 3급 갖출/마땅 해	懈 1급 게으를 해	咳 1급 기침할 해	駭 1급 놀랄 해	亥 3급 돼지 해
邂 1급 만날 해	海 7급 바다 해	楷 1급 본보기 해	奚 3급 어찌 해	解 4급Ⅱ 풀 해	偕 1급 함께 해	骸 1급 해골 해	害 5급 해로울 해	諧 1급 화할 해	核 4급 씨 핵
劾 1급 캐물을 핵	行 6급 다닐 행/항렬 항	幸 6급 다행 행	杏 *2급 살구(나무) 행	享 3급 누릴 향	鄕 4급Ⅱ 시골 향	響 3급Ⅱ 울릴 향	饗 1급 잔치할 향	香 4급Ⅱ 향기 향	嚮 1급 향할 향
向 6급 향할 향	噓 1급 불 허	墟 1급 빈터 허	虛 4급Ⅱ 빌 허	許 5급 허락할 허	獻 3급Ⅱ 드릴 헌	憲 4급 법 헌	軒 3급 집 헌	歇 1급 쉴 헐	驗 4급Ⅱ 시험 험
險 4급 험할 험	革 4급 가죽/고칠 혁	爀 *2급 불빛 혁	赫 *2급 빛날 혁	玄 3급Ⅱ 검을 현	峴 *2급 고개 현	縣 3급 고을 현	現 6급 나타날 현	顯 4급 나타낼 현	懸 3급Ⅱ 매달 현
絢 1급 무늬 현	炫 *2급 밝을 현	鉉 *2급 솥귀 현	弦 2급 시위 현	眩 1급 아찔할 현	賢 4급Ⅱ 어질 현	衒 1급 자랑할 현	絃 3급 줄 현	穴 3급Ⅱ 구멍/굴 혈	血 4급Ⅱ 피 혈
嫌 3급 싫어할 혐	陜 *2급 좁을 협	峽 2급 골짜기 협	挾 1급 낄 협	頰 1급 뺨 협	脅 3급Ⅱ 위협할/옆구리 협	狹 1급 좁을 협	俠 1급 호협할 협	協 4급Ⅱ 화할 협	荊 1급 가시나무 형
馨 *2급 꽃다울/향기 형	邢 *2급 나라이름 형	形 6급 모양 형	型 2급 모형 형	瀅 *2급 물맑을 형	螢 3급 반딧불 형	瑩 *2급 밝을 형	炯 *2급 빛날 형	衡 3급Ⅱ 저울대 형	兄 8급 형 형
刑 4급 형벌 형	亨 3급 형통할 형	彗 1급 비 혜	慧 3급Ⅱ 슬기로울 혜	兮 3급 어조사 혜	惠 4급Ⅱ 은혜 혜	醯 1급 초 혜	弧 1급 나무활 호	澔 *2급 넓을 호	浩 3급Ⅱ 넓을 호
護 4급Ⅱ 도울 호	胡 3급Ⅱ 되/오랑캐 호	扈 *2급 따를 호	戶 4급Ⅱ 문/집 호	晧 *2급 밝을 호	虎 3급Ⅱ 범 호	祜 *2급 복 호	呼 4급Ⅱ 부를 호	瑚 1급 산호 호	互 3급 서로 호
乎 3급 어조사 호	狐 1급 여우 호	號 6급 이름 호	好 4급Ⅱ 좋을 호	毫 3급 터럭 호	糊 1급 풀/모호할 호	昊 *2급 하늘 호	壕 *2급 해자 호	豪 3급Ⅱ 호걸 호	鎬 *2급 호경 호

琥 1급 호박 호	湖 5급 호수 호	濠 2급 호주/해자 호	皓 *2급 흴 호	惑 3급Ⅱ 미혹할 혹	酷 2급 심할 혹	或 4급 혹 혹	魂 3급Ⅱ 넋 혼	混 4급 섞일 혼	昏 3급 어두울 혼
婚 4급 혼인할 혼	渾 1급 흐릴/합수 혼	忽 3급Ⅱ 갑자기/문득 홀	笏 1급 홀 홀	惚 1급 황홀할 홀	訌 1급 내분 홍	洪 3급Ⅱ 넓을 홍	哄 1급 떠들 홍	虹 1급 무지개 홍	泓 *2급 물깊을 홍
紅 4급 붉을 홍	鴻 3급 큰기러기 홍	弘 3급 클 홍	畵 6급 그림 화/그을 획	花 7급 꽃 화	化 5급 될 화	話 7급 말씀 화	禾 3급 벼 화	火 8급 불 화	華 4급 빛날 화
靴 2급 신 화	樺 *2급 자작나무 화	貨 4급Ⅱ 재물 화	禍 3급Ⅱ 재앙 화	嬅 *2급 탐스러울 화	和 6급 화할 화	穫 3급 거둘 확	確 4급Ⅱ 굳을 확	擴 3급 넓힐 확	環 4급 고리 환
桓 *2급 굳셀/푯말 환	患 5급 근심 환	驩 1급 기뻐할 환	歡 4급 기쁠 환	還 3급Ⅱ 돌아올 환	丸 3급 둥글 환	換 3급Ⅱ 바꿀 환	宦 1급 벼슬/내시 환	喚 1급 부를 환	煥 *2급 빛날 환
幻 2급 헛보일 환	鰥 1급 홀아비 환	猾 1급 교활할 활	滑 2급 미끄러울 활	活 7급 살 활	闊 1급 트일/넓을 활	荒 3급Ⅱ 거칠 황	滉 *2급 깊을 황	徨 1급 노닐 황	黃 6급 누를 황
慌 1급 다급할 황	惶 1급 두려울 황	晃 *2급 밝을 황	凰 1급 봉황새 황	煌 1급 빛날 황	況 4급 상황/하물며 황	皇 3급Ⅱ 임금 황	遑 1급 허둥거릴 황	恍 1급 황홀할 황	誨 1급 가르칠 회
繪 1급 그림 회	晦 1급 그믐 회	恢 1급 넓을 회	徊 1급 노닐 회	賄 1급 뇌물 회	悔 3급Ⅱ 뉘우칠 회	廻 2급 돌 회	回 4급Ⅱ 돌아올 회	會 6급 모일 회	淮 *2급 물이름 회
膾 1급 어회 회	灰 4급 재 회	檜 *2급 전나무 회	懷 3급Ⅱ 품을 회	蛔 1급 회충 회	劃 3급Ⅱ 그을 획	獲 3급Ⅱ 얻을 획	橫 3급Ⅱ 가로 횡	效 5급 본받을 효	曉 3급 새벽 효
酵 1급 술밑 효	嚆 1급 울릴 효	哮 1급 으르렁거릴 효	爻 1급 효 효	孝 7급 효도 효	候 4급 기후/기다릴 후	厚 4급 두터울 후	後 7급 뒤 후	逅 1급 만날 후	嗅 1급 맡을 후
喉 2급 목구멍 후	朽 1급 썩을 후	吼 1급 울 후	后 *2급 임금 후	侯 3급 제후/임금 후	訓 6급 가르칠 훈	勳 2급 공 훈	暈 1급 달무리 훈	熏 *2급 불길 훈	壎 *2급 질나팔 훈
薰 *2급 향풀 훈	喧 1급 시끄러울 훤	喙 1급 부리 훼	卉 1급 풀 훼	毁 3급 헐 훼	諱 1급 꺼릴 휘	麾 1급 대장기 휘	彙 1급 무리 휘	輝 3급 빛날 휘	徽 *2급 아름다울 휘
揮 4급 휘두를 휘	休 7급 쉴 휴	烋 *2급 아름다울 휴	携 3급 이끌 휴	恤 1급 구휼할 휼	胸 3급Ⅱ 가슴 흉	洶 1급 물살세찰 흉	匈 *2급 오랑캐 흉	兇 1급 흉악할 흉	凶 5급 흉할 흉

黑 5급 검을 흑	欣 1급 기뻐할 흔	痕 1급 흔적 흔	欽 *2급 공경할 흠	歆 1급 받을 흠	欠 1급 하품/모자랄 흠	吸 4급Ⅱ 마실 흡	恰 1급 마치/같을 흡	洽 1급 흡족할 흡	興 4급Ⅱ 일/일어날 흥
姬 2급 계집 희	憙 *2급 기뻐할 희	喜 4급 기쁠 희	戲 3급Ⅱ 놀이/희롱할 희	稀 3급Ⅱ 드물 희	希 4급Ⅱ 바랄 희	禧 *2급 복 희	羲 *2급 복희 희	熙 2급 빛날 희	熹 *2급 빛날 희
嬉 *2급 아름다울 희	噫 2급 한숨쉴 희	犧 1급 희생할 희	詰 1급 꾸짖을 힐						

	배정 한자	쓰기 배정 한자
1급	3500자	2005자

고유 한자 – 단어로 익히기

1~25

* 색자(色字)는 1급 고유 한자입니다.

1. 駕轎(가교)	6. 嫁娶(가취)	11. 分揀(분간)	16. 石澗(석간)	21. 喝道(갈도)
2. 袈裟(가사)	7. 稼行(가행)	12. 奸巧(간교)	17. 艱難(간난)	22. 紺碧(감벽)
3. 呵責(가책)	8. 嘉禮(가례)	13. 癎病(간병)	18. 竿頭(간두)	23. 柑橘(감귤)
4. 苛酷(가혹)	9. 枳殼(지각)	14. 諫官(간관)	19. 褐斑(갈반)	24. 疳勞(감로)
5. 哥哥(가가)	10. 恪遵(각준)	15. 耕墾(경간)	20. 空竭(공갈)	25. 難堪(난감)

26~50

26. 瞰臨(감림)	31. 口腔(구강)	36. 灌漑(관개)	41. 渠輩(거배)	46. 怯心(겁심)
27. 勘斷(감단)	32. 乾薑(건강)	37. 愾然(개연)	42. 倨傲(거오)	47. 永劫(영겁)
28. 文匣(문갑)	33. 糠皮(강피)	38. 凱樂(개악)	43. 頭巾(두건)	48. 梵偈(범게)
29. 閘頭(갑두)	34. 草芥(초개)	39. 羹獻(갱헌)	44. 虔恭(건공)	49. 檄召(격소)
30. 慷慨(강개)	35. 箇數(개수)	40. 醵飮(갹음)	45. 腱子(건자)	50. 巫覡(무격)

51~75

51. 胸膈(흉격)	56. 鯨魚(경어)	61. 痙病(경병)	66. 股戰(고전)	71. 呱呱(고고)
52. 野繭(야견)	57. 勁健(경건)	62. 雙脛(쌍경)	67. 敲石(고석)	72. 叩門(고문)
53. 譴告(견고)	58. 憧憬(동경)	63. 陰莖(음경)	68. 錮送(고송)	73. 拷打(고타)
54. 杜鵑(두견)	59. 梗概(경개)	64. 悸慄(계율)	69. 短袴(단고)	74. 罪辜(죄고)
55. 風磬(풍경)	60. 頭頸(두경)	65. 痼癖(고벽)	70. 膏藥(고약)	75. 正鵠(정곡)

76~100

76. 梏亡(곡망)	81. 鞏固(공고)	86. 藿田(곽전)	91. 刮目(괄목)	96. 罫紙(괘지)
77. 袞衣(곤의)	82. 拱木(공목)	87. 顴骨(관골)	92. 壙穴(광혈)	97. 卦辭(괘사)
78. 昆季(곤계)	83. 顆鹽(과염)	88. 棺槨(관곽)	93. 匡濟(광제)	98. 誘拐(유괴)
79. 棍杖(곤장)	84. 木槨(목곽)	89. 灌腸(관장)	94. 膀胱(방광)	99. 乖愎(괴퍅)
80. 汨篤(골독)	85. 輪廓(윤곽)	90. 包括(포괄)	95. 曠年(광년)	100. 魁偉(괴위)

101~125

101. 轟沈(굉침)	106. 狡詐(교사)	111. 潛蛟(잠교)	116. 枸骨(구골)	121. 溝池(구지)
102. 宏業(굉업)	107. 喬松(교송)	112. 皎鏡(교경)	117. 柩衣(구의)	122. 垢弊(구폐)
103. 股肱(고굉)	108. 咬裂(교열)	113. 廐舍(구사)	118. 衢街(구가)	123. 毆殺(구살)
104. 轎馬(교마)	109. 嬌氣(교기)	114. 雙鉤(쌍구)	119. 謳吟(구음)	124. 鍼灸(침구)
105. 驕色(교색)	110. 攪拌(교반)	115. 矩尺(구척)	120. 寇掠(구략)	125. 白駒(백구)

126~150

126. 體軀(체구)
127. 鳩集(구집)
128. 外舅(외구)
129. 仇恨(구한)
130. 石臼(석구)
131. 嘔逆(구역)
132. 嶇路(구로)
133. 窘辱(군욕)
134. 躬進(궁진)
135. 高穹(고궁)
136. 捲勇(권용)
137. 倦客(권객)
138. 眷率(권솔)
139. 蹶失(궐실)
140. 潰敗(궤패)
141. 詭詐(궤사)
142. 几杖(궤장)
143. 机案(궤안)
144. 書櫃(서궤)
145. 硅素(규소)
146. 窺知(규지)
147. 逵路(규로)
148. 葵花(규화)
149. 橘皮(귤피)
150. 棘人(극인)

151~175

151. 剋期(극기)
152. 劍戟(검극)
153. 隙駒(극구)
154. 覲禮(근례)
155. 飢饉(기근)
156. 擒縛(금박)
157. 胸襟(흉금)
158. 孤衾(고금)
159. 扱免(급면)
160. 汲路(급로)
161. 亘帶(긍대)
162. 可矜(가긍)
163. 羈束(기속)
164. 伎癢(기양)
165. 娼妓(창기)
166. 譏笑(기소)
167. 杞柳(기류)
168. 朞服(기복)
169. 畸形(기형)
170. 綺語(기어)
171. 肌骨(기골)
172. 嗜玩(기완)
173. 崎嶇(기구)
174. 拮抗(길항)
175. 喫茶(끽다)

176~200

176. 懦薄(나박)
177. 拿獲(나획)
178. 紛拏(분나)
179. 儺禮(나례)
180. 煖房(난방)
181. 捺染(날염)
182. 捏詞(날사)
183. 衲子(납자)
184. 囊螢(낭형)
185. 撚斷(연단)
186. 涅齒(열치)
187. 駑才(노재)
188. 弩臺(노대)
189. 化膿(화농)
190. 不撓(불요)
191. 訥辯(눌변)
192. 結紐(결뉴)
193. 匿名(익명)
194. 空簞(공단)
195. 采緞(채단)
196. 蛋殼(단각)
197. 撻笞(달태)
198. 黑疸(흑달)
199. 痰飮(담음)
200. 暗澹(암담)

201~225

201. 奇譚(기담)
202. 慘憺(참담)
203. 曇天(담천)
204. 合遝(합답)
205. 螳臂(당비)
206. 棠梨(당리)
207. 撞入(당입)
208. 擡擧(대거)
209. 布袋(포대)
210. 堵牆(도장)
211. 鍍瓷(도자)
212. 賭地(도지)
213. 滔天(도천)
214. 高蹈(고도)
215. 目睹(목도)
216. 默禱(묵도)
217. 淘汰(도태)
218. 屠城(도성)
219. 搗衣(도의)
220. 狂濤(광도)
221. 萄酒(도주)
222. 掉舌(도설)
223. 禿山(독산)
224. 瀆汚(독오)
225. 渾沌(혼돈)

226~250

226. 愚憧(우동)
227. 瞳睛(동정)
228. 胴部(동부)
229. 疼腫(동종)
230. 痘痕(두흔)
231. 兜侵(두침)
232. 隱遁(은둔)
233. 臀肉(둔육)
234. 橙色(등색)
235. 懶性(나성)
236. 癩病(나병)
237. 螺絲(나사)
238. 邏卒(나졸)
239. 駱馬(낙마)
240. 酪產(낙산)
241. 烙刑(낙형)
242. 鑾車(난거)
243. 狂瀾(광란)
244. 惡辣(악랄)
245. 潑剌(발랄)
246. 搖籃(요람)
247. 舊臘(구랍)
248. 白蠟(백랍)
249. 狼藉(낭자)
250. 高粱(고량)

251~275

251. 技倆(기량)
252. 濾水(여수)
253. 黎元(여원)
254. 閭家(여가)
255. 返戾(반려)
256. 侶行(여행)
257. 淋瀝(임력)
258. 礫石(역석)
259. 輦路(연로)
260. 收斂(수렴)
261. 珠簾(주렴)
262. 殮布(염포)
263. 囹圄(영어)
264. 逞意(영의)
265. 高齡(고령)
266. 風鈴(풍령)
267. 撈採(노채)
268. 擄掠(노략)
269. 僕虜(복로)
270. 碌靑(녹청)
271. 山麓(산록)
272. 聾盲(농맹)
273. 壟畔(농반)
274. 瓦瓏(와롱)
275. 堅牢(견뢰)

276~300

276. 受賂(수뢰)
277. 磊塊(뇌괴)
278. 儡身(뇌신)
279. 寥闊(요활)
280. 聊浪(요랑)
281. 同寮(동료)
282. 瞭哨(요초)
283. 燎野(요야)
284. 陋名(누명)
285. 陣壘(진루)
286. 琉器(유기)
287. 乾溜(건류)
288. 木瘤(목류)
289. 屠戮(도륙)
290. 垂綸(수륜)
291. 渾淪(혼륜)
292. 愧慄(괴율)
293. 肋膜(늑막)
294. 彌勒(미륵)
295. 凜然(늠연)
296. 菱狀(능상)
297. 稜線(능선)
298. 綾紗(능사)
299. 凌亂(능란)
300. 罹病(이병)

301~320

301. 泄痢(설리)
302. 千釐(천리)
303. 裡面(이면)
304. 俚歌(이가)
305. 悧落(이락)
306. 荒籬(황리)
307. 燐亂(인란)
308. 片鱗(편린)
309. 吝愛(인애)
310. 蹂躪(유린)
311. 淋疾(임질)
312. 草笠(초립)
313. 米粒(미립)
314. 索寞(삭막)
315. 彎弓(만궁)
316. 輓詩(만시)
317. 挽引(만인)
318. 蔓草(만초)
319. 饅頭(만두)
320. 卍海(만해)

321~345

321. 養鰻(양만)
322. 瞞着(만착)
323. 噴沫(분말)
324. 抹殺(말살)
325. 襪衣(말의)
326. 光芒(광망)
327. 慌惘(황망)
328. 高邁(고매)
329. 煤炭(매탄)
330. 蒙昧(몽매)
331. 癡呆(치매)
332. 罵辱(매욕)
333. 寐語(매어)
334. 未萌(미맹)
335. 緬憶(면억)
336. 顧眄(고면)
337. 木棉(목면)
338. 黍麵(서면)
339. 金皿(금명)
340. 螟蟲(명충)
341. 酩酊(명정)
342. 闇暝(암명)
343. 溟海(명해)
344. 分袂(분메)
345. 模寫(모사)

346~370

346. 牡丹(모란)
347. 磨耗(마모)
348. 摸擬(모의)
349. 歿後(몰후)
350. 猫柔(묘유)
351. 素描(소묘)
352. 渺茫(묘망)
353. 杳冥(묘명)
354. 蕪辭(무사)
355. 毋論(무론)
356. 懷憮(회무)
357. 誣陷(무함)
358. 巫俗(무속)
359. 百畝(백무)
360. 愛撫(애무)
361. 拇印(무인)
362. 蚊雷(문뢰)
363. 薇蕪(미무)
364. 靡寧(미령)
365. 媚附(미부)
366. 憂悶(우민)
367. 安謐(안밀)
368. 撲滅(박멸)
369. 具縛(구박)
370. 金箔(금박)

371~395

371. 剝離(박리)	376. 樸頭(박두)	381. 拌物(반물)	386. 脚絆(각반)	391. 反撥(반발)
372. 赤膊(적박)	377. 琥珀(호박)	382. 蟠龍(반룡)	387. 炎魃(염발)	392. 活潑(활발)
373. 論駁(논박)	378. 頒賜(반사)	383. 槃遊(반유)	388. 馬勃(마발)	393. 彷彿(방불)
374. 豆粕(두박)	379. 湖畔(호반)	384. 斑白(반백)	389. 跋涉(발섭)	394. 肪脆(방취)
375. 手搏(수박)	380. 綠礬(녹반)	385. 攀戀(반련)	390. 醱酵(발효)	395. 枋底(방저)

396~420

396. 幇間(방간)	401. 膀胱(방광)	406. 胚葉(배엽)	411. 氾愛(범애)	416. 潔癖(결벽)
397. 坊店(방점)	402. 毁謗(훼방)	407. 落魄(낙백)	412. 出帆(출범)	417. 巨擘(거벽)
398. 昉此(방차)	403. 徘徊(배회)	408. 幣帛(폐백)	413. 泛然(범연)	418. 闢土(벽토)
399. 榜目(방목)	404. 陪審(배심)	409. 蕃民(번민)	414. 梵鐘(범종)	419. 劈破(벽파)
400. 尨犬(방견)	405. 澎湃(팽배)	410. 藩國(번국)	415. 雙璧(쌍벽)	420. 瞥見(별견)

421~440

421. 魚鼈(어별)	425. 菩提(보리)	429. 鰒魚(복어)	433. 烽堡(봉보)	437. 斧斤(부근)
422. 餠湯(병탕)	426. 堡障(보장)	430. 奴僕(노복)	434. 筆鋒(필봉)	438. 訃聞(부문)
423. 寶甁(보병)	427. 匐枝(복지)	431. 棍棒(곤봉)	435. 駙馬(부마)	439. 芙蓉(부용)
424. 洑流(복류)	428. 輻輳(폭주)	432. 捧招(봉초)	436. 俯伏(부복)	440. 弔賻(조부)

441~465

441. 咐囑(부촉)	446. 扮飾(분식)	451. 噴出(분출)	456. 硼素(붕소)	461. 庇蔭(비음)
442. 埠頭(부두)	447. 盆栽(분재)	452. 忿爭(분쟁)	457. 棚閣(붕각)	462. 補裨(보비)
443. 孵卵(부란)	448. 人糞(인분)	453. 濃雰(농분)	458. 困憊(곤비)	463. 鄙見(비견)
444. 肺腑(폐부)	449. 吩咐(분부)	454. 彷彿(방불)	459. 鼎沸(정비)	464. 開扉(개비)
445. 解剖(해부)	450. 焚身(분신)	455. 繃帶(붕대)	460. 蜚芻(비추)	465. 翡翠(비취)

466~490

466. 緋甲(비갑)	471. 琵琶(비파)	476. 攘臂(양비)	481. 嚬呻(빈신)	486. 古祠(고사)
467. 誹笑(비소)	472. 脾析(비석)	477. 嬪宮(빈궁)	482. 憑依(빙의)	487. 獅子(사자)
468. 砒素(비소)	473. 痺疳(비감)	478. 濱涯(빈애)	483. 紗羅(사라)	488. 驕奢(교사)
469. 匕箸(비저)	474. 顯妣(현비)	479. 瀕海(빈해)	484. 嗣君(사군)	489. 蘭麝(난사)
470. 譬說(비설)	475. 秕糠(비강)	480. 殯宮(빈궁)	485. 蓑衣(사의)	490. 瀉土(사토)

491~515

491. 遷徙(천사)
492. 些事(사사)
493. 娑婆(사파)
494. 刪述(산술)
495. 疝氣(산기)
496. 珊瑚(산호)
497. 急煞(급살)
498. 菩薩(보살)
499. 撒砂(살사)
500. 滲出(삼출)
501. 澁語(삽어)
502. 孀閨(상규)
503. 翔貴(상귀)
504. 昧爽(매상)
505. 濫觴(남상)
506. 璽符(새부)
507. 嗇夫(색부)
508. 甥館(생관)
509. 牲牢(생뢰)
510. 黍粟(서속)
511. 同棲(동서)
512. 犀利(서리)
513. 壻郎(서랑)
514. 曙星(서성)
515. 胥失(서실)

516~540

516. 島嶼(도서)
517. 鼠狼(서랑)
518. 薯類(서류)
519. 抒情(서정)
520. 干潟(간석)
521. 銑鋧(선전)
522. 欽羨(흠선)
523. 火扇(화선)
524. 煽惑(선혹)
525. 淚腺(누선)
526. 素膳(소선)
527. 屑鐵(설철)
528. 排泄(배설)
529. 洩漏(설루)
530. 渫慢(설만)
531. 殲撲(섬박)
532. 閃火(섬화)
533. 半醒(반성)
534. 逍風(소풍)
535. 遡遊(소유)
536. 搔爬(소파)
537. 甦生(소생)
538. 蕭森(소삼)
539. 稀疎(희소)
540. 今宵(금소)

541~560

541. 梳匠(소장)
542. 發瘙(발소)
543. 塑造(소조)
544. 簫鼓(소고)
545. 代贖(대속)
546. 恭遜(공손)
547. 悚懼(송구)
548. 掃灑(소쇄)
549. 碎金(쇄금)
550. 應酬(응수)
551. 腦髓(뇌수)
552. 竪立(수립)
553. 茅蒐(모수)
554. 羞辱(수욕)
555. 狩漁(수어)
556. 袖手(수수)
557. 錦繡(금수)
558. 粹美(수미)
559. 復讎(복수)
560. 發穗(발수)

561~585

561. 戍樓(수루)
562. 瘦損(수손)
563. 弟嫂(제수)
564. 塾堂(숙당)
565. 夙成(숙성)
566. 菽粟(숙속)
567. 馴化(순화)
568. 筍席(순석)
569. 醇味(순미)
570. 膝前(슬전)
571. 丞相(승상)
572. 紅柿(홍시)
573. 飯匙(반시)
574. 豺虎(시호)
575. 猜惡(시오)
576. 媤家(시가)
577. 諡法(시법)
578. 弑逆(시역)
579. 熄滅(식멸)
580. 拭清(식청)
581. 蠶蝕(잠식)
582. 燼滅(신멸)
583. 呻吟(신음)
584. 宸筆(신필)
585. 蜃蛤(신합)

586~610

586. 訊檢(신검)
587. 迅雷(신뢰)
588. 柴薪(시신)
589. 妊娠(임신)
590. 悉心(실심)
591. 什器(집기)
592. 俄頃(아경)
593. 衙前(아전)
594. 怪訝(괴아)
595. 啞然(아연)
596. 駭愕(해악)
597. 堊室(악실)
598. 下顎(하악)
599. 按摩(안마)
600. 晏眠(안면)
601. 金鞍(금안)
602. 斡運(알운)
603. 軋刑(알형)
604. 諒闇(양암)
605. 庵主(암주)
606. 移秧(이앙)
607. 激昂(격앙)
608. 怏宿(앙숙)
609. 鴛鴦(원앙)
610. 曖昧(애매)

611~635

611. 斷崖(단애)
612. 暮靄(모애)
613. 隘巷(애항)
614. 腋汗(액한)
615. 扼腕(액완)
616. 縊死(액사)
617. 鶯語(앵어)
618. 櫻脣(앵순)
619. 老爺(노야)
620. 冶遊(야유)
621. 揶揄(야유)
622. 葯胞(약포)
623. 癢痛(양통)
624. 恙憂(양우)
625. 攘斥(양척)
626. 佳釀(가양)
627. 潰瘍(궤양)
628. 禦寒(어한)
629. 瘀熱(어열)
630. 圄囹(어령)
631. 臆測(억측)
632. 堰堤(언제)
633. 古諺(고언)
634. 奄忽(엄홀)
635. 俺家(엄가)

636~660

636. 儼然(엄연)
637. 演繹(연역)
638. 講筵(강연)
639. 捐補(연보)
640. 椽燭(연촉)
641. 魚鳶(어연)
642. 妖艶(요염)
643. 焰火(염화)
644. 育嬰(육영)
645. 曳白(예백)
646. 穢氣(예기)
647. 詣闕(예궐)
648. 裔冑(예주)
649. 寤歌(오가)
650. 落伍(낙오)
651. 奧妙(오묘)
652. 懊恨(오한)
653. 蘊奧(온오)
654. 壅劫(옹겁)
655. 訛音(와음)
656. 蝸廬(와려)
657. 渦線(와선)
658. 腕章(완장)
659. 宛轉(완전)
660. 婉媚(완미)

661~680

661. 玉琓(옥완)
662. 頑拒(완거)
663. 阮咸(완함)
664. 枉屈(왕굴)
665. 矮屋(왜옥)
666. 巍然(외연)
667. 猥雜(외잡)
668. 陶窯(도요)
669. 窈冥(요명)
670. 拗體(요체)
671. 饒足(요족)
672. 招邀(초요)
673. 僥冀(요기)
674. 夭死(요사)
675. 擾民(요민)
676. 凹陷(요함)
677. 踊躍(용약)
678. 蒙茸(몽용)
679. 涌沫(용말)
680. 聳出(용출)

681~705

681. 芙蓉(부용)
682. 迂回(우회)
683. 廉隅(염우)
684. 寓意(우의)
685. 嵎夷(우이)
686. 虞祭(우제)
687. 耕耘(경운)
688. 隕星(운성)
689. 殞泣(운읍)
690. 犬猿(견원)
691. 鴛侶(원려)
692. 寃刑(원형)
693. 萎落(위락)
694. 敎諭(교유)
695. 揄揚(유양)
696. 鍮尺(유척)
697. 癒合(유합)
698. 隱喩(은유)
699. 阿諛(아유)
700. 宥免(유면)
701. 柚皮(유피)
702. 愉悅(유열)
703. 蹂踐(유천)
704. 游藝(유예)
705. 戎狄(융적)

706~730

706. 絨緞(융단)
707. 蔭官(음관)
708. 揖禮(읍례)
709. 膺受(응수)
710. 忠毅(충의)
711. 交椅(교의)
712. 厚誼(후의)
713. 擬似(의사)
714. 爾曹(이조)
715. 弛廢(이폐)
716. 好餌(호이)
717. 瘡痍(창이)
718. 姨從(이종)
719. 翌年(익년)
720. 嗚咽(오열)
721. 湮滅(인멸)
722. 蚓鰻(인만)
723. 靭帶(인대)
724. 溢血(일혈)
725. 奢佚(사일)
726. 過剩(과잉)
727. 孕婦(잉부)
728. 散炙(산적)
729. 憑藉(빙자)
730. 瓷器(자기)

731~755

731. 甘蔗(감자)
732. 煮醬(자장)
733. 仔蟲(자충)
734. 細疵(세자)
735. 勺飮(작음)
736. 鵲語(작어)
737. 綽態(작태)
738. 灼骨(작골)
739. 嚼蠟(작랍)
740. 雀目(작목)
741. 炸發(작발)
742. 芍藥(작약)
743. 玉盞(옥잔)
744. 棧道(잔도)
745. 箴戒(잠계)
746. 簪笏(잠홀)
747. 帆檣(범장)
748. 儀仗(의장)
749. 漿水(장수)
750. 薔薇(장미)
751. 巨匠(거장)
752. 醬太(장태)
753. 棍杖(곤장)
754. 齋米(재미)
755. 沈滓(침재)

756~780

756. 錚然(쟁연)
757. 牴排(저배)
758. 躇步(저보)
759. 野豬(야저)
760. 咀呪(저주)
761. 狙擊(저격)
762. 詛盟(저맹)
763. 匙箸(시저)
764. 私邸(사저)
765. 謫所(적소)
766. 狄人(적인)
767. 形迹(형적)
768. 嫡出(적출)
769. 魚廛(어전)
770. 悛心(전심)
771. 華箋(화전)
772. 顚倒(전도)
773. 栓塞(전색)
774. 煎悶(전민)
775. 輾轉(전전)
776. 顫動(전동)
777. 充塡(충전)
778. 氈笠(전립)
779. 癲狂(전광)
780. 沈澱(침전)

781~800

781. 纏足(전족)
782. 剪刀(전도)
783. 銓注(전주)
784. 餞別(전별)
785. 篆刻(전각)
786. 釋奠(석전)
787. 飛箭(비전)
788. 截取(절취)
789. 粘塊(점괴)
790. 霑汗(점한)
791. 裝幀(장정)
792. 眼睛(안정)
793. 碇泊(정박)
794. 押釘(압정)
795. 町步(정보)
796. 挺出(정출)
797. 酒酊(주정)
798. 錠劑(정제)
799. 淸靖(청정)
800. 陷穽(함정)

801~825

801. 仁悌(인제)
802. 馬蹄(마제)
803. 雲梯(운제)
804. 悲啼(비제)
805. 粗惡(조악)
806. 詔書(조서)
807. 油槽(유조)
808. 棗木(조목)
809. 曹司(조사)
810. 遭難(조난)
811. 藻文(조문)
812. 遠眺(원조)
813. 漕運(조운)
814. 繰車(소거)
815. 自嘲(자조)
816. 稠雜(조잡)
817. 躁人(조인)
818. 爪痕(조흔)
819. 凋兵(조병)
820. 肇始(조시)
821. 酒糟(주조)
822. 積阻(적조)
823. 簇生(족생)
824. 猝富(졸부)
825. 慫兢(종긍)

826~850

826. 踵踐(종천)
827. 腫脹(종창)
828. 踪迹(종적)
829. 挫氣(좌기)
830. 甲冑(갑주)
831. 躊躇(주저)
832. 明紬(명주)
833. 輳合(주합)
834. 誅罰(주벌)
835. 庖廚(포주)
836. 嗾囑(주촉)
837. 呪詛(주저)
838. 紂棍(주곤)
839. 註譯(주역)
840. 看做(간주)
841. 蠢爾(준이)
842. 竣役(준역)
843. 芳樽(방준)
844. 櫛板(즐판)
845. 葺繕(즙선)
846. 汁液(즙액)
847. 咫顔(지안)
848. 祉祿(지록)
849. 肢骨(지골)
850. 摯見(지견)

851~875

851. 枳實(지실)	856. 嫉惡(질오)	861. 地胅(지질)	866. 嗟惜(차석)	871. 饌物(찬물)
852. 嗔心(진심)	857. 迭代(질대)	862. 斟酒(짐주)	867. 穿鑿(천착)	872. 簒位(찬위)
853. 濕疹(습진)	858. 膣炎(질염)	863. 澄水(징수)	868. 窄小(착소)	873. 新撰(신찬)
854. 叱呼(질호)	859. 桎檻(질함)	864. 叉路(차로)	869. 搾乳(착유)	874. 按擦(안찰)
855. 蹉跌(차질)	860. 書帙(서질)	865. 蹉過(차과)	870. 纂輯(찬집)	875. 塹壘(참루)

876~900

876. 懺禮(참례)	881. 排倡(배창)	886. 船艙(선창)	891. 茅廠(모창)	896. 脊髓(척수)
877. 讒臣(참신)	882. 猖披(창피)	887. 悽愴(처창)	892. 山寨(산채)	897. 瘠骨(척골)
878. 站船(참선)	883. 脹滿(창만)	888. 竹槍(죽창)	893. 鐵柵(철책)	898. 滌署(척서)
879. 僭稱(참칭)	884. 瘡病(창병)	889. 娼樓(창루)	894. 凄切(처절)	899. 貫穿(관천)
880. 圖讖(도참)	885. 漲溢(창일)	890. 菖蒲(창포)	895. 擲錢(척전)	900. 擅斷(천단)

901~920

901. 闡揚(천양)	905. 凸形(철형)	909. 疊語(첩어)	913. 手帖(수첩)	917. 續貂(속초)
902. 咳喘(해천)	906. 僉意(첨의)	910. 貼經(첩경)	914. 流涕(유체)	918. 樵歌(초가)
903. 綴輯(철집)	907. 阿諂(아첨)	911. 敏捷(민첩)	915. 諦聽(체청)	919. 炒米(초미)
904. 拒轍(거철)	908. 籤紙(첨지)	912. 通牒(통첩)	916. 末梢(말초)	920. 憔慮(초려)

921~945

921. 食醋(식초)	926. 委囑(위촉)	931. 撮要(촬요)	936. 椎殺(추살)	941. 樞要(추요)
922. 坐礁(좌초)	927. 忖量(촌량)	932. 木槌(목추)	937. 鰍魚(추어)	942. 黜陟(출척)
923. 稍解(초해)	928. 叢論(총론)	933. 芻狗(추구)	938. 立錐(입추)	943. 叢萃(총췌)
924. 硝藥(초약)	929. 疑塚(의총)	934. 酋矛(추모)	939. 鎚打(추타)	944. 膵液(췌액)
925. 蕉布(초포)	930. 寵兒(총아)	935. 擊墜(격추)	940. 錘鐘(추종)	945. 憔悴(초췌)

946~970

946. 贅居(췌거)	951. 標幟(표치)	956. 熾盛(치성)	961. 鍼術(침술)	966. 楕率(타율)
947. 脆味(취미)	952. 馳報(치보)	957. 白癡(백치)	962. 驚蟄(경칩)	967. 駝酪(타락)
948. 翠屛(취병)	953. 嗤侮(치모)	958. 痔裂(치열)	963. 秤板(칭판)	968. 頭陀(두타)
949. 娶妻(취처)	954. 緻巧(치교)	959. 勅書(칙서)	964. 操舵(조타)	969. 唾棄(타기)
950. 惻隱(측은)	955. 侈端(치단)	960. 砧斧(침부)	965. 怠惰(태타)	970. 金鐸(금탁)

971~995

971. 擢秀(탁수)
972. 忌憚(기탄)
973. 呑吐(탄토)
974. 綻破(탄파)
975. 坦腹(탄복)
976. 眈眈(탐탐)
977. 搭載(탑재)
978. 掃蕩(소탕)
979. 豪宕(호탕)
980. 跆籍(태적)
981. 鞭笞(편태)
982. 沙汰(사태)
983. 白苔(백태)
984. 撑中(탱중)
985. 攄懷(터회)
986. 火筒(화통)
987. 慟絕(통절)
988. 浴桶(욕통)
989. 腿節(퇴절)
990. 頹落(퇴락)
991. 褪色(퇴색)
992. 堆疊(퇴첩)
993. 套習(투습)
994. 妬心(투심)
995. 姦慝(간특)

996~1020

996. 爬蟲(파충)
997. 巴人(파인)
998. 琵琶(비파)
999. 跛立(파립)
1000. 芭蕉(파초)
1001. 産婆(산파)
1002. 辦事(판사)
1003. 顚沛(전패)
1004. 稗說(패설)
1005. 悖倫(패륜)
1006. 梵唄(범패)
1007. 佩用(패용)
1008. 賞牌(상패)
1009. 澎湃(팽배)
1010. 膨滿(팽만)
1011. 愎戾(퍅려)
1012. 騙馬(편마)
1013. 敎鞭(교편)
1014. 貶降(폄강)
1015. 浮萍(부평)
1016. 斃死(폐사)
1017. 陛見(폐현)
1018. 褒賞(포상)
1019. 匍球(포구)
1020. 逋客(포객)

1021~1040

1021. 同袍(동포)
1022. 吐哺(토포)
1023. 氣泡(기포)
1024. 藥圃(약포)
1025. 蒲蘆(포로)
1026. 庖宰(포재)
1027. 咆勃(포발)
1028. 疱瘡(포창)
1029. 脯醢(포혜)
1030. 曝書(폭서)
1031. 懸瀑(현폭)
1032. 飄風(표풍)
1033. 慓悍(표한)
1034. 剽急(표급)
1035. 豹變(표변)
1036. 稟性(품성)
1037. 諷刺(풍자)
1038. 披覽(피람)
1039. 疋緞(필단)
1040. 缺乏(결핍)

1041~1065

1041. 逼奪(핍탈)
1042. 雲霞(운하)
1043. 遐邇(하이)
1044. 白蝦(백하)
1045. 細瑕(세하)
1046. 山壑(산학)
1047. 瘧疾(학질)
1048. 謔笑(학소)
1049. 罕例(한례)
1050. 悍馬(한마)
1051. 上澣(상한)
1052. 統轄(통할)
1053. 緘口(함구)
1054. 銜字(함자)
1055. 涵泳(함영)
1056. 軒檻(헌함)
1057. 鹹度(함도)
1058. 高喊(고함)
1059. 函尺(함척)
1060. 紅蛤(홍합)
1061. 饌盒(찬합)
1062. 脫肛(탈항)
1063. 缸硯(항연)
1064. 懈慢(해만)
1065. 咳唾(해타)

1066~1090

1066. 駭怪(해괴)
1067. 邂逅(해후)
1068. 楷正(해정)
1069. 偕行(해행)
1070. 死骸(사해)
1071. 諧語(해어)
1072. 劾情(핵정)
1073. 饗報(향보)
1074. 嚮背(향배)
1075. 氣噓(기허)
1076. 古墟(고허)
1077. 小歇(소헐)
1078. 絢飾(현식)
1079. 眩耀(현요)
1080. 衒女(현녀)
1081. 挾勢(협세)
1082. 紅頰(홍협)
1083. 狹窄(협착)
1084. 俠客(협객)
1085. 荊芥(형개)
1086. 彗掃(혜소)
1087. 食醯(식혜)
1088. 弧矢(호시)
1089. 珊瑚(산호)
1090. 狐媚(호미)

1091~1115

1091. 糊丸(호환)
1092. 琥珀(호박)
1093. 渾信(혼신)
1094. 玉笏(옥홀)
1095. 恍惚(황홀)
1096. 內訌(내홍)
1097. 哄動(홍동)
1098. 長虹(장홍)
1099. 驩然(환연)
1100. 宦慾(환욕)
1101. 喚聲(환성)
1102. 鰥寡(환과)
1103. 猾吏(활리)
1104. 闊略(활략)
1105. 彷徨(방황)
1106. 唐慌(당황)
1107. 惶悚(황송)
1108. 鳳凰(봉황)
1109. 輝煌(휘황)
1110. 遑急(황급)
1111. 恍遊(황유)
1112. 教誨(교회)
1113. 繪素(회소)
1114. 晦冥(회명)
1115. 恢宏(회굉)

1116~1140

1116. 遲徊(지회)
1117. 贈賄(증회)
1118. 魚膾(어회)
1119. 蛔藥(회약)
1120. 酒酵(주효)
1121. 嚆矢(효시)
1122. 哮吼(효후)
1123. 爻象(효상)
1124. 邂逅(해후)
1125. 嗅覺(후각)
1126. 朽老(후로)
1127. 叫吼(규후)
1128. 暈色(훈색)
1129. 浮喧(부훤)
1130. 容喙(용훼)
1131. 卉服(훼복)
1132. 諱忌(휘기)
1133. 麾下(휘하)
1134. 彙報(휘보)
1135. 矜恤(긍휼)
1136. 洶急(흉급)
1137. 兇行(흉행)
1138. 欣喜(흔희)
1139. 淚痕(누흔)
1140. 歆饗(흠향)

1141~1145

1141. 欠身(흠신)
1142. 恰如(흡여)
1143. 未洽(미흡)
1144. 犧尊(희존)
1145. 詰問(힐문)

쉬어가기-한자퍼즐

■	1	2		■	3	■	■
■	■		■	4			5
6			■	■	■	■	
	■	■	7	■	8		
9		10		■		■	
	■		■	11		■	■
■	12			■	13	14	
■	■		■	■	■		■

가로

1. 하루에 천 리를 달릴 만한 썩 빠른 좋은 말.
4. 자기 몸을 희생하여 인(仁)을 이룸.
6. 출병할 때 그 뜻을 적어서 임금에게 올리는 글.
8. 서로 공식적으로 만나 보는 예. 결혼식에서 신랑 신부가 동등한 예를 지켜 마주 절하는 일.
9. 회의장 · 경기장 · 식장 · 극장 등에 들어가는 것을 못하게 하는 일.
11. 손금이나 손의 모양 등을 보고 그 사람의 운수와 길흉을 판단하는 점.
12. 하늘과 땅 사이. 곧, 이 세상을 이름.
13. 연출자를 보조하는 일을 맡아 하는 사람.

세로

2. 육상으로 난 길이나 선로 등의 가장자리에 그 곳에서 다른 곳에 이르는 거리를 적어 세운 푯말이나 표지.
3. 마음과 몸.
5. 사단(四端)을 이루는 네 가지 요소. 곧, 어질고(仁), 의롭고(義), 예의바르고(禮), 지혜로운(智) 것.
6. 나가서는 장수가 되고, 들어와서는 재상(宰相)이 됨. 곧, 문무(文武)를 다 갖추어 장상(將相)의 벼슬을 모두 지낸다는 뜻.
7. 움직이고 있는 물체가 움직임을 멈추는 것.
8. 서로서로 돕는 것.
10. 담배 피우는 것을 금하는 일정한 공간의 영역.
14. 배우가 무대 위에서 각본에 따라 말과 동작에 의해 표현한 것을 관객에게 보이는 예술.

정답

■	1 千	2 里	馬	■	3 心	■	■
■	■	程	■	4 殺	身	成	5 仁
6 出	師	表	■	■	■	■	義
將	■	■	7 停	■	8 相	見	禮
9 入	場	10 禁	止	■	扶	■	智
相	■	煙	■	11 手	相	■	■
■	12 天	地	間	■	13 助	14 演	出
■	■	域	■	■	■	劇	■

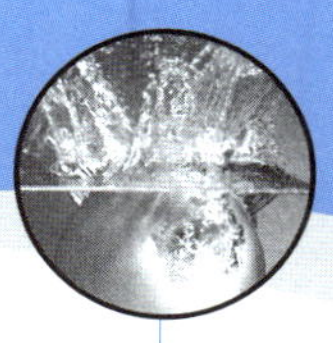

유형별 완벽대비 문제

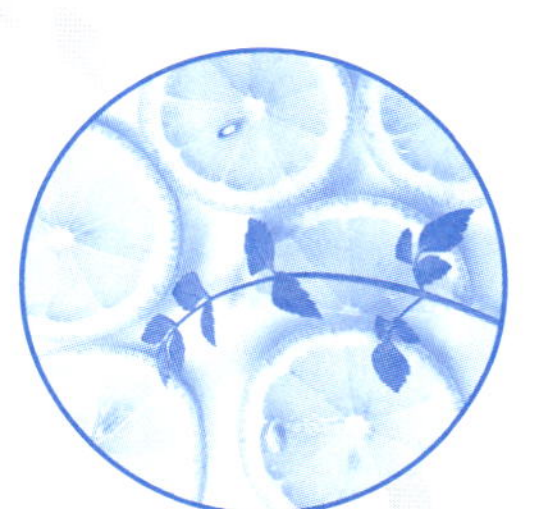

사자성어 동의어•유의어 반의어•상대어 동음이의어 틀리기 쉬운 부수 속자•약자

전략 메모장

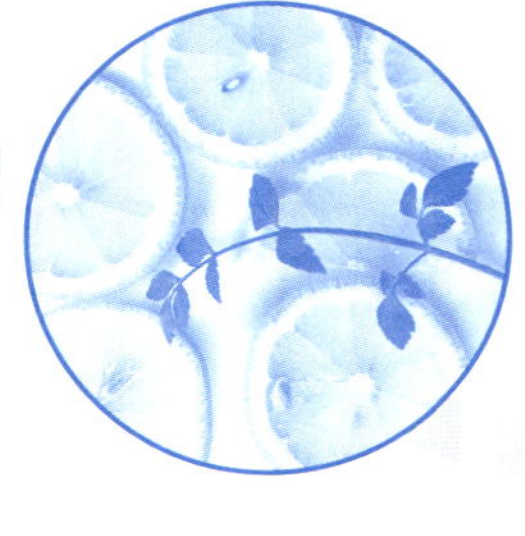

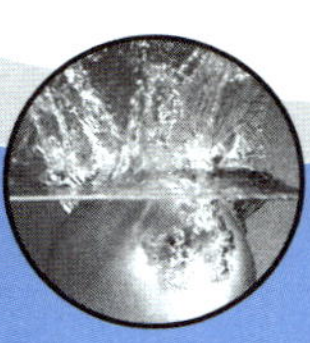

사자성어

실전 유형

※ 다음 □ 안에 漢字를 正字로 써서 사자성어를 완성하시오.

(1) 刻□□恨　刻骨痛恨

(2) □木□天　落木寒天

(3) 明若□□　明若觀火

다음 □ 안에 알맞은 漢字를 쓰시오. (1~365)

1~10

(1) 呵呵□□ : 너무나 우스워 소리를 내어 크게 웃음.

(2) 苛□誅□ : 세금을 가혹하게 거두어 들이고 무리하게 재물을 빼앗음을 이름. 가혹한 정치.

(3) □呑□吐 : 달면 삼키고 쓰면 뱉는다는 뜻으로, 자신의 비위에 따라 사리의 옳고 그름을 판단함.

(4) □衢煙□ : 번화한 길에 달빛이 연기에 은은하게 비침. 태평한 세상의 평화로운 풍경.

(5) 去□截□ : 요점만 남기고 앞뒤의 사설을 빼어 버림.

(6) □□一擲 : 주사위를 던져 승패를 건다는 뜻으로, 운명을 걸고 단판걸이로 승부를 겨룸.

(7) □□搔癢 : 신을 신고 발바닥을 긁는다는 뜻으로, 성에 차지 않거나 철저하지 못한 안타까움.

(8) □蚊拔□ : 모기 보고 칼을 빼어 든다는 뜻으로, 하찮은 일에 너무 거창하게 덤빈다는 말.

(9) 股肱□□ : 자신의 팔다리같이 중요한 신하라는 뜻으로, 임금이 가장 믿고 중히 여기는 신하.

(10) 膏粱□□ : 기름진 고기와 좋은 곡식으로 만든 맛있는 음식.

정답

(1) 呵呵大笑(가가대소)
(2) 苛斂誅求(가렴주구)
(3) 甘呑苦吐(감탄고토)
(4) 康衢煙月(강구연월)
(5) 去頭截尾(거두절미)
(6) 乾坤一擲(건곤일척)
(7) 隔靴搔癢(격화소양)
(8) 見蚊拔劍(견문발검)
(9) 股肱之臣(고굉지신)
(10) 膏粱珍味(고량진미)

11~20

(11) 刮目□□ : 눈을 비비고 상대를 본다는 뜻으로, 학문이나 재주 등이 크게 발전한 것을 이름.

(12) □□續貂 : 담비의 꼬리가 모자라 개꼬리로 잇는다는 뜻으로, 훌륭한 것에 하찮은 것이 잇닿음.

(13) □粹□義 : 자기 나라의 전통과 특수성만을 제일이라고 믿는 배타적이고 보수적인 사상.

(14) 捲土□□ : 어떤 일에 실패한 뒤에 힘을 가다듬어 다시 시작함.

(15) 錦繡□□ : 비단에 수놓은 것 같은 강산이라는 뜻으로, 우리 나라 산천을 비유하여 이르는 말.

(16) 囊□□錐 : 주머니 속의 송곳이란 뜻으로, 유능한 사람은 숨어 있어도 그 존재가 드러남.

(17) □斧□針 : 도끼를 갈아 바늘을 만든다는 뜻으로, 힘든 일도 끈기가 있으면 성공할 수 있음.

(18) 萬彙□□ : 수많은 무리와 많은 형상. 우주의 온갖 수많은 형상.

(19) □□補牢 : 양을 잃고 우리를 고침. 이미 어떤 일을 실패한 뒤에 뉘우쳐도 아무 소용없음.

(20) 夢寐□□ : 자는 동안. 꿈꾸는 동안.

정답

(11) 刮目相對(괄목상대)
(12) 狗尾續貂(구미속초)
(13) 國粹主義(국수주의)
(14) 捲土重來(권토중래)
(15) 錦繡江山(금수강산)
(16) 囊中之錐(낭중지추)
(17) 磨斧爲針(마부위침)
(18) 萬彙群象(만휘군상)
(19) 亡羊補牢(망양보뢰)
(20) 夢寐之間(몽매지간)

21~30

(21) 猫□□鈴 : 고양이 목에 방울 달기라는 뜻으로, 실행할 수 없는 헛된 논의를 이르는 말.
(22) 反哺□□ : 자식이 자란 후에 어버이의 은혜를 갚는 효성을 이르는 말.
(23) □□偕老 : 부부가 한평생을 사이좋게 지내고 즐겁게 함께 늙음.
(24) 百□竿□ : 백 자나 되는 장대의 끝이라는 뜻으로, 위태롭고 어려운 지경에 이름을 말함.
(25) □骨碎□ : 뼈를 가루로 만들고 몸을 부숨. 몸이 부서지도록 힘을 다하여 노력함.
(26) 焚書□□ : 진시황이 학자들의 정치 비평을 금하기 위해 책을 불사르고 유생들을 생매장한 일.
(27) □撓□屈 : 휘지도 않고 굽히지도 않음. 한번 먹은 마음이 흔들리거나 굽힘이 없음.
(28) □□慷慨 : 의롭지 못한 일이나 잘못되어 가는 세태를 보고 슬프고 분하여 마음이 북받침.
(29) □鼠□端 : 머뭇거리며 진퇴나 거취를 정하지 못하는 상태를 이르는 말.
(30) 袖□□觀 : 팔짱을 끼고 바라본다는 뜻으로, 아무런 관여도 하지 않고 그대로 버려둠.

정답

(21) 猫頭懸鈴(묘두현령)
(22) 反哺之孝(반포지효)
(23) 百年偕老(백년해로)
(24) 百尺竿頭(백척간두)
(25) 粉骨碎身(분골쇄신)
(26) 焚書坑儒(분서갱유)
(27) 不撓不屈(불요불굴)
(28) 悲憤慷慨(비분강개)
(29) 首鼠兩端(수서양단)
(30) 袖手傍觀(수수방관)

31~40

(31) □匙一□ : 밥 열 술이 한 그릇이 됨. 여러 사람이 조금씩 힘을 합하면 한 사람을 돕기 쉬움.
(32) □□叫喚 : 여러 사람이 비참한 지경에 빠져 울부짖는 참상을 비유적으로 이르는 말.
(33) 暗□摸□ : 어둠 속에서 더듬어 찾음.
(34) 曖□□糊 : 말이나 태도 따위가 희미하고 흐려 분명하지 아니함.
(35) 寤寐□□ : 자나 깨나 잊지 못함.
(36) □□俱焚 : 옳은 사람이나 그른 사람이 구별 없이 모두 재앙을 받음을 이르는 말.
(37) 蝸□□爭 : 달팽이의 더듬이 위에서 싸운다는 뜻으로, 하찮은 일로 벌이는 싸움.
(38) □薪□膽 : 원수를 갚거나 마음먹은 일을 이루기 위하여 온갖 어려움과 괴로움을 참고 견딤.
(39) 流□蜚□ : 아무 근거 없이 널리 퍼진 소문.
(40) □目瞭□ : 한 번 보고 환히 알 수 있을 만큼 분명하다는 뜻.

정답

(31) 十匙一飯(십시일반)
(32) 阿鼻叫喚(아비규환)
(33) 暗中摸索(암중모색)
(34) 曖昧模糊(애매모호)
(35) 寤寐不忘(오매불망)
(36) 玉石俱焚(옥석구분)
(37) 蝸角之爭(와각지쟁)
(38) 臥薪嘗膽(와신상담)
(39) 流言蜚語(유언비어)
(40) 一目瞭然(일목요연)

41~50

(41) □瀉□里 : 강물이 빨리 흘러 천 리를 간다는 뜻으로, 어떤 일이 거침없이 빨리 진행됨.
(42) □□撞着 : 같은 사람의 말이나 행동이 앞뒤가 서로 맞지 아니하고 모순 됨.
(43) 自□□縛 : 자기가 한 말과 행동에 자기 자신이 옭혀 곤란하게 됨.
(44) □□荷杖 : 도둑이 도리어 매를 든다는 뜻으로, 잘못한 사람이 아무 잘못 없는 사람을 나무람.
(45) 輾□反□ : 누운 채 잠을 이루지 못하고 이리저리 뒤척임.
(46) 頂□□鍼 : 정수리에 침을 놓는다는 뜻으로, 따끔한 비판이나 타이름을 말함.
(47) 糟糠□□ : 몹시 가난하고 천할 때에 고생을 함께 겪어 온 아내를 이르는 말.
(48) □客顚□ : 주인과 손님의 위치가 서로 뒤바뀜. 사물의 경중 · 선후 · 완급 등이 뒤바뀜.
(49) □□加鞭 : 달리는 말에 채찍질한다는 뜻으로, 잘하는 사람을 더욱 장려함을 이르는 말.
(50) □羞□饌 : 푸짐하게 잘 차린 맛있는 음식.

정답

(41) 一瀉千里(일사천리)
(42) 自家撞着(자가당착)
(43) 自繩自縛(자승자박)
(44) 賊反荷杖(적반하장)
(45) 輾轉反側(전전반측)
(46) 頂門一鍼(정문일침)
(47) 糟糠之妻(조강지처)
(48) 主客顚倒(주객전도)
(49) 走馬加鞭(주마가편)
(50) 珍羞盛饌(진수성찬)

51~60

(51) 七顚□□ : 일곱 번 넘어지고 여덟 번 일어남. 실패하여도 굴하지 않고 꾸준히 노력함.
(52) □□七擒 : 마음대로 잡았다 놓아 주었다 함을 이르는 말.
(53) 針□棒□ : 작은 일을 크게 불리어 떠벌림.
(54) □哺□發 : 민심을 수람하고 정무를 보살피기에 잠시도 편안함이 없음을 이르는 말.
(55) □瀾萬□ : 사람의 생활이나 일의 진행이 여러 가지 곡절과 시련이 많고 변화가 심함.
(56) □袍□笠 : 해어진 옷과 부서진 갓이란 뜻으로, 초라한 차림새를 비유적으로 이르는 말.
(57) 駭怪□□ : 평소 접할 수 없는, 놀랍고 괴상함.
(58) 偕□□穴 : 살아서는 같이 늙고 죽어서는 한 무덤에 묻힘. 생사를 같이하는 부부.
(59) □□刺股 : 머리를 매달고 넓적다리를 찌른다는 뜻으로, 졸음을 참으며 학업에 힘씀.
(60) 狐□虎□ : 여우가 호랑이의 힘을 빌어 뽐내듯이, 강한 자의 위세를 빌어 약한 자에게 군림함.

정답

(51) 七顚八起(칠전팔기)
(52) 七縱七擒(칠종칠금)
(53) 針小棒大(침소봉대)
(54) 吐哺握發(토포악발)
(55) 波瀾萬丈(파란만장)
(56) 弊袍破笠(폐포파립)
(57) 駭怪罔測(해괴망측)
(58) 偕老同穴(해로동혈)
(59) 懸頭刺股(현두자고)
(60) 狐假虎威(호가호위)

61~70

(61) 糊口□□ : 입에 풀칠할 방어책이란 뜻으로, 겨우 먹고 살아갈 방법을 뜻함.
(62) □□眈眈 : 가만히 기회를 노려보고 있는 모양.
(63) □□誣民 : 세상을 미혹시키고 백성의 판단을 흐리게 하여 속임.
(64) □飛魄□ : 혼백이 날아 흩어진다는 뜻으로, 몹시 놀라 어찌할 바를 모름을 이르는 말.
(65) 渾□□致 : 사상이나 의지 · 행동 따위가 차별 없이 섞여 서로 한 덩어리가 됨.
(66) □□點睛 : 무슨 일을 하는 데에 가장 중요한 부분을 완성함을 비유적으로 이르는 말.
(67) □中□餠 : 그림 속의 떡이란 뜻으로, 탐이 나도 어찌할 수 없는 사물을 뜻함.
(68) 鰥寡□□ : 홀아비, 과부, 고아, 늙어서 자식 없는 사람. 외롭고 의지할 곳 없는 불쌍한 사람.
(69) □□相恤 : 향약의 네 덕목 중 하나로, 어려운 일이 생겼을 때 서로 도와 준다는 뜻.
(70) □說竪□ : 함부로 하는 말이나 익숙하지 못한 말을 하는 것. 함부로 지껄이는 말.

정답

(61) 糊口之策(호구지책)
(62) 虎視眈眈(호시탐탐)
(63) 惑世誣民(혹세무민)
(64) 魂飛魄散(혼비백산)
(65) 渾然一致(혼연일치)
(66) 畫龍點睛(화룡점정)
(67) 畫中之餠(화중지병)
(68) 鰥寡孤獨(환과고독)
(69) 患難相恤(환난상휼)
(70) 橫說竪說(횡설수설)

71~80

(71) 孝悌□□ : 효도, 우애, 충성, 신의를 이르는 말.
(72) □□巷說 : 길거리나 동네에 떠도는 이야기 또는 소문.
(73) 假弄□□ : 장난삼아 한 일이 진짜가 되는 것.
(74) 佳□□命 : 아름다운 여자는 수명이 짧음.
(75) □□難忘 : 남에게 은혜를 입은 고마움이 뼛속 깊이 새겨져 잊혀지지 아니함.
(76) 刻□□劍 : 융통성 없이 현실에 맞지 않는 낡은 생각을 고집하는 어리석음을 이르는 말.
(77) □膽□照 : 서로 속마음을 털어놓고 친하게 사귐.
(78) 感□德□ : 분에 넘치는 듯싶어 고맙게 여기는 모양.
(79) 甲□□女 : 신분이나 이름이 특별히 알려지지 아니한 평범한 사람을 이르는 말.
(80) □□遷善 : 지난날의 잘못이나 허물을 고쳐 올바르고 착하게 됨.

정답

(71) 孝悌忠信(효제충신)
(72) 街談巷說(가담항설)
(73) 假弄成眞(가롱성진)
(74) 佳人薄命(가인박명)
(75) 刻骨難忘(각골난망)
(76) 刻舟求劍(각주구검)
(77) 肝膽相照(간담상조)
(78) 感之德之(감지덕지)
(79) 甲男乙女(갑남을녀)
(80) 改過遷善(개과천선)

81~90

(81) 蓋世□□ : 세상을 덮을 만한 재능, 또는 그런 인물.
(82) 擧□□眉 : 밥상을 눈썹과 가지런하게 들고 간다는 뜻으로, 남편을 극진히 공경함.
(83) □載□量 : 수레에 싣고 말로 된다는 뜻으로, 물건이나 인재가 많아 귀하지 않음.
(84) □□之感 : 오래지 않는 동안에 몰라보게 변하여 아주 다른 세상이 된 것 같은 느낌.
(85) 牽□□會 : 가당치도 않은 말을 억지로 끌어 붙여 자기 주장에 맞도록 함.
(86) □馬□勞 : 개나 말의 힘이란 뜻으로, 윗사람에게 바치는 노력을 겸손하게 이르는 말.
(87) 犬□之□ : 개와 토끼의 다툼이라는 뜻으로, 두 사람의 싸움에 제삼자가 이익을 봄.
(88) □者□之 : 맺은 사람이 풀어야 한다는 뜻으로, 일을 저지른 사람이 해결하여야 함.
(89) 傾□□色 : 임금이 혹하여 국정을 게을리 함으로써 나라를 위태롭게 할 정도의 미인.
(90) □而遠□ : 겉으로 공경하는 체하면서 실제로는 꺼리어 멀리함.

정답

(81) 蓋世之才(개세지재)
(82) 擧案齊眉(거안제미)
(83) 車載斗量(거재두량)
(84) 隔世之感(격세지감)
(85) 牽強附會(견강부회)
(86) 犬馬之勞(견마지로)
(87) 犬兎之爭(견토지쟁)
(88) 結者解之(결자해지)
(89) 傾國之色(경국지색)
(90) 敬而遠之(경이원지)

91~100

(91) 鷄□□盜 : 비굴하게 남을 속이는 하찮은 재주. 또는 그런 재주를 가진 사람.
(92) □□擊壤 : 태평한 세월을 즐김을 이르는 말.
(93) 姑息□□ : 근본적인 해결책이 아닌 임시 변통의 계책. 당장 편한 것만 취하는 계책.
(94) □肉之□ : 적을 속이기 위하여 자신의 괴로움을 무릅쓰고 꾸미는 계책.
(95) 孤□難□ : 외손뼉으로는 소리가 나지 않는다는 뜻으로, 혼자 힘만으로 일을 이루기 어려움.
(96) □□不通 : 융통성이 조금도 없이 자기 주장만 계속 내세우는 일, 또는 그런 사람.
(97) 高□安□ : 베개를 높이 하여 편안히 잔다는 뜻으로, 근심 없이 편안히 지냄.
(98) 曲學□□ : 바른 길에서 벗어난 학문으로 세상 사람에게 아첨함.
(99) 空□□閣 : 공중에 떠 있는 누각이란 뜻으로, 헛된 망상이나 현실성 없는 이야기를 말함.
(100) □大妄□ : 자신의 능력 등을 턱없이 크게 과장하여, 그것을 사실처럼 믿음, 또는 그런 생각.

정답

(91) 鷄鳴狗盜(계명구도)
(92) 鼓腹擊壤(고복격양)
(93) 姑息之計(고식지계)
(94) 苦肉之計(고육지계)
(95) 孤掌難鳴(고장난명)
(96) 固執不通(고집불통)
(97) 高枕安眠(고침안면)
(98) 曲學阿世(곡학아세)
(99) 空中樓閣(공중누각)
(100) 誇大妄想(과대망상)

101~110

(101) 過□□及 : 지나친 것은 오히려 미치지 못함과 같다는 뜻으로, 중용(中庸)이 중요하다는 말.
(102) □□之交 : 중국 제나라의 관중(管仲)과 포숙(鮑叔) 같은 아주 친한 친구 사이의 사귐.
(103) 冠□□祭 : 관례(冠禮), 혼례(婚禮), 상례(喪禮), 제례(祭禮)를 통틀어 이르는 말.
(104) 矯角□□ : 조그만 결점이나 흠을 고치려다 수단이 지나쳐서 도리어 일을 크게 그르침.
(105) 巧□□色 : 남의 환심을 사려고 아첨하는 말과 알랑거리는 태도.
(106) □柱鼓□ : 고지식하여 조금도 융통성이 없음.
(107) 口□□劍 : 말로는 친한 듯하나 속으로는 해칠 생각이 있음을 이르는 말.
(108) □尙□臭 : 입에서 아직 젖내가 난다는 뜻으로, '말이나 하는 짓이 유치함' 을 이르는 말.
(109) 群□一□ : 닭 무리 속의 한 마리 학이란 뜻으로, 많은 사람 가운데 뛰어난 인물을 이르는 말.
(110) □雄□據 : 많은 영웅들이 각자의 자리를 잡고 세력을 펼치며 서로 맞서는 일.

정답

(101) 過猶不及(과유불급)
(102) 管鮑之交(관포지교)
(103) 冠婚喪祭(관혼상제)
(104) 矯角殺牛(교각살우)
(105) 巧言令色(교언영색)
(106) 膠柱鼓瑟(교주고슬)
(107) 口蜜腹劍(구밀복검)
(108) 口尙乳臭(구상유취)
(109) 群鷄一鶴(군계일학)
(110) 群雄割據(군웅할거)

111~120

(111) 權□□數 : 목적 달성을 위해 권세와 모략, 중상 등 갖은 방법과 수단을 쓰는 술책.
(112) □□懲惡 : 착한 행실을 권장하고 악한 행실을 징계함.
(113) 克□復□ : 자신의 욕망을 누르고 예의범절을 따름.
(114) □□者黑 : 먹을 가까이하면 검어진다는 뜻으로, 나쁜 사람과 사귀면 그에 물들기 쉬움.
(115) 金□之□ : 친구 사이의 매우 두터운 정을 이르는 말.
(116) 錦□□花 : 비단 위에 꽃을 더한다는 뜻으로, 좋은 일에 좋은 일을 더한다는 말.
(117) □石□約 : 쇠나 돌같이 단단하고 변함없는 약속.
(118) 今□之□ : 지금과 옛날을 비교할 때 차이가 너무 심하여 일어나는 감정.
(119) 金□□池 : 쇠로 만든 성과, 그 둘레의 뜨거운 못이라는 뜻으로, 방어 시설이 잘되어 있는 성.
(120) □□之樂 : 거문고와 비파의 음이 잘 조화되는 것같이 부부 사이가 화목함.

정답

(111) 權謀術數(권모술수)
(112) 勸善懲惡(권선징악)
(113) 克己復禮(극기복례)
(114) 近墨者黑(근묵자흑)
(115) 金蘭之交(금란지교)
(116) 錦上添花(금상첨화)
(117) 金石盟約(금석맹약)
(118) 今昔之感(금석지감)
(119) 金城湯池(금성탕지)
(120) 琴瑟之樂(금슬지락)

121~130

(121) 錦衣□□ : 비단옷을 입고 밤길을 걷는다는 뜻으로, 아무 보람 없는 일을 함.
(122) 錦□□鄕 : 비단옷을 입고 고향에 돌아온다는 뜻으로, 출세하여 자기 집으로 돌아감.
(123) □枝玉□ : 금으로 된 가지와 옥으로 된 잎. 임금의 가족 또는 귀한 자손을 이르는 말.
(124) □高□丈 : 일이 뜻대로 잘될 때, 우쭐하여 뽐내는 기세가 대단함.
(125) 奇□怪□ : 기이하게 생긴 바위와 괴상하게 생긴 돌.
(126) 騎□□勢 : 호랑이를 타고 달리는 형세라는 뜻으로, 시작한 일을 중도에서 그만둘 수 없는 경우.
(127) □□紙貴 : 낙양의 종이 값이 오른다는 뜻으로, 저서가 호평을 받아 잘 팔림.
(128) 南柯□□ : 꿈과 같이 헛된 부귀영화, 인생의 덧없음을 말함.
(129) □橘□枳 : 강남의 귤을 강북에 심으면 탱자가 된다는 뜻으로, 사람의 성품은 환경에 따라 달라짐.
(130) 男□女□ : 남자는 지고 여자는 머리에 인다는 뜻으로, 살 곳을 찾아 이리저리 떠돌아다님.

정답

(121) 錦衣夜行(금의야행)
(122) 錦衣還鄕(금의환향)
(123) 金枝玉葉(금지옥엽)
(124) 氣高萬丈(기고만장)
(125) 奇巖怪石(기암괴석)
(126) 騎虎之勢(기호지세)
(127) 洛陽紙貴(낙양지귀)
(128) 南柯一夢(남가일몽)
(129) 南橘北枳(남귤북지)
(130) 男負女戴(남부여대)

131~140

(131) 浪□□義 : 꿈이나 공상의 세계를 동경하고 감상적인 정서를 중시하는 창작 태도.
(132) □□外患 : 나라 안팎의 여러 가지 어려움.
(133) 怒甲□□ : 갑에게 당한 노여움을 을에게 옮긴다는 뜻으로, 다른 사람에게 화풀이함.
(134) □□墻花 : 누구나 손댈 수 있는 길가의 버들과 담 밑의 꽃이란 뜻으로, 기생을 가리키는 말.
(135) 勞□焦□ : 마음을 졸이고 애태우며 생각한다는 뜻으로, 걱정이나 고민이 심함.
(136) □□芳草 : 푸른 나무 그늘과 향기로운 풀이란 뜻으로, 여름철 자연의 모습을 말함.
(137) 綠□□裳 : 연두저고리에 다홍치마. 곱게 차려 입은 젊은 아가씨의 모습.
(138) □瓦之□ : 딸을 낳은 즐거움.
(139) □璋之□ : 구슬을 가지고 노는 경사. 아들을 낳은 기쁨.
(140) 累□□危 : 층층이 쌓아 놓은 알의 위태로움이라는 뜻으로, 몹시 아슬아슬한 위기.

정답

(131) 浪漫主義(낭만주의)
(132) 內憂外患(내우외환)
(133) 怒甲移乙(노갑이을)
(134) 路柳墻花(노류장화)
(135) 勞心焦思(노심초사)
(136) 綠陰芳草(녹음방초)
(137) 綠衣紅裳(녹의홍상)
(138) 弄瓦之慶(농와지경)
(139) 弄璋之慶(농장지경)
(140) 累卵之危(누란지위)

141~150

(141) □岐□羊 : 학문의 길이 여러 갈래여서 진리를 깨치기 어렵다는 말.
(142) 斷□之□ : 학문을 중도에서 그만두면 짜던 베의 날을 끊는 것처럼 아무 쓸모없음을 경계한 말.
(143) □刀□入 : 홀로 칼을 들고 적진으로 쳐들어간다는 뜻으로, 요점을 바로 풀이해 감.
(144) □□皓齒 : 붉은 입술과 새하얀 이. 미인의 얼굴을 형용하는 말.
(145) 堂狗□□ : 어떤 분야에 대해 전혀 모르는 사람도 오래 있으면 얼마간의 경험과 지식을 갖게 됨.
(146) □□晩成 : 큰 그릇은 오래 걸려 만들어진다는 뜻으로, 크게 될 사람은 늦게 이루어짐.
(147) 道□□說 : 길에서 듣고 길에서 말한다는 뜻으로, 길거리에 퍼져 돌아다닌다는 뜬소문.
(148) □□之苦 : 진흙구덩이에 빠지고 숯불에 타는 괴로움. 생활이 곤궁하거나 비참한 경지를 이름.
(149) 讀書□□ : 독서를 통해 옛 현인(賢人)들과 벗이 되어 함께 할 수 있음.
(150) 同□紅□ : 같은 값이면 다홍치마란 뜻으로, 기왕이면 보기 좋은 것을 골라 가짐.

정답

(141) 多岐亡羊(다기망양)
(142) 斷機之戒(단기지계)
(143) 單刀直入(단도직입)
(144) 丹脣皓齒(단순호치)
(145) 堂狗風月(당구풍월)
(146) 大器晩成(대기만성)
(147) 道聽塗說(도청도설)
(148) 塗炭之苦(도탄지고)
(149) 讀書尙友(독서상우)
(150) 同價紅裳(동가홍상)

151~160

(151) □梁之□ : 한 집이나 나라의 기둥이 될 만한 인재.
(152) □病□憐 : 처지가 같은 사람끼리 서로 도움.
(153) □奔□走 : 동쪽으로 뛰고 서쪽으로 달린다는 뜻으로, 여기저기 바쁘게 뛰어 다님.
(154) 同□□夢 : 같은 잠자리에서 다른 꿈을 꿈. 겉으로는 함께 행동하면서 속으로는 서로 딴 생각을 함.
(155) 杜□不□ : 문을 닫아걸고 나가지 않는다는 뜻으로, 세상과 인연을 끊고 집 밖으로 나가지 않음.
(156) □□自卑 : ① 모든 일은 순서대로 하여야 함. ② 지위가 높아질수록 자신을 낮춤을 이르는 말.
(157) 莫□莫□ : 실력이 서로 비슷하여 누가 위고 아래인지 가리기 어렵다는 뜻.
(158) □逆之□ : 뜻이 맞아 서로 허물 없이 지내는 매우 친한 벗을 말함.
(159) □□蒼波 : 만 이랑이 될 만큼이나 넓고 큰 푸른 바다. 한없이 넓고 푸른 바다.
(160) □□風霜 : 아주 오랜 세월 동안 겪어 온 수많은 고생이나 어려움.

정답

(151) 棟梁之材(동량지재)
(152) 同病相憐(동병상련)
(153) 東奔西走(동분서주)
(154) 同床異夢(동상이몽)
(155) 杜門不出(두문불출)
(156) 登高自卑(등고자비)
(157) 莫上莫下(막상막하)
(158) 莫逆之友(막역지우)
(159) 萬頃蒼波(만경창파)
(160) 萬古風霜(만고풍상)

161~170

(161) 萬□□疆 : 장수(長壽)를 빌 때 쓰는 말로, 아무런 탈이 없이 아주 오래 삶.
(162) □□之歎 : 시기에 늦어 기회를 놓쳤음을 안타까워하는 탄식.
(163) 望□之□ : 자식이 객지에서 고향에 계신 어버이를 생각하는 마음.
(164) □□之歎 : 고국의 멸망을 한탄함을 이르는 말.
(165) 孟□□遷 : 맹자의 어머니가 아들을 가르치기 위하여 세 번이나 이사를 하였음을 이르는 말.
(166) 面□腹□ : 보는 앞에서는 순종하는 체하면서, 속으로는 다른 마음을 먹음.
(167) □□相符 : 이름과 실상이 서로 꼭 맞음.
(168) 明若□□ : 불을 보는 것처럼 밝다는 뜻으로, 불 보듯 환하게 분명하고 명백함.
(169) □□頃刻 : 거의 죽게 되어 곧 숨이 끊어질 지경에 이름.
(170) □哲□身 : 어지러운 세상에서 이치에 밝아 제 몸을 잘 보호함.

정답

(161) 萬壽無疆(만수무강)
(162) 晩時之歎(만시지탄)
(163) 望雲之情(망운지정)
(164) 麥秀之歎(맥수지탄)
(165) 孟母三遷(맹모삼천)
(166) 面從腹背(면종복배)
(167) 名實相符(명실상부)
(168) 明若觀火(명약관화)
(169) 命在頃刻(명재경각)
(170) 明哲保身(명철보신)

171~180

(171) □遂□薦 : 자기가 자기를 추천함을 이르는 말.
(172) □□ : 어떤 사실의 앞뒤, 또는 두 사실이 이치상 어긋나서 서로 맞지 않음을 이르는 말.
(173) 目□忍□ : 몹시 딱하거나 처참하여 차마 눈을 뜨고 볼 수 없음.
(174) □陵□源 : 모든 사람들이 아무 걱정 없이 평화롭게 살아가는 이상향을 뜻함.
(175) 無□莫□ : 하는 짓이 무지하고 우악스러움.
(176) □□沃畓 : 집 앞 가까이에 있는 기름진 논.
(177) □□好機 : 좋은 기회를 놓치지 않음을 뜻함.
(178) 物□□體 : 자연물과 내가 하나 된 상태로 대상물에 완전히 몰입된 경지.
(179) □□之信 : 우직하여 융통성이 없이 약속만을 굳게 지킴을 비유적으로 이르는 말.
(180) □利□賣 : 상품의 이익을 적게 보고 많이 팔아 이윤을 올리는 일.

정답

(171) 毛遂自薦(모수자천)
(172) 矛盾(모순)
(173) 目不忍見(목불인견)
(174) 武陵桃源(무릉도원)
(175) 無知莫知(무지막지)
(176) 門前沃畓(문전옥답)
(177) 勿失好機(물실호기)
(178) 物我一體(물아일체)
(179) 尾生之信(미생지신)
(180) 薄利多賣(박리다매)

181~190

(181) 博□不□ : 이것저것 널리 알지만 능숙하거나 세밀하지 못함.
(182) □□大笑 : 손뼉을 치며 크게 웃음.
(183) 拔本□□ : 좋지 않은 일의 근본 원인을 완전히 없애 다시는 그런 일이 생기지 않도록 함.
(184) □□忘食 : 일을 성취하기 위해 밥 먹을 생각도 잊고 분발하여 돌아다님.
(185) 拔山□□ : 항우(項羽)의 힘을 비유한 말로, 산을 뽑고 세상을 덮을 만한 힘과 기운.
(186) 傍□□人 : 주위의 다른 사람을 전혀 의식하지 않은 채 함부로 말하고 제멋대로 행동하는 것.
(187) □水之□ : 물을 등지고 진을 침. 필승을 위해 목숨을 걸고 펼친 진, 또는 그런 싸움 방법.
(188) □恩忘□ : 남에게 받은 은혜를 잊고 배반함.
(189) 白□□忘 : 죽어도 잊지 못할 큰 은혜를 입어 감사함을 뜻함.
(190) □□一顧 : 현명한 사람도 그 사람을 알아 주는 사람을 만나야 출세할 수 있다는 뜻.

정답

(181) 博而不精(박이부정)
(182) 拍掌大笑(박장대소)
(183) 拔本塞源(발본색원)
(184) 發憤忘食(발분망식)
(185) 拔山蓋世(발산개세)
(186) 傍若無人(방약무인)
(187) 背水之陣(배수지진)
(188) 背恩忘德(배은망덕)
(189) 白骨難忘(백골난망)
(190) 伯樂一顧(백락일고)

191~200

(191) □□ : 흰 눈썹이라는 뜻으로, 여럿 가운데에서 가장 뛰어난 사람이나 훌륭한 물건을 이름.
(192) 伯牙□□ : 자기를 알아 주는 참다운 벗의 죽음을 슬퍼함을 이르는 말.
(193) 伯仲□□ : 장남과 차남의 차이처럼 큰 차이가 없는 형세. 우열의 차이가 없음.
(194) □□煩惱 : 불교 용어로 인간의 과거, 현재, 미래에 걸친 108가지 번뇌를 말함.
(195) 普遍□□ : 모든 사물은 보편성이 지배하므로, 개별 현상보다 보편이 참된 실재라고 보는 입장.
(196) 封□□職 : 어사나 감사가 못된 짓을 많이 한 고을의 원을 파면하고 관가의 창고를 봉하던 일.
(197) □□婦隨 : 남편이 창을 하면 아내가 이에 따른다는 뜻으로 부부의 도리를 뜻함.
(198) 附□雷□ : 우레 소리에 맞추어 함께한다는 뜻으로, 소신 없이 남이 하는 대로 따라감.
(199) □俱□天 : 한 하늘을 이고 같이 살 수 없는 원수. 부모의 원수를 말함.
(200) □撤□夜 : 어떤 일에 몰두하여 조금도 쉴 사이 없이 밤낮을 가리지 아니함.

정답

(191) 白眉(백미)
(192) 伯牙絕絃(백아절현)
(193) 伯仲之勢(백중지세)
(194) 百八煩惱(백팔번뇌)
(195) 普遍主義(보편주의)
(196) 封庫罷職(봉고파직)
(197) 夫唱婦隨(부창부수)
(198) 附和雷同(부화뇌동)
(199) 不俱戴天(불구대천)
(200) 不撤晝夜(불철주야)

201~210

(201) □□下問 : 손아랫사람이나 지위 · 학식이 낮은 사람에게 질문하는 일을 부끄러워하지 않음.

(202) 不偏□□ : 어느 한 쪽으로 기울어지거나 치우치지 아니하고 아주 공평함.

(203) □□萬里 : ① 머나먼 여로. ② 아주 양양한 장래.

(204) □夢□夢 : 꿈 같기도 하고 생시 같기도 한 어렴풋한 상태.

(205) 氷炭□□ : 얼음과 숯의 사이. 사물의 성질이 정반대여서 서로 융합할 수 없음.

(206) □□無親 : 사방을 둘러봐도 가족이나 친척이 없다는 뜻으로, 의지할 곳이 전혀 없음.

(207) 士□□天 : 사기가 하늘을 찌를 듯이 높음.

(208) □□交隣 : 큰 나라를 받들어 섬기고 이웃 나라와는 화평하게 지냄.

(209) □面楚□ : 사방이 적으로 둘러싸인 상태나 누구의 도움을 받을 수 없는 상황을 말함.

(210) 四□□裂 : 여러 갈래로 갈기갈기 찢어짐. 질서 없이 어지럽게 흩어지거나 헤어짐.

정답

(201) 不恥下問(불치하문)
(202) 不偏不黨(불편부당)
(203) 鵬程萬里(붕정만리)
(204) 非夢似夢(비몽사몽)
(205) 氷炭之間(빙탄지간)
(206) 四顧無親(사고무친)
(207) 士氣衝天(사기충천)
(208) 事大交鄰(사대교린)
(209) 四面楚歌(사면초가)
(210) 四分五裂(사분오열)

211~220

(211) □上樓□ : 모래 위에 지은 집이란 뜻으로, 기초가 약하여 오래가지 못하는 일이나 물건.

(212) □紫□明 : 산은 자줏빛으로 선명하고 물은 맑다는 뜻으로, 경치가 아름다움.

(213) □□五倫 : 유교의 도덕에서 기본이 되는 세 가지의 강령과 다섯 가지의 도리.

(214) 三顧□□ : 유비와 제갈량의 고사에서 유래한 말로, 인재를 얻기 위한 노력을 뜻함.

(215) □□萬象 : 우주에 속하는 온갖 사물과 모든 현상을 말함.

(216) □□九食 : 삼십 일 동안 아홉 끼니밖에 먹지 못한다는 뜻으로, 몹시 가난함.

(217) 三人□□ : 근거 없는 말도 여러 사람이 하면 진실로 여겨지게 됨.

(218) 三從□□ : 여자는 어려서는 부모를, 결혼하면 남편을, 남편이 죽으면 자식을 따라야 한다는 도덕관.

(219) 三□□子 : 아직 세 척밖에 자라지 않은 철없는 아이, 또는 무식한 사람.

(220) □弓之□ : 어떤 일에 봉변을 당한 뒤로는 무슨 일이든 항상 두려워하고 경계함.

정답

(211) 沙上樓閣(사상누각)
(212) 山紫水明(산자수명)
(213) 三綱五倫(삼강오륜)
(214) 三顧草廬(삼고초려)
(215) 森羅萬象(삼라만상)
(216) 三旬九食(삼순구식)
(217) 三人成虎(삼인성호)
(218) 三從之道(삼종지도)
(219) 三尺童子(삼척동자)
(220) 傷弓之鳥(상궁지조)

221~230

(221) □□碧海 : 뽕밭이 변해 푸른 바다가 된다는 뜻으로, 세상의 변화가 심함.

(222) 塞翁□□ : 인생의 길흉화복은 변화가 많아서 예측하기가 어렵다는 말.

(223) □見之□ : 어떤 일이 일어나기 전에 미리 앞을 내다보고 아는 지혜.

(224) 雪□□霜 : 눈 위에 서리가 덮인다는 뜻으로, 난처한 일이나 불행이 잇달아 생김을 말함.

(225) □□松柏 : 추운 겨울의 소나무와 잣나무라는 뜻으로, 어떤 역경에도 지조를 굽히지 않음.

(226) □人□客 : 시문(詩文)과 서화(書畫)를 일삼는 사람을 말함.

(227) □□大失 : 작은 것을 탐하다 큰 것을 잃음.

(228) 束手□□ : 손이 묶인 듯 어찌할 도리가 없어 꼼짝 못함.

(229) 首□□心 : 여우가 죽을 때에 머리를 자기가 살던 쪽으로 둔다는 뜻으로, 고향을 그리워함.

(230) 手□釋□ : 손에서 책을 놓지 않는다는 뜻으로, 부지런히 학문에 힘쓴다는 말.

정답

(221) 桑田碧海(상전벽해)
(222) 塞翁之馬(새옹지마)
(223) 先見之明(선견지명)
(224) 雪上加霜(설상가상)
(225) 歲寒松柏(세한송백)
(226) 騷人墨客(소인묵객)
(227) 小貪大失(소탐대실)
(228) 束手無策(속수무책)
(229) 首丘初心(수구초심)
(230) 手不釋卷(수불석권)

231~240

(231) □□之交 : 물과 물고기의 관계처럼 교분이 매우 깊은 것을 말함.

(232) 守□□兎 : 한 가지 일에만 얽매여 발전을 모르는 어리석은 사람을 비유하는 말.

(233) □□齒寒 : 서로 밀접하여 한쪽이 망하면 다른 한쪽도 온전하지 못하다는 말.

(234) 是□□心 : 옳고 그름을 가릴 줄 아는 마음.

(235) □□憂患 : 학식이 있는 것이 오히려 근심을 사게 된다는 말.

(236) 神出□□ : 귀신처럼 나타났다 사라진다는 뜻으로, 그 변화를 헤아릴 수 없는 일이나 사람.

(237) 深□□考 : 깊이 생각함, 또는 그 생각.

(238) □田□水 : 자기 논에 물을 댄다는 뜻으로, 자기에게만 이롭게 되도록 생각하거나 행동함.

(239) □頭□肉 : 양머리를 걸고 개고기를 판다는 뜻으로, 겉은 그럴 듯하게 보이나 속은 변변치 않음.

(240) 梁□君□ : 들보 위의 군자라는 뜻으로, 도둑을 완곡하게 이르는 말.

정답

(231) 水魚之交(수어지교)
(232) 守株待兎(수주대토)
(233) 脣亡齒寒(순망치한)
(234) 是非之心(시비지심)
(235) 識字憂患(식자우환)
(236) 神出鬼沒(신출귀몰)
(237) 深思熟考(심사숙고)
(238) 我田引水(아전인수)
(239) 羊頭狗肉(양두구육)
(240) 梁上君子(양상군자)

241~250

(241) □□遺患 : 범을 길러서 화근을 남긴다는 뜻으로, 화근이 될 것을 길러 나중에 크게 화를 당함.

(242) 魚□□尾 : 물고기는 머리 쪽이 맛있고, 짐승은 꼬리 쪽이 맛있다는 말.

(243) □□薄氷 : 얇은 얼음을 밟는 것과 같다는 뜻으로, 아슬아슬하고 불안한 상태.

(244) 易地□□ : 상대편의 입장에서 생각해 봄.

(245) 炎涼□□ : 권세가 있으면 아부하고 몰락하면 푸대접하는 세상 인심을 말함.

(246) 榮□□衰 : 인생이나 사물의 번성함과 쇠락함이 서로 바뀜.

(247) 五□□書 : 다섯 수레에 실을 만한 많은 장서(藏書)를 이르는 말.

(248) □□霧中 : 사방 오리(五里)가 안개 속이라는 뜻으로, 어떤 일의 방향이나 갈피를 못 잡는 상태.

(249) □鼻□尺 : 내 코가 석자라는 뜻으로, 내 사정이 급하여 남을 돌볼 겨를이 없음.

(250) □飛□落 : 까마귀 날자 배 떨어진다는 뜻으로, 우연의 일치로 남에게 의심을 받음.

정답

(241) 養虎遺患(양호유환)
(242) 魚頭肉尾(어두육미)
(243) 如履薄氷(여리박빙)
(244) 易地思之(역지사지)
(245) 炎涼世態(염량세태)
(246) 榮枯盛衰(영고성쇠)
(247) 五車之書(오거지서)
(248) 五里霧中(오리무중)
(249) 吾鼻三尺(오비삼척)
(250) 烏飛梨落(오비이락)

251~260

(251) 傲□孤□ : 서릿발 날리는 추운 때에도 굴하지 않고 외로이 지키는 절개. 국화를 뜻함.

(252) 吳□□舟 : 원수끼리 같은 자리에서 만남. 또는 원수끼리 이익을 위해 같이 행동함.

(253) □□之卒 : 까마귀가 모인 것처럼 규율이 없고 무질서한 병졸 또는 군중.

(254) 屋□架□ : 지붕 위에 또 지붕을 만든다는 뜻으로, 물건이나 일을 부질없이 거듭함.

(255) □故知□ : 옛것을 연구하여 거기서 새로운 지식이나 도리를 찾아내는 일.

(256) □柔□剛 : 겉으로는 부드럽고 순하나 속은 단단하고 굳셈.

(257) □□不達 : 너무 빨리 하려고 서두르면 도리어 일을 이루지 못한다는 말.

(258) □□蛇尾 : 용의 머리와 뱀의 꼬리라는 뜻으로, 처음에는 그럴 듯하다가 끝은 보잘것없음.

(259) 龍蛇□□ : 용과 뱀이 나는 것같이 글씨가 힘찬 것을 말함.

(260) 愚□□山 : 우공이 산을 옮긴다는 말로, 무슨 일이든 끊임없이 노력하면 반드시 이루어짐.

정답

(251) 傲霜孤節(오상고절)
(252) 吳越同舟(오월동주)
(253) 烏合之卒(오합지졸)
(254) 屋上架屋(옥상가옥)
(255) 溫故知新(온고지신)
(256) 外柔內剛(외유내강)
(257) 欲速不達(욕속부달)
(258) 龍頭蛇尾(용두사미)
(259) 龍蛇飛騰(용사비등)
(260) 愚公移山(우공이산)

261~270

(261) □柔□斷 : 어물거리기만 하고 딱 잘라 결단을 내리지 못함.

(262) 羽□登□ : 도교 사상에서, 사람이 날개 돋친 신선이 되어 하늘로 올라감을 이르는 말.

(263) □□竹筍 : 비 온 뒤에 여기저기 솟는 죽순이라는 뜻으로, 어떤 일이 한때 많이 일어나는 것.

(264) 遠□□福 : 재앙을 멀리하고 복을 불러들임.

(265) □□三絕 : 공자가 주역을 즐겨 읽어 책의 가죽 끈이 세 번이나 끊어졌다는 뜻으로, 열심히 책을 읽음을 이르는 말.

(266) 柔□制□ : 부드러운 것이 오히려 능히 굳센 것을 이김.

(267) □□百世 : 꽃다운 이름이 후세에 길이 전해짐.

(268) 唯□□尊 : 세상에 오직 나보다 더 잘난 사람이 없다고 뽐내는 일.

(269) □悠□適 : 속세에 얽매이지 않고 자기 하고 싶은 대로 마음 편히 사는 것.

(270) □一無□ : 둘이 아니고 오직 하나뿐이라는 뜻으로, 유일함을 강조하는 말.

정답

(261) 優柔不斷(우유부단)
(262) 羽化登仙(우화등선)
(263) 雨後竹筍(우후죽순)
(264) 遠禍召福(원화소복)
(265) 韋編三絕(위편삼절)
(266) 柔能制剛(유능제강)
(267) 流芳百世(유방백세)
(268) 唯我獨尊(유아독존)
(269) 悠悠自適(유유자적)
(270) 唯一無二(유일무이)

271~280

(271) 遺□□年 : 더러운 이름을 오래도록 남김.

(272) □□自重 : 마음 속으로 참으며, 몸가짐을 신중히 함.

(273) 吟風□□ : 맑은 바람과 밝은 달을 대하여 시를 지어 읊으며 즐김.

(274) 泥□□狗 : 자기의 이익을 위하여 비열하게 다툼을 비유적으로 이르는 말.

(275) □□獸心 : 사람의 얼굴을 하고 마음은 짐승 같다는 뜻으로, 마음이나 행동이 몹시 흉악함.

(276) □刀□斷 : 한 칼로 두 동강이를 낸다는 뜻으로, 머뭇거리지 않고 과감히 처리함.

(277) □網□盡 : 한 번의 그물로 고기를 모조리 잡아버린다는 뜻으로, 어떤 무리를 한꺼번에 다 잡음.

(278) 一□□水 : 한 마리 물고기가 물을 흐린다는 뜻으로, 한 사람의 잘못으로 여럿이 피해를 입음.

(279) 一以□□ : 하나의 이치로 모든 일을 꿰뚫음.

(280) □□春夢 : 한바탕의 봄에 꾼 꿈이란 뜻으로, 부귀영화의 덧없음을 이르는 말.

정답

(271) 遺臭萬年(유취만년)
(272) 隱忍自重(은인자중)
(273) 吟風弄月(음풍농월)
(274) 泥田鬪狗(이전투구)
(275) 人面獸心(인면수심)
(276) 一刀兩斷(일도양단)
(277) 一網打盡(일망타진)
(278) 一魚濁水(일어탁수)
(279) 一以貫之(일이관지)
(280) 一場春夢(일장춘몽)

281~290

(281) □□卽發 : 조금 건드리기만 해도 곧 폭발할 것같이 몹시 위급한 상태.

(282) 一□□地 : 싸움에 한 번 패하여 다시 일어날 수 없게 되는 지경에 이름을 뜻함.

(283) 一片□□ : 한 조각의 붉은 마음. 진심에서 우러나오는 변치 않는 충성스러운 마음.

(284) □筆揮□ : 글씨를 단숨에 죽 내리 씀.

(285) □渴□井 : 목이 말라야 우물을 판다는 뜻으로, 일을 당하여 그제서야 허둥지둥 서두름.

(286) 臨□應□ : 그때 그때 처한 사태에 맞추어 즉각 그 자리에서 결정하거나 처리함.

(287) 立身□□ : 세상에 나아가 출세하여 이름을 날리는 것.

(288) 自□□心 : 자기가 한 일에 대하여 스스로 미흡하게 여김.

(289) 自中□□ : 같은 편 안에서 일어나는 다툼.

(290) □□自棄 : 절망의 상태에 빠져 자신을 포기하고 돌보지 않음.

정답

(281) 一觸卽發(일촉즉발)
(282) 一敗塗地(일패도지)
(283) 一片丹心(일편단심)
(284) 一筆揮之(일필휘지)
(285) 臨渴掘井(임갈굴정)
(286) 臨機應變(임기응변)
(287) 立身揚名(입신양명)
(288) 自激之心(자격지심)
(289) 自中之亂(자중지란)
(290) 自暴自棄(자포자기)

291~300

(291) 才□□薄 : 재주는 있지만 덕이 부족함.

(292) 赤□□拳 : 맨손과 맨주먹이란 뜻으로, 아무것도 가진 것이 없음.

(293) □戰兢□ : 매우 두려워하여 벌벌 떨면서 조심하는 모양.

(294) 轉□爲□ : 화가 바뀌어 복이 됨.

(295) □□佳人 : 비할 데가 없는 아름다운 여인.

(296) 絕長□□ : 긴 것을 잘라 짧은 것을 보탠다는 뜻으로, 장점으로 부족한 점을 보충함.

(297) □□腐心 : 몹시 분하여 이를 갈며 속을 썩임.

(298) □□佳境 : 점점 아름다운 경지로 들어간다는 뜻으로, 어떤 일이 점차 재미있게 전개됨.

(299) 朝□暮□ : 아침에 내린 영(令)을 저녁에 다시 고친다는 뜻으로, 법령이나 명령을 자주 바꿈.

(300) □□暮四 : 간사한 꾀로 남을 속여 농락함을 이르는 말.

정답

(291) 才勝德薄(재승덕박)
(292) 赤手空拳(적수공권)
(293) 戰戰兢兢(전전긍긍)
(294) 轉禍爲福(전화위복)
(295) 絕世佳人(절세가인)
(296) 絕長補短(절장보단)
(297) 切齒腐心(절치부심)
(298) 漸入佳境(점입가경)
(299) 朝令暮改(조령모개)
(300) 朝三暮四(조삼모사)

301~310

(301) 鳥足□□ : 새 발의 피라는 뜻으로, 극히 적은 양을 비유하는 말.

(302) □□不及 : 맨발로 뛰어도 이르지 못한다는 뜻으로, 능력에 뚜렷한 차이가 있음.

(303) 宗□□稷 : 왕실과 나라를 통틀어 이르는 말.

(304) □□安席 : 불안하거나 걱정스러워 한 자리에 오래 앉아 있지 못한다는 뜻.

(305) 坐□觀□ : 우물에 앉아서 하늘을 본다는 뜻으로, 견문이 좁음을 말함.

(306) □□右之 : 어떤 일을 맘대로 이리저리 다루는 것을 뜻함.

(307) 左衝□□ : 닥치는 대로 마구 치고받고 함. 분별없이 아무에게나 함부로 맞닥뜨림.

(308) 晝□□讀 : 낮에는 일하고 밤에는 글을 읽는다는 뜻으로, 바쁜 틈을 타서 어렵게 공부함.

(309) □池□林 : 술로 이루어진 연못과 고기로 이루어진 숲이란 뜻으로, 호화로운 생활을 비유함.

(310) 衆□□敵 : 적은 수로는 많은 수를 대적하지 못함.

정답

(301) 鳥足之血(조족지혈)
(302) 足脫不及(족탈불급)
(303) 宗廟社稷(종묘사직)
(304) 坐不安席(좌불안석)
(305) 坐井觀天(좌정관천)
(306) 左之右之(좌지우지)
(307) 左衝右突(좌충우돌)
(308) 晝耕夜讀(주경야독)
(309) 酒池肉林(주지육림)
(310) 衆寡不敵(중과부적)

311~320

(311) □蘭之□ : 지초와 난초의 사귐이라는 뜻으로, 벗 사이의 맑고도 높은 사귐을 말함.

(312) □□爲馬 : 윗사람을 농락하여 권세를 마음대로 함.

(313) 支離□□ : 이리저리 흩어지고 찢기어 갈피를 잡을 수 없음.

(314) □魚□殃 : 다른 곳의 재앙으로 인하여 뜻밖에 당하는 재앙을 이르는 말.

(315) 知□知□ : 상대를 알고 나를 안다는 뜻으로, 적의 사정과 나의 형편을 자세히 앎.

(316) □□之間 : 손짓하여 부를 만한 가까운 거리를 말함.

(317) 此日□□ : 이날이다 저날이다 하며 약속 따위를 미루는 모양.

(318) □□一粟 : 넓은 바다 속의 좁쌀 한 알이라는 뜻으로, 매우 하찮고 작은 것.

(319) 天□□肥 : 하늘은 높고 말은 살찐다는 뜻으로, 가을을 나타내는 말로 쓰임.

(320) □方□軸 : 못난 사람이 종작없이 덤벙이는 일. 너무 급해서 정신없이 허둥지둥 날뛰는 모양.

정답

(311) 芝蘭之交(지란지교)
(312) 指鹿爲馬(지록위마)
(313) 支離滅裂(지리멸렬)
(314) 池魚之殃(지어지앙)
(315) 知彼知己(지피지기)
(316) 指呼之間(지호지간)
(317) 此日彼日(차일피일)
(318) 滄海一粟(창해일속)
(319) 天高馬肥(천고마비)
(320) 天方地軸(천방지축)

321~330

(321) □生緣□ : 하늘이 내어 준 연분이라는 뜻으로, 결혼하여 잘 살아가는 부부를 가리킴.
(322) □□之差 : 하늘과 땅의 차이로, 엄청난 차이를 뜻함.
(323) 天佑□□ : 하늘이 돕고 신이 돕는다는 뜻.
(324) □□無縫 : 천사의 옷은 꿰맨 흔적이 없다는 뜻으로, 자연스럽고 아름다우면서 완전함.
(325) 千載□□ : 천 년에 한 번 만난다는 뜻으로, 좀처럼 얻기 어려운 기회를 말함.
(326) □□爛漫 : 말이나 행동에 아무런 꾸밈없이 그대로 나타날 만큼 순진하고 천진함.
(327) 徹□徹□ : 처음부터 끝까지 철저하다는 말.
(328) □出於□ : 쪽에서 뽑아낸 푸른 물감이 쪽보다 더 푸름. 제자나 후배가 스승이나 선배보다 나음.
(329) □眉之□ : 눈썹에 불이 붙은 것같이 매우 다급한 상황.
(330) □□一貫 : 처음 품은 뜻은 끝까지 밀고 나감.

정답

(321) 天生緣分(천생연분)
(322) 天壤之差(천양지차)
(323) 天佑神助(천우신조)
(324) 天衣無縫(천의무봉)
(325) 千載一遇(천재일우)
(326) 天眞爛漫(천진난만)
(327) 徹頭徹尾(철두철미)
(328) 靑出於藍(청출어람)
(329) 焦眉之急(초미지급)
(330) 初志一貫(초지일관)

331~340

(331) □□選擇 : 취할 것은 취하고 버릴 것은 버림.
(332) 醉生□□ : 취한 듯이 살다 꿈같이 죽는다는 뜻으로, 한평생을 흐리멍덩하게 살아감.
(333) □□之石 : 다른 사람의 하찮은 언행일지라도 자신의 지덕(知德)을 연마하는 데 도움이 됨.
(334) 貪□□吏 : 백성의 재물을 탐내어 빼앗는 부패한 관리.
(335) 泰然□□ : 마음에 충동을 받아도 듬직하고 천연스러움.
(336) □□顯正 : 사악한 것을 깨뜨리고 바른 도리를 드러냄.
(337) 破顔□□ : 얼굴빛을 밝게 하여 크게 웃음.
(338) □□之勢 : 대를 쪼개는 기세라는 뜻으로, 감히 막을 수 없이 맹렬히 진군하는 기세를 말함.
(339) □腹□倒 : 배를 안고 넘어진다는 뜻으로 몹시 우스움을 나타냄.
(340) □虎□河 : 맨손으로 범을 잡고 맨발로 강을 건넌다는 뜻으로, 무모한 용기를 비유한 말.

정답

(331) 取捨選擇(취사선택)
(332) 醉生夢死(취생몽사)
(333) 他山之石(타산지석)
(334) 貪官汚吏(탐관오리)
(335) 泰然自若(태연자약)
(336) 破邪顯正(파사현정)
(337) 破顔大笑(파안대소)
(338) 破竹之勢(파죽지세)
(339) 抱腹絶倒(포복절도)
(340) 咆虎馮河(포호빙하)

341~350

(341) 表□不□ : 마음이 음흉해 겉과 속이 다름.
(342) 風□之□ : 효도를 다하지 못한 채 어버이를 여읜 자식의 슬픔을 이르는 말.
(343) □夫之□ : 깊은 생각 없이 혈기만 믿고 함부로 부리는 소인의 용기를 말함.
(344) □□匹婦 : 평범한 남녀를 이르는 말.
(345) 何□□年 : 언제 명년(明年:내년)을 기다릴까라는 뜻으로, 기다리기가 지루함을 이르는 말.
(346) □□上臺 : 아랫돌을 빼서 윗돌을 괸다는 뜻으로, 임시변통으로 이리저리 둘러맞춤을 이름.
(347) 鶴首□□ : 학의 머리처럼 길게 빼고 기다린다는 뜻으로, 몹시 기다림을 말함.
(348) □□充棟 : 짐으로 실으면 소가 땀을 흘리고, 쌓으면 들보까지 찰 정도로 책이 많음.
(349) □□蓄怨 : 분한 마음을 품고 원한을 쌓음.
(350) 咸□□使 : 심부름을 가서 아주 소식이 없거나 더디게 올 때 쓰이는 말.

정답

(341) 表裏不同(표리부동)
(342) 風樹之歎(풍수지탄)
(343) 匹夫之勇(필부지용)
(344) 匹夫匹婦(필부필부)
(345) 何待明年(하대명년)
(346) 下石上臺(하석상대)
(347) 鶴首苦待(학수고대)
(348) 汗牛充棟(한우충동)
(349) 含憤蓄怨(함분축원)
(350) 咸興差使(함흥차사)

351~360

(351) 合從□□ : 소진의 합종설과 장의의 연횡설을 아울러 이르는 말.
(352) □心坦□ : 품은 생각을 터놓고 말할 만큼 아무 거리낌이 없고 솔직함.
(353) □□丈夫 : 외모가 수려하고 풍채가 당당한 남자.
(354) □□口辯 : 물이 세차게 흐르는 것처럼 거침없이 말을 잘함.
(355) 螢雪□□ : 반딧불 · 눈과 함께 하는 노력이라는 뜻으로, 고생을 하면서 공부하여 얻은 보람.
(356) □□多魔 : 좋은 일에는 흔히 방해되는 일이 생기기 쉬움, 또는 그런 일이 많이 생김.
(357) □死留□ : 호랑이는 죽어서 가죽을 남김.
(358) □□之氣 : ① 거침 없이 넓고 큰 기개나 도량. ② 하늘과 땅 사이에 넘치게 가득한 넓고 큰 원기.
(359) 昏定□□ : 밤에는 잠자리를 보고 아침에는 안부를 묻는다는 뜻으로, 부모를 잘 섬김을 뜻함.
(360) □□點雪 : 큰일을 함에 있어 작은 힘으로는 아무 도움이 되지 아니함을 이르는 말.

정답

(351) 合從連橫(합종연횡)
(352) 虛心坦懷(허심탄회)
(353) 軒軒丈夫(헌헌장부)
(354) 懸河口辯(현하구변)
(355) 螢雪之功(형설지공)
(356) 好事多魔(호사다마)
(357) 虎死留皮(호사유피)
(358) 浩然之氣(호연지기)
(359) 昏定晨省(혼정신성)
(360) 紅爐點雪(홍로점설)

361~365

(361) 畫蛇□□ : 뱀을 그리는 데 발까지 그려 넣는다는 뜻으로, 안 해도 될 일을 하여 일을 망침.
(362) □骨奪□ : 사람이 보다 나은 방향으로 변하여 전혀 딴 사람처럼 됨.
(363) 後□□畏 : 후배들은 선배들보다 가능성이 많기 때문에 젊고 기백 있는 후배를 두렵게 여김.
(364) □顔無□ : 얼굴이 두꺼워 부끄러움을 모름. 뻔뻔스러움.
(365) 興□□衰 : 흥하고 망하고 성하고 쇠퇴함을 이름.

정답

(361) 畫蛇添足(화사첨족)
(362) 換骨奪胎(환골탈태)
(363) 後生可畏(후생가외)
(364) 厚顔無恥(후안무치)
(365) 興亡盛衰(흥망성쇠)

동의어 · 유의어

실전 유형

✠ 다음 □ 안에 알맞은 漢字를 넣어 단어를 완성하시오.

(1) 覺 – □ 悟(醒)
(2) 敦 – □ 篤
(3) □ – 悼 哀

다음 □ 안에 알맞은 漢字를 쓰시오. (1~245)

1~10 2급 배정 한자로 이루어진 동의어 · 유의어

(1) 可 – □ : 할 수 있거나 될 수 있음.
(2) □ – 屋 : 사람이 사는 집.
(3) 歌 – □ : 민요, 동요, 속요, 유행가를 통틀어 이르는 말.
(4) □ – 宅 : 사람이 사는 집
(5) 覺 – □ : 도리를 깨달음. 닥칠 일에 대비한 마음의 준비.
(6) 間 – □ : 공간적인 사이. 떨어진 거리.
(7) 簡 – □ : 간략하고 소박함.
(8) 簡 – □ : 간단하고 쉬움. 간편함.
(9) 感 – □ : 오감을 통해 어떤 자극을 받아들임.
(10) □ – 査 : 감독하고 검사함.

정답

(1) 可能(가히 가/능할 능)
(2) 家屋(집 가/집 옥)
(3) 歌謠(노래 가/노래 요)
(4) 家宅(집 가/집 택)
(5) 覺悟(깨달을 각/깨달을 오)
(6) 間隔(사이 간/사이뜰 격)
(7) 簡素(간략할 간/본디 소)
(8) 簡易(간략할 간/간략할 이)
(9) 感覺(느낄 감/깨달을 각)
(10) 監査(볼 감/조사할 사)

11~20 2급 배정 한자로 이루어진 동의어 · 유의어

(11) □ – 健 : 기력이 좋고 몸이 건강함.
(12) 剛 – □ : 성품이 단단하고 꿋꿋함.
(13) □ – 界 : 강토의 경계
(14) □ – 烈 : 강하고 세참.
(15) 開 – □ : 거친 땅을 일구어 논밭을 만듦.
(16) □ – 大 : 엄청나게 큼.
(17) □ – 離 : 두 개의 물건 따위가 공간적으로 떨어진 길이.
(18) □ – 住 : 일정한 곳에 머물러 삶.
(19) □ – 造 : 건물이나 배를 만드는 일.
(20) 乾 – □ : 물기를 없앰.

정답

(11) 康健(편안 강/굳셀 건)
(12) 剛勁(굳셀 강/굳셀 경)
(13) 疆界(지경 강/지경 계)
(14) 強烈(강할 강/세찰 렬)
(15) 開拓(열 개/넓힐 척)
(16) 巨大(클 거/큰 대)
(17) 距離(떨어질 거/떨어질 리)
(18) 居住(살 거/살 주)
(19) 建造(세울 건/지을 조)
(20) 乾燥(마를 건/마를 조)

21~30 2급 배정 한자로 이루어진 동의어 · 유의어

(21) □ - 烈 : 몹시 세참.
(22) □ - 固 : 굳고 튼튼함.
(23) □ - 引 : 끌어당김.
(24) □ - 界 : 지역이 갈라지는 한계.
(25) □ - 爭 : 서로 이기려고 다툼.
(26) 階 - □ : 층계. 일하는 데 밟는 순서.
(27) 計 - □ : 분량이나 무게 따위를 잼.
(28) 計 - □ : 수량을 셈.
(29) 繼 - □ : 끊이지 않고 이어짐.
(30) □ - 獨 : 외로움.

정답

(21) 激烈(격할 격/세찰 렬)
(22) 堅固(굳을 견/굳을 고)
(23) 牽引(이끌 견/당길 인)
(24) 境界(지경 경/지경 계)
(25) 競爭(다툴 경/다툴 쟁)
(26) 階段(섬돌 계/층계 단)
(27) 計量(셀 계/헤아릴 량)
(28) 計算(셀 계/셈 산)
(29) 繼續(이을 계/이을 속)
(30) 孤獨(외로울 고/홀로 독)

31~40 2급 배정 한자로 이루어진 동의어 · 유의어

(31) 考 - □ : 생각하여 헤아림.
(32) 高 - □ : 인품이나 학문의 정도가 높고 품위 있음.
(33) 困 - □ : 가난하고 구차함.
(34) 攻 - □ : 나아가 적을 침.
(35) □ - 共 : 국가나 사회 구성원에게 두루 관계되는 것.
(36) 共 - □ : 두 사람이 이상이 일을 같이 함.
(37) 恐 - □ : 무서움과 두려움.
(38) 空 - □ : 속이 텅 빔.
(39) 貢 - □ : 이바지함. 기여함.
(40) 過 - □ : 지난 일. 지나간 때.

정답

(31) 考慮(생각할 고/생각 려)
(32) 高尙(높을 고/숭상 상)
(33) 困窮(곤할 곤/궁할 궁)
(34) 攻擊(칠 공/칠 격)
(35) 公共(공평할 공/한가지 공)
(36) 共同(한가지 공/한가지 동)
(37) 恐怖(두려울 공/두려울 포)
(38) 空虛(빌 공/빌 허)
(39) 貢獻(바칠 공/바칠 헌)
(40) 過去(지날 과/지날 거)

41~50 2급 배정 한자로 이루어진 동의어 · 유의어

(41) 過 - □ : 잘못이나 허물.
(42) 果 - □ : 열매.
(43) 過 - □ : 잘못. 허물.
(44) 關 - □ : 서로 어떠한 관계에 있음.
(45) 貫 - □ : 자기의 뜻을 끝까지 밀고 나감.
(46) 貫 - □ : 끝까지 꿰뚫음.
(47) 敎 - □ : 가르치고 깨우침.
(48) 求 - □ : 남에게서 빌어서 얻음.
(49) 具 - □ : 두루 갖춤.
(50) □ - 束 : 마음대로 못하게 얽어 맴.

정답

(41) 過失(허물 과/잘못 실)
(42) 果實(열매 과/열매 실)
(43) 過誤(허물 과/그릇 오)
(44) 關聯(관계할 관/이을 련)
(45) 貫徹(꿸 관/통할 철)
(46) 貫通(꿸 관/통할 통)
(47) 敎訓(가르칠 교/가르칠 훈)
(48) 求乞(구할 구/빌 걸)
(49) 具備(갖출 구/갖출 비)
(50) 拘束(잡을 구/묶을 속)

51~60 2급 배정 한자로 이루어진 동의어 · 유의어

(51) 救 − □ : 어려운 사람을 도와 줌.
(52) 救 − □ : 위험한 상황에 있는 사람을 도와서 구원함.
(53) □ − 折 : 휘어서 꺾임.
(54) 窮 − □ : 아주 가난함.
(55) □ − 則 : 약정한 질서나 표준.
(56) 極 − □ : 맨 끄트머리.
(57) □ − 本 : 사물의 바탕. 기초.
(58) 機 − □ : 동력으로 일하는 장치.
(59) □ − 術 : 일을 해내는 솜씨.
(60) 飢 − □ : 굶주림.

정답

(51) 救濟(건질 구/건질 제)
(52) 救助(건질 구/도울 조)
(53) 屈折(굽을 굴/꺾을 절)
(54) 窮塞(다할 궁/막힐 색)
(55) 規則(법 규/법칙 칙)
(56) 極端(다할 극/끝 단)
(57) 根本(뿌리 근/근본 본)
(58) 機械(틀 기/기계 계)
(59) 技術(재주 기/꾀 술)
(60) 飢餓(주릴 기/주릴 아)

61~70 2급 배정 한자로 이루어진 동의어 · 유의어

(61) 技 − □ : 예술로 승화될 정도로 갈고 닦은 기술이나 재주.
(62) □ − 急 : 아주 중대하고 급함.
(63) 納 − □ : 수업료 · 공과금 따위를 냄.
(64) 冷 − □ : 쌀쌀하게 차가움.
(65) □ − 出 : 겉으로 드러남.
(66) □ − 獨 : 혼자. 단 하나.
(67) □ − 絕 : 교류나 관계를 끊음.
(68) □ − 話 : 서로 이야기를 나눔.
(69) 到 − □ : 목적한 곳이나 수준에 다다름.
(70) 徒 − □ : 떼 지은 무리.

정답

(61) 技藝(재주 기/재주 예)
(62) 緊急(긴할 긴/급할 급)
(63) 納付(들일 납/줄 부)
(64) 冷凉(찰 랭/서늘할 량)
(65) 露出(드러날 로/날 출)
(66) 單獨(홑 단/홀로 독)
(67) 斷絕(끊을 단/끊을 절)
(68) 談話(말씀 담/말할 화)
(69) 到達(이를 도/통달할 달)
(70) 徒黨(무리 도/무리 당)

71~80 2급 배정 한자로 이루어진 동의어 · 유의어

(71) □ − 路 : 자동차 · 사람 등이 다닐 수 있는 비교적 큰 길.
(72) □ − 亡 : 몰래 피해 달아남.
(73) 跳 − □ : 위로 뛰어 오름.
(74) 盜 − □ : 도둑.
(75) 到 − □ : 목적지에 다다름.
(76) 逃 − □ : 도망하여 피함.
(77) 圖 − □ : 도안과 그림. 그림 그리기.
(78) □ − 篤 : 인정이 두터움.
(79) □ − 進 : 거침없이 곧장 나아감.
(80) 童 − □ : 아직 장가들지 않은 아이.

정답

(71) 道路(길 도/길 로)
(72) 逃亡(달아날 도/망할 망)
(73) 跳躍(뛸 도/뛸 약)
(74) 盜賊(훔칠 도/도둑 적)
(75) 到着(이를 도/붙을 착)
(76) 逃避(달아날 도/피할 피)
(77) 圖畫(그림 도/그림 화)
(78) 敦篤(도타울 돈/도타울 독)
(79) 突進(갑자기 돌/나아갈 진)
(80) 童蒙(아이 동/어릴 몽)

81~90 2급 배정 한자로 이루어진 동의어 · 유의어

(81) □ - 端 : 물건의 맨 끝. 맨 끄트머리.
(82) □ - 尾 : 끝 부분.
(83) □ - 失 : 잊어버림.
(84) 勉 - □ : 힘써 함.
(85) □ - 亡 : 망하여 없어짐.
(86) 毛 - □ : 사람 몸에 난 터럭.
(87) 模 - □ : 배울 만한 본보기.
(88) □ - 盛 : 초목이 우거짐.
(89) 文 - □ : 생각을 글로 쓴 것.
(90) 返 - □ : 도로 돌려줌.

정답

(81) 末端(끝 말/끝 단)
(82) 末尾(끝 말/꼬리 미)
(83) 亡失(망할 망/잃을 실)
(84) 勉勵(힘쓸 면/힘쓸 려)
(85) 滅亡(멸할 멸/망할 망)
(86) 毛髮(털 모/터럭 발)
(87) 模範(본뜰 모/법 범)
(88) 茂盛(무성할 무/성할 성)
(89) 文章(글월 문/글 장)
(90) 返還(돌이킬 반/돌아올 환)

91~100 2급 배정 한자로 이루어진 동의어 · 유의어

(91) 法 - □ : 법도와 양식.
(92) 法 - □ : 법률을 엮은 책.
(93) □ - 化 : 사물의 형상이나 성질이 달라짐.
(94) □ - 士 : 군사.
(95) □ - 卒 : 군사.
(96) □ - 告 : 일의 결과를 보고함.
(97) 保 - □ : 제도 · 방법 · 습관 등을 그대로 지킴.
(98) 附 - □ : 주된 것에 달려 있음.
(99) □ - 助 : 남을 도와 줌.
(100) □ - 次 그 다음. 부수적인 관계.

정답

(91) 法式(법 법/법 식)
(92) 法典(법 법/법 전)
(93) 變化(변할 변/될 화)
(94) 兵士(군사 병/군사 사)
(95) 兵卒(군사 병/군사 졸)
(96) 報告(갚을 보/알릴 고)
(97) 保守(지킬 보/지킬 수)
(98) 附屬(붙을 부/붙일 속)
(99) 扶助(도울 부/도울 조)
(100) 副次(버금 부/버금 차)

101~110 2급 배정 한자로 이루어진 동의어 · 유의어

(101) □ - 墓 : 무덤.
(102) □ - 評 : 옳고 그름을 평가함.
(103) 貧 - □ : 가난하여 생활이 어려움.
(104) 思 - □ : 생각하고 궁리함.
(105) 思 - □ : 마음 속으로 생각함.
(106) 思 - □ : 신중하게 생각함.
(107) 思 - □ : 생각. 견해.
(108) □ - 說 : 잔소리로 늘어놓는 말.
(109) □ - 宅 : 관사. 사원용 주택.
(110) 想 - □ : 마음에 떠오르는 생각.

정답

(101) 墳墓(무덤 분/무덤 묘)
(102) 批評(비평할 비/평할 평)
(103) 貧窮(가난할 빈/궁할 궁)
(104) 思考(생각 사/상고할 고)
(105) 思念(생각 사/생각 념)
(106) 思慮(생각 사/생각 려)
(107) 思想(생각 사/생각 상)
(108) 辭說(말씀 사/말씀 설)
(109) 舍宅(집 사/집 택)
(110) 想念(생각 상/생각 념)

111~120 2급 배정 한자로 이루어진 동의어 · 유의어

(111) 生 − □ : 인간에게 필요한 물품을 만듦.
(112) □ − 放 : 구금되었던 사람을 풀어줌.
(113) 選 − □ : 가려서 골라내거나 추려냄.
(114) 選 − □ : 골라서 뽑음.
(115) 洗 − □ : 빨래.
(116) □ − 朴 : 꾸밈없이 그대로임.
(117) □ − 木 : 나무.
(118) 純 − □ : 순수하고 아주 깨끗함.
(119) □ − 高 : 드높음.
(120) 承 − □ : 뒤를 이음. 이어 받는 것.

정답

(111) 生産(날 생/낳을 산)
(112) 釋放(풀 석/놓을 방)
(113) 選別(가릴 선/나눌 별)
(114) 選擇(가릴 선/가릴 택)
(115) 洗濯(씻을 세/씻을 탁)
(116) 素朴(본디 소/순박할 박)
(117) 樹木(나무 수/나무 목)
(118) 純潔(순수할 순/깨끗할 결)
(119) 崇高(높을 숭/높을 고)
(120) 承繼(이을 승/이을 계)

121~130 2급 배정 한자로 이루어진 동의어 · 유의어

(121) □ − 設 : 차린 설비.
(122) 始 − □ : 맨 처음.
(123) 試 − □ : 어느 것의 수준이나 능력을 알아봄.
(124) □ − 告 : 사실을 보고하는 일.
(125) □ − 張 : 늘어나고 펼쳐짐.
(126) 身 − □ : 사람의 몸.
(127) 心 − □ : 마음 속의 생각.
(128) □ − 目 : 사물을 보는 능력.
(129) 哀 − □ : 사람의 죽음을 슬퍼함.
(130) □ − 語 : 생각을 음성 · 문자로 전하는 체계.

정답

(121) 施設(베풀 시/베풀 설)
(122) 始初(비로소 시/처음 초)
(123) 試驗(시험 시/시험 험)
(124) 申告(납 신/고할 고)
(125) 伸張(펼 신/베풀 장)
(126) 身體(몸 신/몸 체)
(127) 心情(마음 심/뜻 정)
(128) 眼目(눈 안/눈 목)
(129) 哀悼(슬플 애/슬퍼할 도)
(130) 言語(말씀 언/말씀 어)

131~140 2급 배정 한자로 이루어진 동의어 · 유의어

(131) 連 − □ : 이어서 맺는 일.
(132) 研 − □ : 사물의 이치를 밝힘.
(133) 連 − □ : 상대방에게 알리는 것.
(134) 年 − □ : 나이의 높임말.
(135) 連 − □ : 끊이지 않고 계속 이음.
(136) 念 − □ : 걱정하는 마음.
(137) □ − 遠 : 끝없는 세월.
(138) □ − 特 : 특별히 뛰어남.
(139) 溫 − □ : 따뜻함.
(140) □ − 全 : 부족하거나 흠이 없음.

정답

(131) 連繫(이을 련/맬 계)
(132) 研究(갈 연/연구할 구)
(133) 連絡(이을 련/이을 락)
(134) 年歲(해 년/해 세)
(135) 連續(이을 련/이을 속)
(136) 念慮(생각 념/생각 려)
(137) 永遠(길 영/멀 원)
(138) 英特(꽃부리 영/특별 특)
(139) 溫暖(따뜻할 온/따뜻할 난)
(140) 完全(완전할 완/온전 전)

141~150 2급 배정 한자로 이루어진 동의어 · 유의어

(141) □ − 求 : 달라고 함.
(142) 優 − □ : 여럿 가운데 뛰어남.
(143) 憂 − □ : 근심과 걱정.
(144) □ − 恨 : 원통하고 한스러운 생각.
(145) □ − 大 : 뛰어나고 훌륭함.
(146) 幼 − □ : 나이가 어림.
(147) □ − 身 : 사람의 몸.
(148) 恩 − □ : 고마운 혜택.
(149) 音 − □ : 말소리.
(150) □ − 論 : 각자 의견을 주장하거나 논의함.

정답

(141) 要求(요긴할 요/구할 구)
(142) 優秀(뛰어날 우/빼어날 수)
(143) 憂愁(근심 우/근심 수)
(144) 怨恨(원망할 원/한 한)
(145) 偉大(클 위/큰 대)
(146) 幼稚(어릴 유/어릴 치)
(147) 肉身(고기 육/몸 신)
(148) 恩惠(은혜 은/은혜 혜)
(149) 音聲(소리 음/소리 성)
(150) 議論(의논할 의/논할 론)

151~160 2급 배정 한자로 이루어진 동의어 · 유의어

(151) 衣 − □ : 옷.
(152) 意 − □ : 생각이나 마음.
(153) 意 − □ : 생각. 뜻.
(154) 仁 − □ : 마음이 어질고 자애로움.
(155) □ − 態 : 몸가짐과 맵시.
(156) 災 − □ : 재앙과 화난(禍難).
(157) 財 − □ : 재물.
(158) 貯 − □ : 절약하여 모아 둠.
(159) □ − 開 : 점차 넓게 펼쳐짐.
(160) □ − 爭 : 무력에 의한 싸움.

정답

(151) 衣服(옷 의/옷 복)
(152) 意思(뜻 의/생각 사)
(153) 意志(뜻 의/뜻 지)
(154) 仁慈(어질 인/사랑 자)
(155) 姿態(모양 자/모습 태)
(156) 災禍(재앙 재/재앙 화)
(157) 財貨(재물 재/재물 화)
(158) 貯蓄(쌓을 저/모을 축)
(159) 展開(펼 전/열 개)
(160) 戰爭(싸움 전/다툴 쟁)

161~170 2급 배정 한자로 이루어진 동의어 · 유의어

(161) □ − 鬪 : 온갖 병기로 직접 싸움.
(162) 淨 − □ : 맑고 깨끗함.
(163) 停 − □ : 멈추어 머무름.
(164) □ − 誠 : 참되고 성실한 마음.
(165) □ − 止 : 멈추거나 그침.
(166) □ − 直 : 마음이 바르고 곧음.
(167) 政 − □ : 나라를 다스리는 일.
(168) □ − 王 : 황제와 국왕의 총칭.
(169) □ − 作 : 물건을 만듦.
(170) □ − 造 : 원료를 가공하여 제품을 만듦.

정답

(161) 戰鬪(싸움 전/싸움 투)
(162) 淨潔(깨끗할 정/깨끗할 결)
(163) 停留(머무를 정/머무를 류)
(164) 精誠(정할 정/정성 성)
(165) 停止(머무를 정/그칠 지)
(166) 貞直(곧을 정/곧을 직)
(167) 政治(정사 정/다스릴 치)
(168) 帝王(임금 제/임금 왕)
(169) 制作(지을 제/지을 작)
(170) 製造(지을 제/지을 조)

171~180 2급 배정 한자로 이루어진 동의어 · 유의어

(171) □ － 刻 : 새기거나 빚는 일.
(172) □ － 作 : 무슨 일을 꾸며냄.
(173) □ － 和 : 균형이 잘 잡힘.
(174) □ － 在 : 실제로 있음.
(175) □ － 重 : 소중하게 여김.
(176) 終 － □ : 끝을 냄.
(177) 終 － □ : 일을 마침.
(178) 終 － □ : 일의 맨 끝.
(179) □ － 止 : 끝마쳐 그치는 것.
(180) 住 － □ : 자리 잡고 삶.

정답

(171) 彫刻(새길 조/새길 각)
(172) 造作(지을 조/지을 작)
(173) 調和(고를 조/화할 화)
(174) 存在(있을 존/있을 재)
(175) 尊重(높을 존/중할 중)
(176) 終結(마칠 종/맺을 결)
(177) 終了(마칠 종/마칠 료)
(178) 終末(마칠 종/끝 말)
(179) 終止(마칠 종/그칠 지)
(180) 住居(살 주/살 거)

181~190 2급 배정 한자로 이루어진 동의어 · 유의어

(181) 朱 － □ : 주홍빛.
(182) 俊 － □ : 재주와 슬기가 뛰어난 사람.
(183) 俊 － □ : 남달리 재주와 슬기가 빼어남.
(184) 中 － □ : 한가운데.
(185) □ － 加 : 수나 양이 많아짐.
(186) 至 － □ : 더없이 극진함.
(187) 知 － □ : 알고 있는 내용.
(188) 珍 － □ : 진귀한 보배.
(189) 進 － □ : 차차 진보하여 감.
(190) □ － 問 : 궁금한 것을 물음.

정답

(181) 朱紅(붉을 주/붉을 홍)
(182) 俊傑(준걸 준/뛰어날 걸)
(183) 俊秀(준걸 준/빼어날 수)
(184) 中央(가운데 중/가운데 앙)
(185) 增加(더할 증/더할 가)
(186) 至極(이를 지/극진할 극)
(187) 知識(알 지/알 식)
(188) 珍寶(보배 진/보배 보)
(189) 進就(나아갈 진/나아갈 취)
(190) 質問(바탕 질/물을 문)

191~200 2급 배정 한자로 이루어진 동의어 · 유의어

(191) □ － 合 : 한곳으로 모임.
(192) 參 － □ : 참가하여 관계함.
(193) □ － 庫 : 물건을 보관하는 건물.
(194) 菜 － □ : 밭을 가꾸어 나는 푸성귀.
(195) □ － 所 : 사람이 거처하는 곳.
(196) □ － 度 : 자로 재는 길이의 표준.
(197) 淸 － □ : 맑고 깨끗함.
(198) □ － 聞 : 널리 퍼져 있는 소문.
(199) 淸 － □ : 맑고 깨끗함.
(200) 招 － □ : 청하여 부름.

정답

(191) 集合(모을 집/합할 합)
(192) 參與(참여할 참/더불 여)
(193) 倉庫(곳집 창/곳집 고)
(194) 菜蔬(나물 채/나물 소)
(195) 處所(곳 처/바 소)
(196) 尺度(자 척/법도 도)
(197) 淸潔(맑을 청/깨끗할 결)
(198) 聽聞(들을 청/들을 문)
(199) 淸淨(맑을 청/깨끗할 정)
(200) 招請(부를 초/청할 청)

201~210 2급 배정 한자로 이루어진 동의어 · 유의어

(201) 村 － □ : 시골의 취락. 마을.

(202) □ － 積 : 많이 모아서 쌓음.

(203) 出 － □ : 일의 시작.

(204) □ － 滿 : 가득하게 참.

(205) □ － 足 : 넉넉하게 채움.

(206) □ － 量 : 생각하여 헤아림.

(207) □ － 階 : 계단. 층층대.

(208) 稱 － □ : 공덕을 칭찬하여 기림.

(209) 稱 － □ : 잘 한다고 추켜 줌.

(210) 打 － □ : 때려 침. 손해 또는 손실.

정답

(201) 村落(마을 촌/떨어질 락)
(202) 蓄積(모을 축/쌓을 적)
(203) 出發(날 출/필 발)
(204) 充滿(채울 충/찰 만)
(205) 充足(채울 충/족할 족)
(206) 測量(헤아릴 측/헤아릴 량)
(207) 層階(층 층/섬돌 계)
(208) 稱頌(일컬을 칭/기릴 송)
(209) 稱讚(일컬을 칭/기릴 찬)
(210) 打擊(칠 타/칠 격)

211~220 2급 배정 한자로 이루어진 동의어 · 유의어

(211) 脫 － □ : 떨어져 나감.

(212) 脫 － □ : 관계를 끊고 물러나옴.

(213) □ － 索 : 더듬어 찾음.

(214) 討 － □ : 적의 무리를 무력으로 쳐 없앰.

(215) □ － 合 : 합쳐 하나로 만듦.

(216) □ － 去 : 물러감. 거주를 옮김.

(217) □ － 爭 : 상대를 이기려고 싸움.

(218) 特 － □ : 보통과 다름.

(219) 破 － □ : 부수거나 무너뜨림.

(220) □ － 和 : 평온하고 화목함.

정답

(211) 脫落(벗을 탈/떨어질 락)
(212) 脫退(벗을 탈/물러날 퇴)
(213) 探索(찾을 탐/찾을 색)
(214) 討伐(칠 토/칠 벌)
(215) 統合(거느릴 통/합할 합)
(216) 退去(물러날 퇴/갈 거)
(217) 鬪爭(싸움 투/다툴 쟁)
(218) 特殊(특별할 특/다를 수)
(219) 破壞(깨뜨릴 파/무너질 괴)
(220) 平和(평평할 평/화할 화)

221~230 2급 배정 한자로 이루어진 동의어 · 유의어

(221) □ － 容 : 감싸 받아들임.

(222) 捕 － □ : 사로잡음. 짐승을 잡음.

(223) □ － 竟 : 마침내. 결국에.

(224) □ － 川 : 시내. 강.

(225) 河 － □ : 큰 강과 바다.

(226) □ － 界 : 땅의 경계. 범위.

(227) □ － 冷 : 매우 추움.

(228) □ － 常 : 늘. 언제나.

(229) 幸 － □ : 만족함 상태.

(230) □ － 可 : 청원 따위를 들어 줌.

정답

(221) 包容(쌀 포/받아들일 용)
(222) 捕獲(잡을 포/얻을 획)
(223) 畢竟(마칠 필/마침내 경)
(224) 河川(물 하/내 천)
(225) 河海(물 하/바다 해)
(226) 限界(한할 한/지경 계)
(227) 寒冷(찰 한/찰 랭)
(228) 恒常(항상 항/항상 상)
(229) 幸福(다행 행/복 복)
(230) 許可(허락 허/가능 가)

231~240 2급 배정 한자로 이루어진 동의어 · 유의어

(231) □ − 迫 : 을러서 괴롭게 굶.
(232) □ − 和 : 협력하여 화합함.
(233) 和 − □ : 서로 뜻이 맞고 정다움.
(234) □ − 喜 : 즐겁고 기쁨.
(235) 活 − □ : 생기가 있음.
(236) □ − 帝 : 제국의 군주.
(237) 會 − □ : 영리 목적으로 설립된 법인.
(238) □ − 望 : 앞일에 대하여 기대를 가지고 바람.
(239) 稀 − □ : 묽거나 엷음.
(240) 喜 − □ : 기쁨과 즐거움.

정답

(231) 脅迫(위협할 협/핍박할 박)
(232) 協和(화할 협/화할 화)
(233) 和睦(화할 화/화목할 목)
(234) 歡喜(기쁠 환/기쁠 희)
(235) 活潑(살 활/활발할 발)
(236) 皇帝(임금 황/임금 제)
(237) 會社(모일 회/모일 사)
(238) 希望(바랄 희/바랄 망)
(239) 稀薄(드물 희/엷을 박)
(240) 喜悅(기쁠 희/기쁠 열)

241~244 2급 배정 한자 /2급 고유 한자로 이루어진 동의어 · 유의어

(241) □ − 慝 : 간사하고 사특함.
(242) □ − 恤 : 어려운 사람을 돕고 보살핌.
(243) □ − 滌 : 깨끗이 씻음.
(244) □ − 粹 : 다른 것이 조금도 섞이지 않음.

정답

(241) 姦慝(간음할 간/사특할 특)
(242) 救恤(건질 구/구휼할 휼)
(243) 洗滌(씻을 세/씻을 척)
(244) 純粹(순수할 순/순수할 수)

245 1급 고유 한자 /2급 배정 한자로 이루어진 동의어 · 유의어

(245) 躁 − □ : 참을성 없이 매우 급함.

정답

(245) 躁急(성급할 조/급할 급)

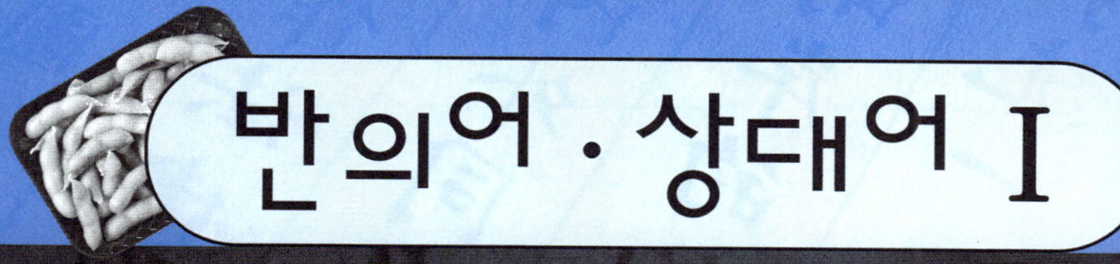

실전 유형

✽ 다음 漢字의 反對(또는 相對) 되는 뜻의 漢字를 □ 안에 正字로 쓰시오.

(1) □ ↔ 簡　煩(雜，詳)
(2) 貸 ↔ □　借
(3) □ ↔ 夭　壽(丈)

다음 □ 안에 알맞은 漢字를 쓰시오. (1~176)

1~10 　2급 배정 한자로 이루어진 반의어 · 상대어

(1) 加 ↔ □ : 더하거나 더는 일. 또는 그렇게 하여 알맞게 맞추는 일.
(2) 可 ↔ □ : 옳고 그름.
(3) 干 ↔ □ : 방패와 창이라는 뜻으로, 전쟁에 쓰는 병기를 통틀어 이르는 말.
(4) 干 ↔ □ : 간조(干潮)와 만조(滿潮)를 아울러 이르는 말.
(5) 甘 ↔ □ : 단맛과 쓴맛을 아울러 이르는 말.
(6) □ ↔ 山 : 강과 산이라는 뜻으로, 자연의 경치를 이르는 말.
(7) □ ↔ 弱 : 강하고 약함. 또는 그런 정도.
(8) 開 ↔ □ : 열고 닫음.
(9) 去 ↔ □ : 주고받음. 또는 사고팖.
(10) 乾 ↔ □ : 하늘과 땅을 아울러 이르는 말. 천지(天地).

정답

(1) 加減(더할 가/덜 감)
(2) 可否(옳을 가/아닐 부)
(3) 干戈(방패 간/창 과)
(4) 干滿(마를 간/찰 만)
(5) 甘苦(달 감/쓸 고)
(6) 江山(강 강/메 산)
(7) 強弱(강할 강/약할 약)
(8) 開閉(열 개/닫을 폐)
(9) 去來(갈 거/올 래)
(10) 乾坤(하늘 건/땅 곤)

11~20 　2급 배정 한자로 이루어진 반의어 · 상대어

(11) 乾 ↔ □ : 마름과 젖음을 아울러 이르는 말.
(12) □ ↔ 弔 : 경사스러움과 불행함.
(13) □ ↔ 重 : 가벼움과 무거움, 또는 가볍고 무거운 정도.
(14) 京 ↔ □ : 서울과 시골을 아울러 이르는 말.
(15) □ ↔ 今 : 예전과 지금을 아울러 이르는 말.
(16) 苦 ↔ □ : 괴로움과 즐거움을 아울러 이르는 말.
(17) □ ↔ 婦 : 시어머니와 며느리를 아울러 이르는 말.
(18) 高 ↔ □ : 높음과 낮음. 또는 높고 낮은 정도. 높낮이.
(19) 曲 ↔ □ : 굽음과 곧음이라는 뜻으로, 사리의 옳고 그름을 이르는 말.
(20) 功 ↔ □ : 공로와 과실을 아울러 이르는 말.

정답

(11) 乾濕(마를 건/젖을 습)
(12) 慶弔(경사 경/조상할 조)
(13) 輕重(가벼울 경/무거울 중)
(14) 京鄕(서울 경/시골 향)
(15) 古今(예 고/이제 금)
(16) 苦樂(쓸 고/즐거울 락)
(17) 姑婦(시어머니 고/며느리 부)
(18) 高低(높을 고/낮을 저)
(19) 曲直(굽을 곡/곧을 직)
(20) 功過(공 공/허물 과)

21~30 2급 배정 한자로 이루어진 반의어 · 상대어

(21) 攻 ↔ □ : 서로 공격하고 방어함.

(22) 公 ↔ □ : 공공의 일과 사사로운 일을 아울러 이르는 말.

(23) □ ↔ 守 : 공격과 수비를 아울러 이르는 말.

(24) □ ↔ 民 : 공무원과 민간인을 아울러 이르는 말.

(25) 教 ↔ □ : 가르치는 일과 배우는 일.

(26) □ ↔ 臣 : 임금과 신하를 아울러 이르는 말.

(27) 貴 ↔ □ : 부귀(富貴)와 빈천(貧賤)을 아울러 이르는 말.

(28) 勤 ↔ □ : 부지런함과 게으름.

(29) □ ↔ 獸 : 날짐승과 길짐승이라는 뜻으로, 모든 짐승을 이르는 말.

(30) 及 ↔ □ : 급제와 낙제를 아울러 이르는 말.

정답

(21) 攻防(칠 공/막을 방)
(22) 公私(공평할 공/사사로울 사)
(23) 攻守(칠 공/지킬 수)
(24) 官民(벼슬 관/백성 민)
(25) 教學(가르칠 교/배울 학)
(26) 君臣(임금 군/신하 신)
(27) 貴賤(귀할 귀/천할 천)
(28) 勤怠(부지런할 근/게으를 태)
(29) 禽獸(새 금/짐승 수)
(30) 及落(미칠 급/떨어질 락)

31~40 2급 배정 한자로 이루어진 반의어 · 상대어

(31) 起 ↔ □ : 지세(地勢)가 높아졌다 낮아졌다 함.

(32) 起 ↔ □ : 잠자리에서 일어남.

(33) 吉 ↔ □ : 운이 좋고 나쁨.

(34) □ ↔ 易 : 어려움과 쉬움.

(35) □ ↔ 女 : 남자와 여자를 아울러 이르는 말.

(36) □ ↔ 北 : 남쪽과 북쪽을 아울러 이르는 말.

(37) 內 ↔ □ : 안과 밖을 아울러 이르는 말.

(38) 冷 ↔ □ : 찬 기운과 따뜻한 기운을 아울러 이르는 말.

(39) □ ↔ 使 : 노동자와 사용자를 아울러 이르는 말.

(40) □ ↔ 少 : 늙은이와 젊은이를 아울러 이르는 말.

정답

(31) 起伏(일어날 기/엎드릴 복)
(32) 起寢(일어날 기/잘 침)
(33) 吉凶(길할 길/흉할 흉)
(34) 難易(어려울 난/쉬울 이)
(35) 男女(사내 남/계집 녀)
(36) 南北(남녘 남/북녘 북)
(37) 內外(안 내/바깥 외)
(38) 冷溫(찰 랭/따뜻할 온)
(39) 勞使(일할 로/부릴 사)
(40) 老少(늙을 로/젊을 소)

41~50 2급 배정 한자로 이루어진 반의어 · 상대어

(41) □ ↔ 淡 : 색깔이나 명암 따위의 짙음과 옅음. 또는 그런 정도.

(42) 多 ↔ □ : 수량의 많고 적음.

(43) 多 ↔ □ : 분량이나 정도의 많음과 적음.

(44) 單 ↔ □ : 단수와 복수를 아울러 이르는 말.

(45) 斷 ↔ □ : 끊었다 이었다 함. 또는 그렇게 되게 함.

(46) 當 ↔ □ : 당선과 낙선을 아울러 이르는 말.

(47) 貸 ↔ □ : 꾸어 주거나 꾸어 옴.

(48) □ ↔ 西 : 동쪽과 서쪽을 아울러 이르는 말.

(49) 動 ↔ □ : 물질의 운동과 정지.

(50) □ ↔ 失 : 얻음과 잃음.

정답

(41) 濃淡(짙을 농/맑을 담)
(42) 多寡(많을 다/적을 과)
(43) 多少(많을 다/적을 소)
(44) 單複(홑 단/겹칠 복)
(45) 斷續(끊을 단/이을 속)
(46) 當落(마땅 당/떨어질 락)
(47) 貸借(빌릴 대/빌려줄 차)
(48) 東西(동녘 동/서녘 서)
(49) 動靜(움직일 동/고요할 정)
(50) 得失(얻을 득/잃을 실)

51~60 2급 배정 한자로 이루어진 반의어 · 상대어

(51) 賣 ↔ □ : 물건을 팔고 사는 일.
(52) 明 ↔ □ : 밝음과 어두움을 통틀어 이르는 말.
(53) □ ↔ 盾 : 어떤 사실의 앞뒤, 또는 두 사실이 이치상 어긋나서 서로 맞지 않음.
(54) 問 ↔ □ : 물음과 대답. 또는 서로 묻고 대답함.
(55) 文 ↔ □ : 문관과 무관을 아울러 이르는 말.
(56) □ ↔ 心 : 물질적인 것과 정신적인 것.
(57) 美 ↔ □ : 아름다움과 추함.
(58) □ ↔ 常 : 양반과 상사람을 아울러 이르는 말.
(59) □ ↔ 着 : 출발과 도착을 아울러 이르는 말.
(60) 方 ↔ □ : 모진 것과 둥근 것을 아울러 이르는 말.

정답

(51) 賣買(팔 매/살 매)
(52) 明暗(밝을 명/어두울 암)
(53) 矛盾(창 모/방패 순)
(54) 問答(물을 문/대답 답)
(55) 文武(글월 문/군사 무)
(56) 物心(물건 물/마음 심)
(57) 美醜(아름다울 미/추할 추)
(58) 班常(양반 반/상민 상)
(59) 發着(떠날 발/붙을 착)
(60) 方圓(모 방/둥글 원)

61~70 2급 배정 한자로 이루어진 반의어 · 상대어

(61) 本 ↔ □ : 사물이나 일의 처음과 끝.
(62) □ ↔ 別 : 만남과 헤어짐을 통틀어 이르는 말.
(63) 夫 ↔ □ : 남편과 아내를 아울러 이르는 말.
(64) 浮 ↔ □ : 물 위에 떠올랐다 물속에 잠겼다 함.
(65) □ ↔ 富 : 가난함과 부유함.
(66) 氷 ↔ □ : 얼음과 숯이라는 뜻으로, 서로 정반대가 되어 용납하지 못하는 관계.
(67) □ ↔ 弟 : 스승과 제자를 아울러 이르는 말.
(68) 死 ↔ □ : 죽기와 살기라는 뜻으로, 어떤 중대한 문제를 비유적으로 이르는 말.
(69) 山 ↔ □ : 산과 내를 아울러 이르는 말.
(70) 山 ↔ □ : 산과 바다를 아울러 이르는 말.

정답

(61) 本末(근본 본/끝 말)
(62) 逢別(만날 봉/나눌 별)
(63) 夫婦(남편 부/아내 부)
(64) 浮沈(뜰 부/잠길 침)
(65) 貧富(가난할 빈/부할 부)
(66) 氷炭(얼음 빙/숯 탄)
(67) 師弟(스승 사/아우 제)
(68) 死活(죽을 사/살 활)
(69) 山川(메 산/내 천)
(70) 山海(메 산/바다 해)

71~80 2급 배정 한자로 이루어진 반의어 · 상대어

(71) 賞 ↔ □ : 상과 벌을 아울러 이르는 말.
(72) □ ↔ 下 : 위와 아래를 아울러 이르는 말.
(73) 生 ↔ □ : 삶과 죽음을 아울러 이르는 말.
(74) 善 ↔ □ : 착한 것과 악한 것을 아울러 이르는 말.
(75) 先 ↔ □ : 먼저와 나중을 아울러 이르는 말.
(76) 盛 ↔ □ : 성하고 쇠퇴함.
(77) 損 ↔ □ : 손해와 이익을 아울러 이르는 말.
(78) 送 ↔ □ : 가는 사람을 보내고 오는 사람을 맞음.
(79) □ ↔ 給 : 수요와 공급을 아울러 이르는 말.
(80) 首 ↔ □ : 사물의 머리와 꼬리.

정답

(71) 賞罰(상줄 상/벌할 벌)
(72) 上下(윗 상/아래 하)
(73) 生死(날 생/죽을 사)
(74) 善惡(착할 선/악할 악)
(75) 先後(먼저 선/뒤 후)
(76) 盛衰(성할 성/쇠할 쇠)
(77) 損益(덜 손/유익할 익)
(78) 送迎(보낼 송/맞이할 영)
(79) 需給(쓰일 수/줄 급)
(80) 首尾(머리 수/꼬리 미)

81~90 2급 배정 한자로 이루어진 반의어 · 상대어

(81) □ ↔ 受 : 물품을 주고받음.
(82) 手 ↔ □ : 손과 발을 아울러 이르는 말.
(83) □ ↔ 火 : 물과 불을 아울러 이르는 말.
(84) 順 ↔ □ : 순종과 거역을 아울러 이르는 말.
(85) 昇 ↔ □ : 오르고 내림.
(86) □ ↔ 負 : 이김과 짐.
(87) □ ↔ 敗 : 승리와 패배를 아울러 이르는 말.
(88) 是 ↔ □ : 옳음과 그름.
(89) □ ↔ 終 : 처음과 끝을 아울러 이르는 말.
(90) 新 ↔ □ : 새것과 헌것을 아울러 이르는 말.

정답

(81) 授受(줄 수/받을 수)
(82) 手足(손 수/발 족)
(83) 水火(물 수/불 화)
(84) 順逆(순할 순/거스를 역)
(85) 昇降(오를 승/내릴 강)
(86) 勝負(이길 승/질 부)
(87) 勝敗(이길 승/패할 패)
(88) 是非(옳을 시/아닐 비)
(89) 始終(처음 시/끝 종)
(90) 新舊(새로울 신/예 구)

91~100 2급 배정 한자로 이루어진 반의어 · 상대어

(91) 伸 ↔ □ : 늘고 줆, 또는 늘이고 줄임.
(92) □ ↔ 身 : 마음과 몸을 아울러 이르는 말.
(93) 深 ↔ □ : 깊음과 얕음.
(94) 安 ↔ □ : 편안함과 위태함.
(95) 愛 ↔ □ : 사랑과 미움을 아울러 이르는 말.
(96) 哀 ↔ □ : 슬픔과 기쁨을 아울러 이르는 말.
(97) □ ↔ 揚 : 혹은 억누르고 혹은 찬양함.
(98) 言 ↔ □ : 말과 행동을 아울러 이르는 말.
(99) 與 ↔ □ : 여당과 야당을 아울러 이르는 말.
(100) □ ↔ 順 : 거꾸로 된 순서.

정답

(91) 伸縮(펼 신/줄일 축)
(92) 心身(마음 심/몸 신)
(93) 深淺(깊을 심/얕을 천)
(94) 安危(편안 안/위태할 위)
(95) 愛憎(사랑 애/미울 증)
(96) 哀歡(슬플 애/기쁠 환)
(97) 抑揚(누를 억/날릴 양)
(98) 言行(말씀 언/행할 행)
(99) 與野(여당 여/야당 야)
(100) 逆順(거역할 역/순할 순)

101~110 2급 배정 한자로 이루어진 반의어 · 상대어

(101) 榮 ↔ □ : 영예와 치욕을 아울러 이르는 말.
(102) □ ↔ 石 : 옥과 돌이라는 뜻으로, 좋은 것과 나쁜 것을 구분함을 이르는 말.
(103) 溫 ↔ □ : 따뜻한 기운과 찬 기운을 아울러 이르는 말.
(104) □ ↔ 急 : 느림과 빠름.
(105) 往 ↔ □ : 가고 오고 함.
(106) 往 ↔ □ : 갔다가 돌아옴.
(107) 優 ↔ □ : 나음과 못함.
(108) □ ↔ 近 : 멀고 가까움.
(109) 有 ↔ □ : 있음과 없음.
(110) □ ↔ 海 : 육지와 바다를 아울러 이르는 말.

정답

(101) 榮辱(영화 영/욕될 욕)
(102) 玉石(구슬 옥/돌 석)
(103) 溫冷(따뜻할 온/찰 랭)
(104) 緩急(느릴 완/급할 급)
(105) 往來(갈 왕/올 래)
(106) 往復(갈 왕/회복할 복)
(107) 優劣(넉넉할 우/못날 렬)
(108) 遠近(멀 원/가까울 근)
(109) 有無(있을 유/없을 무)
(110) 陸海(뭍 륙/바다 해)

111~120 2급 배정 한자로 이루어진 반의어 · 상대어

(111) 陰 ↔ □ : 남녀의 성(性)에 관한 이치.

(112) □ ↔ 同 : 다른 것과 같은 것을 통틀어 이르는 말.

(113) □ ↔ 合 : 헤어짐과 모임.

(114) 利 ↔ □ : 이익과 손해.

(115) □ ↔ 果 : 원인과 결과를 아울러 이르는 말.

(116) 日 ↔ □ : 해와 달을 아울러 이르는 말.

(117) 任 ↔ □ : 임명과 해임을 통틀어 이르는 말.

(118) 姉 ↔ □ : 여자끼리의 동기(同氣). 언니와 아우 사이.

(119) □ ↔ 雄 : 암컷과 수컷을 아울러 이르는 말. 암수.

(120) 自 ↔ □ : 자기와 남을 아울러 이르는 말.

정답

(111) 陰陽(그늘 음/볕 양)
(112) 異同(다를 이/같을 동)
(113) 離合(떠날 리/합할 합)
(114) 利害(이로울 리/해로울 해)
(115) 因果(원인 인/결과 과)
(116) 日月(날 일/달 월)
(117) 任免(맡길 임/면할 면)
(118) 姉妹(손윗누이 자/손아랫누이 매)
(119) 雌雄(암컷 자/수컷 웅)
(120) 自他(스스로 자/다를 타)

121~130 2급 배정 한자로 이루어진 반의어 · 상대어

(121) 長 ↔ □ : 길고 짧음.

(122) □ ↔ 兵 : 장교와 하사관, 사병을 통틀어 이르는 말.

(123) 長 ↔ □ : 어른과 어린이를 아울러 이르는 말.

(124) □ ↔ 卒 : 예전에, 장수와 병졸을 아울러 이르던 말.

(125) 田 ↔ □ : 논밭.

(126) 前 ↔ □ : 앞뒤.

(127) 正 ↔ □ : 잘못된 글자나 문구를 바로잡음.

(128) 早 ↔ □ : 이름과 늦음을 아울러 이르는 말.

(129) □ ↔ 夕 : 아침과 저녁을 아울러 이르는 말.

(130) □ ↔ 孫 : 할아버지와 손자를 아울러 이르는 말.

정답

(121) 長短(긴 장/짧을 단)
(122) 將兵(장수 장/병사 병)
(123) 長幼(어른 장/어릴 유)
(124) 將卒(장수 장/군사 졸)
(125) 田畓(밭 전/논 답)
(126) 前後(앞 전/뒤 후)
(127) 正誤(바를 정/그르칠 오)
(128) 早晩(이를 조/늦을 만)
(129) 朝夕(아침 조/저녁 석)
(130) 祖孫(할아버지 조/손자 손)

131~140 2급 배정 한자로 이루어진 반의어 · 상대어

(131) □ ↔ 亡 : 존속과 멸망 또는 생존과 사망을 통틀어 이르는 말.

(132) □ ↔ 卑 : 사회적 지위나 신분의 존귀함과 비천함.

(133) 存 ↔ □ : 존속과 폐지를 아울러 이르는 말.

(134) □ ↔ 橫 : 세로와 가로를 아울러 이르는 말.

(135) □ ↔ 立 : 앉음과 섬.

(136) □ ↔ 右 : 왼쪽과 오른쪽을 아울러 이르는 말.

(137) 主 ↔ □ : 주인과 손을 아울러 이르는 말.

(138) 晝 ↔ □ : 밤과 낮을 아울러 이르는 말.

(139) 主 ↔ □ : 주인과 부하를 아울러 이르는 말.

(140) 衆 ↔ □ : 수효의 많고 적음.

정답

(131) 存亡(있을 존/망할 망)
(132) 尊卑(높을 존/낮을 비)
(133) 存廢(있을 존/폐할 폐)
(134) 縱橫(세로 종/가로 횡)
(135) 坐立(앉을 좌/설 립)
(136) 左右(왼 좌/오른 우)
(137) 主客(주인 주/손님 객)
(138) 晝夜(낮 주/밤 야)
(139) 主從(주인 주/따를 종)
(140) 衆寡(무리 중/적을 과)

141~150 2급 배정 한자로 이루어진 반의어 · 상대어

(141) 增 ↔ □ : 많아지거나 적어짐. 또는 늘리거나 줄임.
(142) □ ↔ 速 : 더딤과 빠름.
(143) 眞 ↔ □ : 진짜와 가짜를 아울러 이르는 말.
(144) 眞 ↔ □ : 참과 거짓 또는 진짜와 가짜를 통틀어 이르는 말.
(145) 進 ↔ □ : 앞으로 나아가고 뒤로 물러남.
(146) 集 ↔ □ : 한군데로 모아서 배달함.
(147) 集 ↔ □ : 모여들었다 흩어졌다 함.
(148) 着 ↔ □ : 도착과 출발.
(149) □ ↔ 反 : 찬성과 반대를 아울러 이르는 말.
(150) 天 ↔ □ : 하늘과 땅을 아울러 이르는 말.

정답

(141) 增減(더할 증/덜 감)
(142) 遲速(더딜 지/빠를 속)
(143) 眞假(참 진/거짓 가)
(144) 眞僞(참 진/거짓 위)
(145) 進退(나아갈 진/물러날 퇴)
(146) 集配(모을 집/나눌 배)
(147) 集散(모을 집/흩어질 산)
(148) 着發(붙을 착/필 발)
(149) 贊反(도울 찬/돌이킬 반)
(150) 天地(하늘 천/땅 지)

151~160 2급 배정 한자로 이루어진 반의어 · 상대어

(151) □ ↔ 削 : 시문(詩文)이나 답안 따위의 내용 일부를 보태거나 삭제하여 고침.
(152) 淸 ↔ □ : 맑음과 흐림을 아울러 이르는 말.
(153) 初 ↔ □ : 초상이 난 뒤부터 졸곡(卒哭)까지 치러지는 온갖 일이나 예식.
(154) □ ↔ 秋 : 봄과 가을.
(155) 出 ↔ □ : 출근과 결근을 아울러 이르는 말.
(156) 出 ↔ □ : 돈이나 물품을 내어 주거나 받아들임.
(157) 出 ↔ □ : 어떤 현상이나 대상이 나타났다 사라졌다 함.
(158) 出 ↔ □ : 어느 곳을 드나듦.
(159) 取 ↔ □ : 쓸 것은 쓰고 버릴 것은 버림.
(160) 表 ↔ □ : 물체의 겉과 속 또는 안과 밖을 통틀어 이르는 말.

정답

(151) 添削(더할 첨/깎을 삭)
(152) 淸濁(맑을 청/흐릴 탁)
(153) 初終(처음 초/끝 종)
(154) 春秋(봄 춘/가을 추)
(155) 出缺(날 출/이지러질 결)
(156) 出納(날 출/들일 납)
(157) 出沒(날 출/빠질 몰)
(158) 出入(날 출/들 입)
(159) 取捨(가질 취/버릴 사)
(160) 表裏(겉 표/속 리)

161~170 2급 배정 한자로 이루어진 반의어 · 상대어

(161) 豊 ↔ □ : 풍년과 흉년을 아울러 이르는 말.
(162) 彼 ↔ □ : 그와 나 또는 저편과 이편을 아울러 이르는 말.
(163) 彼 ↔ □ : 저것과 이것을 아울러 이르는 말.
(164) 寒 ↔ □ : 추움과 따뜻함을 아울러 이르는 말.
(165) 寒 ↔ □ : 추위와 더위를 아울러 이르는 말.
(166) □ ↔ 實 : 허함과 실함.
(167) 賢 ↔ □ : 현명함과 어리석음.
(168) 兄 ↔ □ : 형과 아우를 아울러 이르는 말.
(169) □ ↔ 惡 : 좋음과 싫음.
(170) □ ↔ 福 : 재화(災禍)와 복록(福祿)을 아울러 이르는 말.

정답

(161) 豊凶(풍성할 풍/흉할 흉)
(162) 彼我(저 피/나 아)
(163) 彼此(저 피/이 차)
(164) 寒暖(찰 한/따뜻할 난)
(165) 寒暑(찰 한/더울 서)
(166) 虛實(빌 허/열매 실)
(167) 賢愚(어질 현/어리석을 우)
(168) 兄弟(맏 형/아우 제)
(169) 好惡(좋을 호/미워할 오)
(170) 禍福(재앙 화/복 복)

171~175 2급 배정 한자로 이루어진 반의어 · 상대어

(171) 厚 ↔ □ : 두꺼움과 얇음.

(172) □ ↔ 白 : 검은색과 흰색을 아울러 이르는 말.

(173) □ ↔ 亡 : 잘 되어 일어남과 못 되어 없어짐.

(174) 喜 ↔ □ : 기쁨과 노여움을 아울러 이르는 말.

(175) 喜 ↔ □ : 기쁨과 슬픔을 아울러 이르는 말.

정답

(171) 厚薄(두터울 후/엷을 박)

(172) 黑白(검을 흑/흰 백)

(173) 興亡(흥할 흥/망할 망)

(174) 喜怒(기쁠 희/성낼 노)

(175) 喜悲(기쁠 희/슬플 비)

176 1급 고유 한자로 이루어진 반의어 · 상대어

(176) 凹 ↔ □ : 오목함과 볼록함.

정답

(176) 凹凸(오목할 요/볼록할 철)

반의어 · 상대어 Ⅱ

실전 유형

✽ 다음 漢字語의 반대 또는 상대되는 漢字語를 漢字로 쓰시오.

(1) 精管　卵管

(2) 紅顔　白髮

다음 □□ 안에 알맞은 漢字語를 쓰시오.(1~123)

1~5　2급 배정 한자 ↔ 2급 배정 한자

(1) □□ : 이유나 근거가 없음. 또는 사실이 아니고 거짓이나 상상으로 꾸며 냄.
↔ 實際 : 사실의 경우나 형편.

(2) 加熱 : 어떤 물질에 열을 가함.
↔ □□ : 식어서 차게 됨. 또는 그렇게 함.

(3) □□ : 행정법에서, 국가 기관에 대한 행정상 신청을 물리치는 처분.
↔ 受理 : 서류를 받아서 처리함.

(4) □□ : 직접 관계가 없는 남의 일에 부당하게 참견함.
↔ 放任 : 돌보거나 간섭하지 않고 제멋대로 내버려 둠.

(5) □□ : 굳세게 버티어 굽히지 않음.
↔ 柔和 : 성질이 부드럽고 온화함.

정답

(1) 架空(가공) ↔ 실제
(2) 가열 ↔ 冷却(냉각)
(3) 却下(각하) ↔ 수리
(4) 干涉(간섭) ↔ 방임
(5) 強硬(강경) ↔ 유화

6~10　2급 배정 한자 ↔ 2급 배정 한자

(6) 開放 : 문이나 어떠한 공간 따위를 열어 자유롭게 드나들고 이용하게 함.
↔ □□ : 문 따위를 닫아걸거나 막아 버림.

(7) 巨大 : 엄청나게 큼.
↔ □□ : 아주 작음.

(8) 拒絕 : 상대편의 요구, 제안, 선물, 부탁 따위를 받아들이지 않고 물리침.
↔ □□ : 청하는 바를 들어 줌.

(9) 建設 : 건물, 설비, 시설 따위를 새로 만들어 세움.
↔ □□ : 때려 부수거나 깨뜨려 헐어 버림.

(10) □□ : 말라서 습기가 없음.
↔ 濕潤 : 습기를 띠고 있음. 습기가 많음.

정답

(6) 개방 ↔ 閉鎖(폐쇄)
(7) 거대 ↔ 微小(미소)
(8) 거절 ↔ 承諾(승낙)
(9) 건설 ↔ 破壞(파괴)
(10) 乾燥(건조) ↔ 습윤

11~15 2급 배정 한자 ↔ 2급 배정 한자

(11) 傑作 : 매우 훌륭한 작품.
↔ □□ : 솜씨가 서투르고 보잘것없는 작품.
(12) 儉約 : 돈이나 물건, 자원 따위를 낭비하지 않고 아껴 씀.
↔ □□ : 시간이나 재물 따위를 헛되이 헤프게 씀.
(13) □□ : 깔보아 업신여김.
↔ 尊敬 : 남의 인격, 사상, 행위 따위를 받들어 공경함.
(14) □□ : 말이나 행동이 조심성 없이 가벼움.
↔ 愼重 : 매우 조심스러움.
(15) □□ : 인품이나 학문 · 취미 따위가 정도가 높으며 품위가 있음.
↔ 低俗 : 품위가 낮고 속됨.

정답

(11) 걸작 ↔ 拙作(졸작)
(12) 검약 ↔ 浪費(낭비)
(13) 輕蔑(경멸) ↔ 존경
(14) 輕率(경솔) ↔ 신중
(15) 高尙(고상) ↔ 저속

16~20 2급 배정 한자 ↔ 2급 배정 한자

(16) 高雅 : 고상하고 우아함.
↔ □□ : 격이 낮고 속됨. 또는 그런 풍속.
(17) 固執 : 자기의 의견을 바꾸거나 고치지 않고 굳게 버팀. 또는 그렇게 버티는 성미.
↔ □□ : 어떤 일을 서로 양보하여 협의함.
(18) □□ : 요구나 필요에 따라 물품 따위를 제공함.
↔ 需要 : 어떤 재화나 용역을 일정한 가격으로 사려고 하는 욕구.
(19) 過激 : (말이나 행동이) 지나치게 격렬함.
↔ □□ : 생각이나 행동 따위가 사리에 맞고 건실함.
(20) □□ : 행동이나 의사의 자유를 제한하거나 속박함.
↔ 釋放 : 법에 의하여 구속하였던 사람을 풀어 자유롭게 하는 일.

정답

(16) 고아 ↔ 卑俗(비속)
(17) 고집 ↔ 妥協(타협)
(18) 供給(공급) ↔ 수요
(19) 과격 ↔ 穩健(온건)
(20) 拘束(구속) ↔ 석방

21~25 2급 배정 한자 ↔ 2급 배정 한자

(21) 具體 : 사물이 직접 경험하거나 지각할 수 있도록 일정한 형태와 성질을 갖춤.
↔ □□ : 여러 가지 사물이나 개념에서 공통성을 추출하여 파악하는 작용.
(22) 屈服 : 힘이 모자라서 복종함.
↔ □□ : 어떤 힘이나 조건에 굽히지 아니하고 거역하거나 버팀.
(23) □□ : 남에게 억눌리어 업신여김을 받음.
↔ 雪辱 : 부끄러움을 씻음.
(24) □□ : 얼마 되지 않을 만큼 아주 적음.
↔ 過多 : 너무 많음.
(25) 急性 : 병 따위의 증세가 갑자기 나타나고 빠르게 진행되는 성질.
↔ □□ : 병이 급하거나 심하지도 아니하면서 쉽게 낫지도 아니하는 성질.

정답

(21) 구체 ↔ 抽象(추상)
(22) 굴복 ↔ 抵抗(저항)
(23) 屈辱(굴욕) ↔ 설욕
(24) 僅少(근소) ↔ 과다
(25) 급성 ↔ 慢性(만성)

26~30 2급 배정 한자 ↔ 2급 배정 한자

(26) 急行 : 급히 감.
↔ □□ : 느리게 감.
(27) □□ : 그러하다고 생각하여 옳다고 인정함.
↔ 否定 : 그렇지 아니하다고 단정하거나 옳지 아니하다고 반대함.
(28) □□ : 이미 결정함.
↔ 未決 : 아직 결정하거나 해결하지 아니함.
(29) □□ : 유달리 재치 있고 뛰어남. 엉뚱하고 이상할 정도로 빼어남.
↔ 平凡 : 뛰어나거나 색다른 점이 없이 예사로움.
(30) □□ : 굶주림.
↔ 飽食 : 배부르게 먹음.

정답
(26) 급행 ↔ 緩行(완행)
(27) 肯定(긍정) ↔ 부정
(28) 旣決(기결) ↔ 미결
(29) 奇拔(기발) ↔ 평범
(30) 飢餓(기아) ↔ 포식

31~35 2급 배정 한자 ↔ 2급 배정 한자

(31) □□ : 관계가 서로 밀접함.
↔ 疏遠 : 지내는 사이가 두텁지 아니하고 거리가 있어서 서먹서먹함.
(32) 樂天 : 세상과 인생을 즐겁고 좋은 것으로 여김.
↔ □□ : 세상을 괴롭고 귀찮은 것으로 여겨 비관함.
(33) □□ : 책의 내용이나 수준 등을 가리지 않고 닥치는 대로 마구 읽음. 난독(亂讀).
↔ 精讀 : 뜻을 새겨 가며 자세히 읽음.
(34) □□ : 일정한 기준이나 한도를 넘어서 함부로 씀.
↔ 節約 : 함부로 쓰지 아니하고 꼭 필요한 데에만 써서 아낌.
(35) 朗讀 : 글을 소리 내어 읽음.
↔ □□ : 소리를 내지 않고 속으로 글을 읽음.

정답
(31) 緊密(긴밀) ↔ 소원
(32) 낙천 ↔ 厭世(염세)
(33) 濫讀(남독) ↔ 정독
(34) 濫用(남용) ↔ 절약
(35) 낭독 ↔ 默讀(묵독)

36~40 2급 배정 한자 ↔ 2급 배정 한자

(36) 老鍊 : 어떤 일에 대해 오랫동안 경험을 쌓아 익숙하고 능란함.
↔ □□ : 일에 아직 익숙하지 못하여 서투름.
(37) □□ : 맛 · 빛깔 · 성분 따위가 매우 짙음.
↔ 稀薄 : (기체나 액체 따위의 밀도가) 묽거나 엷음.
(38) 能動 : 스스로 내켜서 움직이거나 작용함.
↔ □□ : 남의 힘에 의하여 움직이는 일.
(39) 都心 : 도시의 중심부.
↔ □□ : 도시의 주변 지역.
(40) 獨創 : 다른 것을 모방함이 없이 새로운 것을 처음으로 만들어 내거나 생각해 냄.
↔ □□ : 다른 것을 본뜨거나 본받음.

정답
(36) 노련 ↔ 未熟(미숙)
(37) 濃厚(농후) ↔ 희박
(38) 능동 ↔ 被動(피동)
(39) 도심 ↔ 郊外(교외)
(40) 독창 ↔ 模倣(모방)

41~45 2급 배정 한자 ↔ 2급 배정 한자

(41) □□ : 교통이나 통신 따위가 막히거나 끊어짐. 또는 그렇게 함.
↔ 不絕 : 끊이지 아니하고 계속됨.
(42) □□ : 아득함. 똑똑하지 못하고 어렴풋함.
↔ 確然 : 확실한 데가 있음.
(43) □□ : 어떤 사실을 잊어버림.
↔ 記憶 : 이전의 인상이나 경험을 의식 속에 간직하거나 도로 생각해 냄.
(44) 埋沒 : 보이지 아니하게 파묻거나 파묻힘.
↔ □□ : 땅 속이나 큰 덩치의 흙, 돌 더미 따위에 묻혀 있는 것을 찾아서 파냄.
(45) □□ : 망하여 없어짐.
↔ 興起 : 떨치고 일어남.

정답

(41) 杜絕(두절) ↔ 부절
(42) 漠然(막연) ↔ 확연
(43) 忘却(망각) ↔ 기억
(44) 매몰 ↔ 發掘(발굴)
(45) 滅亡(멸망) ↔ 흥기

46~50 2급 배정 한자 ↔ 2급 배정 한자

(46) 名譽 : 세상에서 훌륭하다고 인정되는 이름이나 자랑. 또는 그런 존엄이나 품위.
↔ □□ : 수치와 모욕을 아울러 이르는 말.
(47) □□ : 지위가 낮은 관리. 소관(小官).
↔ 顯官 : 높은 벼슬. 또는 그런 자리.
(48) □□ : 감각이 예민함.
↔ 鈍感 : 무딘 감정이나 감각.
(49) 敏速 : 날쌔고 빠름.
↔ □□ : 굼뜨고 미련함.
(50) 密接 : 아주 가깝게 맞닿아 있음. 또는 그런 관계에 있음.
↔ □□ : 지내는 사이가 두텁지 아니하고 거리가 있어서 서먹서먹함.

정답

(46) 명예 ↔ 恥辱(치욕)
(47) 微官(미관) ↔ 현관
(48) 敏感(민감) ↔ 둔감
(49) 민속 ↔ 遲鈍(지둔)
(50) 밀접 ↔ 疏遠(소원)

51~55 2급 배정 한자 ↔ 2급 배정 한자

(51) 反目 : 서로서로 시기하고 미워함.
↔ □□ : 서로 뜻이 맞고 정다움.
(52) 白髮 : 하얗게 센 머리털.
↔ □□ : 붉은 얼굴이라는 뜻으로, 젊어서 혈색이 좋은 얼굴을 이르는 말.
(53) □□ : 번성하고 영화롭게 됨.
↔ 衰退 : 기세나 상태가 쇠하여 전보다 못하여 감.
(54) □□ : 평범한 사람.
↔ 超人 : 보통 사람으로는 생각할 수 없을 만큼 뛰어난 능력을 가진 사람.
(55) □□ : 본관 외에 따로 지은 건물.
↔ 本館 : 주가 되는 기관이나 건물을 별관(別館)이나 분관(分館)에 상대하여 이르는 말.

정답

(51) 반목 ↔ 和睦(화목)
(52) 백발 ↔ 紅顔(홍안)
(53) 繁榮(번영) ↔ 쇠퇴
(54) 凡人(범인) ↔ 초인
(55) 別館(별관) ↔ 본관

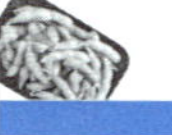

56~60 2급 배정 한자 ↔ 2급 배정 한자

(56) □□ : 모든 것에 공통되거나 들어맞음. 또는 그런 것.
↔ 特殊 : 어떤 종류 전체에 걸치지 아니하고 부분에 한정됨, 또는 그런 것.
(57) 富貴 : 재산이 많고 지위가 높음.
↔ □□ : 가난하고 천함.
(58) □□ : 이해하기 쉽도록 설명을 덧붙여 자세히 말함.
↔ 省略 : 전체에서 일부를 줄이거나 뺌.
(59) □□ : 재물이 넉넉함.
↔ 貧困 : 가난하여 살기가 어려움.
(60) 分析 : 얽혀 있거나 복잡한 것을 풀어서 개별적인 요소나 성질로 나눔.
↔ □□ : 여러 가지를 한데 모아서 합함.

정답

(56) 普遍(보편) ↔ 특수
(57) 부귀 ↔ 貧賤(빈천)
(58) 敷衍(부연) ↔ 생략
(59) 富裕(부유) ↔ 빈곤
(60) 분석 ↔ 綜合(종합)

61~65 2급 배정 한자 ↔ 2급 배정 한자

(61) □□ : 말썽을 일으키어 시끄럽고 복잡하게 다툼.
↔ 和解 : 싸움하던 것을 멈추고 서로 가지고 있던 안 좋은 감정을 풀어 없앰.
(62) □□ : 평범하지 않음. 보통 수준보다 훨씬 뛰어남.
↔ 平凡 : 뛰어나거나 색다른 점이 없이 보통임.
(63) □□ : 슬퍼하고 서러워함. 또는 그런 것.
↔ 歡喜 : 매우 기뻐함. 또는 큰 기쁨.
(64) □□ : 낮추어 보거나 얕보아 하는 말.
↔ 敬語 : 상대를 공경하는 뜻의 말.
(65) 削減 : 깎아서 줄임.
↔ □□ : 이미 있는 것에 덧붙이거나 보탬.

정답

(61) 紛爭(분쟁) ↔ 화해
(62) 非凡(비범) ↔ 평범
(63) 悲哀(비애) ↔ 환희
(64) 卑語(비어) ↔ 경어
(65) 삭감 ↔ 添加(첨가)

66~70 2급 배정 한자 ↔ 2급 배정 한자

(66) 散文 : 율격과 같은 외형적 규범에 얽매이지 않고 자유로운 문장으로 쓴 글.
↔ □□ : 언어의 배열에 일정한 규율 또는 운율이 있는 글.
(67) □□ : 자세하게 설명하여 말함.
↔ 略述 : 간략하게 논술함. 또는 그런 논술.
(68) □□ : 낮은 데서 위로 올라감.
↔ 下降 : 높은 곳에서 아래로 향하여 내려옴.
(69) 喪失 : 어떤 것이 아주 없어지거나 사라짐.
↔ □□ : 얻어 내거나 얻어 가짐.
(70) 成熟 : 경험이나 습관을 쌓아 익숙해짐.
↔ □□ : 익숙하지 아니하여 서투름.

정답

(66) 산문 ↔ 韻文(운문)
(67) 詳述(상술) ↔ 약술
(68) 上昇(상승) ↔ 하강
(69) 상실 ↔ 獲得(획득)
(70) 성숙 ↔ 未熟(미숙)

71~75 2급 배정 한자 ↔ 2급 배정 한자

(71) □□ : 시끄럽고 어수선함.
↔ 靜肅 : 조용하고 엄숙함.
(72) □□ : 지내는 사이가 두텁지 아니하고 거리가 있어서 서먹서먹함.
↔ 親近 : 사귀어 지내는 사이가 매우 가까움.
(73) 淑女 : 교양과 예의와 품격을 갖춘 현숙한 여자.
↔ □□ : 사람됨이나 몸가짐이 점잖고 교양이 있으며 예의 바른 남자.
(74) 愛好 : 사랑하고 좋아함.
↔ □□ : 싫어하고 미워함.
(75) □□ : 활용어가 활용할 때에 변하지 않는 부분.
↔ 語尾 : 용언 및 서술격 조사가 활용하여 변하는 부분.

정답

(71) 騷亂(소란) ↔ 정숙
(72) 疎遠(소원) ↔ 친근
(73) 숙녀 ↔ 紳士(신사)
(74) 애호 ↔ 嫌惡(혐오)
(75) 語幹(어간) ↔ 어미

76~80 2급 배정 한자 ↔ 2급 배정 한자

(76) 榮轉 : 전보다 더 좋은 자리나 직위로 옮김.
↔ □□ : 낮은 관직이나 지위로 떨어지거나 외직으로 전근됨을 이르는 말.
(77) □□ : 육체에 깃들어 마음의 작용을 맡고 생명을 부여한다고 여겨지는 비물질적 실체.
↔ 肉體 : 구체적인 물체로서 사람의 몸.
(78) □□ : 아무런 인과 관계가 없이 뜻하지 아니하게 일어난 일.
↔ 必然 : 사물의 관련이나 일의 결과가 반드시 그렇게 됨.
(79) □□ : 근심스럽거나 답답하여 활기가 없음.
↔ 明朗 : 유쾌하고 활발함.
(80) 優越 : 다른 것보다 나음.
↔ □□ : 보통의 수준이나 등급보다 낮음. 또는 그런 등급.

정답

(76) 영전 ↔ 左遷(좌천)
(77) 靈魂(영혼) ↔ 육체
(78) 偶然(우연) ↔ 필연
(79) 憂鬱(우울) ↔ 명랑
(80) 우월 ↔ 劣等(열등)

81~85 2급 배정 한자 ↔ 2급 배정 한자

(81) 原告 : 법원에 민사 소송을 제기한 사람.
↔ □□ : 민사 소송에서, 소송을 당한 측의 당사자.
(82) □□ : 조금씩 앞으로 나아감.
↔ 急進 : 서둘러 급히 나아감.
(83) 定着 : 일정한 곳에 자리잡아 삶.
↔ □□ : 정처 없이 돌아다님.
(84) □□ : 조상(弔喪)하러 온 사람.
↔ 賀客 : 축하하는 손님.
(85) 直系 : 혈연이 친자 관계에 의하여 직접적으로 이어져 있는 계통.
↔ □□ : 직접적이고 주(主)된 계통에서 갈라져 나가거나 벗어나 있는 관련 계통.

정답

(81) 원고 ↔ 被告(피고)
(82) 漸進(점진) ↔ 급진
(83) 정착 ↔ 漂流(표류)
(84) 弔客(조객) ↔ 하객
(85) 직계 ↔ 傍系(방계)

86~90 2급 배정 한자 ↔ 2급 배정 한자

(86) 眞實 : 거짓이 없이 참되고 바름.
↔ □□ : 진실이 아닌 것을 진실인 것처럼 꾸민 것.
(87) □□ : (면모가 바뀌거나 처음으로 이루어져) 전혀 새로움.
↔ 陳腐 : 케케묵고 낡음.
(88) 創造 : 전에 없던 것을 처음으로 만듦.
↔ □□ : 다른 것을 본뜨거나 본받음.
(89) 淺學 : 학식이 얕음. 또는 그런 사람.
↔ □□ : 학식이 많고 깊은 사람.
(90) 聰明 : 보거나 들은 것을 오래 기억하는 힘이 있음.
↔ □□ : 어리석고 둔함.

정답

(86) 진실 ↔ 虛僞(허위)
(87) 斬新(참신) ↔ 진부
(88) 창조 ↔ 模倣(모방)
(89) 천학 ↔ 碩學(석학)
(90) 총명 ↔ 愚鈍(우둔)

91~95 2급 배정 한자 ↔ 2급 배정 한자

(91) 縮小 : 모양이나 규모 따위를 줄여서 작게 함.
↔ □□ : 모양이나 규모 따위를 더 크게 함.
(92) 快勝 : 시원스럽고 통쾌하게 이김. 또는 그런 승리.
↔ □□ : 참혹할 만큼 크게 패배하거나 실패함. 또는 그런 패배나 실패.
(93) □□ : 발음할 때, 목청이 떨려 울리는 소리. 유성음.
↔ 淸音 : 성대(聲帶)를 진동시키지 않고 내는 소리. 무성음.
(94) 脫色 : 섬유 제품 따위에 들어 있는 색깔을 뺌.
↔ □□ : 염료를 사용하여 실이나 천 따위에 물을 들임. 또는 그런 일.
(95) 投手 : 야구에서, 상대편의 타자가 칠 공을 포수를 향하여 던지는 선수.
↔ □□ : 야구에서, 본루를 지키며 투수가 던지는 공을 받는 선수.

정답

(91) 축소 ↔ 擴大(확대)
(92) 쾌승 ↔ 慘敗(참패)
(93) 濁音(탁음) ↔ 청음
(94) 탈색 ↔ 染色(염색)
(95) 투수 ↔ 捕手(포수)

96~100 2급 배정 한자 ↔ 2급 배정 한자

(96) □□ : 막을 내린다는 뜻으로, 연극 · 음악회나 행사 따위가 끝남. 또는 그것을 끝냄.
↔ 開幕 : 막을 열거나 올린다는 뜻으로, 연극이나 음악회, 행사 따위를 시작함.
(97) 暴露 : 알려지지 않았거나 감춰져 있던 사실을 드러냄.
↔ □□ : 덮어 감추거나 가리어 숨김.
(98) 合理 : 이론이나 이치에 합당함.
↔ □□ : 어떤 사실의 앞뒤, 또는 두 사실이 이치상 어긋나서 서로 맞지 않음.
(99) 許多 : 매우 많음. 수두룩함.
↔ □□ : 드물어서 매우 진귀함.
(100) 興奮 : 어떤 자극을 받아 감정이 북받쳐 일어남. 또는 그 감정.
↔ □□ : 몹시 소란스럽고 어지러운 일을 가라앉힘.

정답

(96) 閉幕(폐막) ↔ 개막
(97) 폭로 ↔ 隱蔽(은폐)
(98) 합리 ↔ 矛盾(모순)
(99) 허다 ↔ 稀貴(희귀)
(100) 흥분 ↔ 鎭靜(진정)

101~105 2급 배정 한자 ↔ 1급 배정 한자

(101) □□ : 개별적 사실이나 원리로부터 보편적인 명제 및 법칙을 유도해 내는 일.
↔ 演繹 : 일반적인 사실이나 원리를 전제로 개별적인 사실이나 원리를 이끌어 내는 추리.
(102) □□ : 부지런히 일하며 힘씀.
↔ 懶怠 : 행동, 성격 따위가 느리고 게으름.
(103) □□ : 마음을 조이고 정신을 바짝 차림.
↔ 弛緩 : 바짝 조였던 정신이 풀려 늦추어짐.
(104) □□ : 아주 정교하고 치밀하여 빈틈이 없고 자세함.
↔ 粗雜 : 생각이나 일 등이 거칠고 엉성함.
(105) □□ : 적극적으로 나아가서 일을 이룩함.
↔ 退嬰 : 활기나 진취적 기상이 없게 됨.

정답
(101) 歸納(귀납) ↔ 연역
(102) 勤勉(근면) ↔ 나태
(103) 緊張(긴장) ↔ 이완
(104) 精密(정밀) ↔ 조잡
(105) 進取(진취) ↔ 퇴영

106~110 1급 배정 한자 ↔ 2급 배정 한자

(106) 間歇 : 얼마 동안의 시간 간격을 두고 되풀이하여 일어났다 쉬었다 함.
↔ □□ : 혈통, 역사, 산맥 따위가 끊어지지 않고 계속 잇닿아 있음. 연면(連綿).
(107) 缺乏 : 있어야 할 것이 없어지거나 모자람.
↔ □□ : 넉넉하고 많음.
(108) 謙遜 : 남을 존중하고 자기를 내세우지 않는 태도가 있음.
↔ □□ : 태도나 행동이 건방지거나 거만함. 또는 그 태도나 행동.
(109) 懦弱 : 의지가 굳세지 못함.
↔ □□ : 강하고 용맹함.
(110) 訥辯 : 더듬거리는 서툰 말솜씨.
↔ □□ : 말을 능숙하게 잘함. 또는 그 말.

정답
(106) 간헐 ↔ 綿延(면연)
(107) 결핍 ↔ 豊富(풍부)
(108) 겸손 ↔ 傲慢(오만)
(109) 나약 ↔ 強勇(강용)
(110) 눌변 ↔ 能辯(능변)

111~115 1급 배정 한자 ↔ 2급 배정 한자

(111) 淩蔑 : 업신여기어 깔봄.
↔ □□ : 공경하여 우러러 봄.
(112) 唐惶 : 놀라거나 다급하여 어찌할 바를 모름.
↔ □□ : 행동이 들뜨지 아니하고 차분함.
(113) 跋文 : 책의 끝에 본문 내용이나 간행 경위에 관한 사항을 간략하게 적은 글.
↔ □□ : 책이나 논문 따위의 첫머리에 내용이나 목적 등을 간략하게 적은 글. 머리말.
(114) 卑怯 : 겁이 많음. 하는 짓이 버젓하지 못하고 야비함.
↔ □□ : 씩씩하고 겁이 없으며 기운참.
(115) 奢侈 : 필요 이상의 돈이나 물건을 쓰거나 분수에 지나친 생활을 함.
↔ □□ : 돈이나 물건, 자원 따위를 낭비하지 않고 아껴 씀.

정답
(111) 능멸 ↔ 崇仰(숭앙)
(112) 당황 ↔ 沈着(침착)
(113) 발문 ↔ 序文(서문)
(114) 비겁 ↔ 勇敢(용감)
(115) 사치 ↔ 儉約(검약)

116~120 1급 배정 한자 ↔ 2급 배정 한자

(116) 相剋 : 둘 사이에 마음이 서로 맞지 아니하여 항상 충돌함.
↔ □□ : 음양오행설에서, 金-水, 水-木, 木-火, 火-土, 土-金이 조화를 이룬다는 말.

(117) 純粹 : 전혀 다른 것이 섞이지 아니함.
↔ □□ : 물질 따위가 순수하지 아니함.

(118) 順坦 : 성질이 까다롭지 않음. 길이 험하지 않고 평탄함. 탈이 없이 순조로움.
↔ □□ : 위험하고 어려움. 위태롭고 고생스러움.

(119) 永劫 : 영원한 세월.
↔ □□ : 어떤 일이나 사물 현상이 일어나는 바로 그 때.

(120) 愚昧 : 어리석고 사리에 어두움.
↔ □□ : 어질고 슬기로워 사리에 밝음.

정답

(116) 상극 ↔ 相生(상생)
(117) 순수 ↔ 不純(불순)
(118) 순탄 ↔ 險難(험난)
(119) 영겁 ↔ 刹那(찰나)
(120) 우매 ↔ 賢明(현명)

121~123 1급 배정 한자 ↔ 2급 배정 한자

(121) □□ : 키가 작고 원줄기가 분명하지 않으며 밑동에서 가지를 많이 치는 나무.
↔ 喬木 : 줄기가 곧고 굵으며 높이가 8미터를 넘는 나무.

(122) □□ : (표정이나 행동이) 밝고 활기가 있음.
↔ 萎縮 : 어떤 힘에 눌려 졸아들고 기를 펴지 못함.

(123) □□ : 희미하여 분명하지 못함.
↔ 明瞭 : 분명하고 똑똑함.

정답

(121) 灌木(관목) ↔ 교목
(122) 潑剌(발랄) ↔ 위축
(123) 曖昧(애매) ↔ 명료

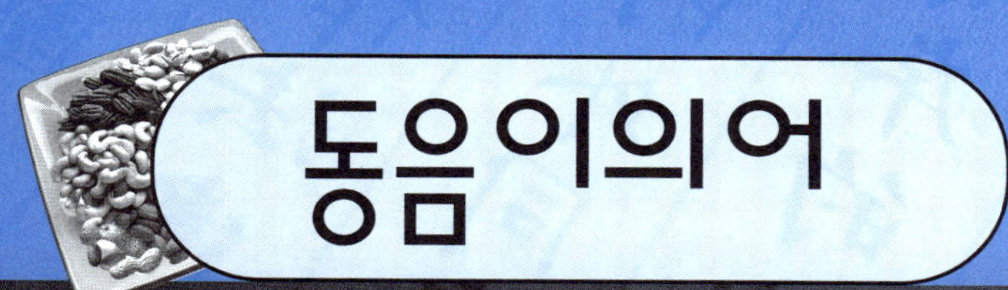

동음이의어

실전 유형

※ 다음 漢字의 同音異義語를 □□ 안에 쓰시오.

(1) 思料(사료) - □□ : 가축에게 주는 먹이. 飼料
(2) 雇用(고용) - □□ : 삯을 받고 남의 일을 함. 雇傭
(3) 日蝕(일식) - □□ : 일본식 음식을 파는 식당. 日食

다음 □ 안에 알맞은 漢字를 쓰시오. (1～97)

1～9

(1) □□ : 반갑고 귀한 손님.
歌客 : 창을 잘하는 사람.

(2) 感謝 : 고마움.
□□ : 감독하고 검사함.

(3) □□ : 좋은 방향으로 고침.
改選 : 새로 선출함.

(4) 巨富 : 아주 큰 부자.
□□ : 승낙하지 않음.

(5) 經費 : 일을 하는 데 드는 비용.
□□ : 만일에 대비하여 경계하고 지킴.

(6) 慶事 : 매우 즐겁고 기쁜 일.
□□ : 비스듬히 기울어짐.

(7) □□ : 옛 시대.
高大 : 높고 큼.

(8) □□ : 널리 공개하여 모집함.
共謀 : 두사람이상이 범죄 실행을 모의함.

(9) □□ : 기이한 사람.
□□ : 굶주린 사람.
起因 : 일을 일으키는 원인.
棄人 : 쓸모 없는 사람.

정답

(1) 佳客(가객)
(2) 監査(감사)
(3) 改善(개선)
(4) 拒否(거부)
(5) 警備(경비)
(6) 傾斜(경사)
(7) 古代(고대)
(8) 公募(공모)
(9) 奇人, 飢人(기인)

10～17

(10) 家計 : 한 집안의 살림살이나 형편.
□□ : 대대로 이어 온 한 집안의 계통.
家鷄 : 집에서 기르는 닭.

(11) 校庭 : 학교의 운동장.
□□ : 좋지 않은 것을 바로잡음.

(12) 國君 : 나라의 임금.
□□ : 나라의 군대.

(13) 汲水 : 물을 끌어 올리는 일.
□□ : 우열에 따라 매기는 등급.

(14) □□ : 나이 많은 병사.
老病 : 늙고 쇠약해지면서 생기는 병.

(15) 短信 : 짤막하게 쓴 편지.
短身 : 키가 작은 몸.
□□ : 혼자의 몸.

(16) 斷情 : 정을 끊음.
□□ : 깔끔하고 가지런함.
端正 : 몸가짐이 얌전하고 깔끔함.

(17) □□ : 예로써 남을 대함.
大雨 : 큰 비.
□□ : 큰 근심.

정답

(10) 家系(가계)
(11) 矯正(교정)
(12) 國軍(국군)
(13) 級數(급수)
(14) 老兵(노병)
(15) 單身(단신)
(16) 端整(단정)
(17) 待遇, 大憂(대우)

18~23

(18) 弄談 : 실없이 하는 우스갯소리.
□□ : 짙음과 옅음.

(19) 同期 : 같은 시기.
□□ : 겨울철.
同氣 : 형제, 자매를 통틀어 이르는 말.
□□ : 구리로 만든 그릇.

(20) □□ : 동창.
□□ : 동쪽 문.
洞門 : 동굴 입구.
同文 : 글이나 글자가 같음.

(21) □□ : 24절기의 하나.
同志 : 뜻이 서로 같음. 또는 그런 사람.

(22) □□ : 매우 잘 지은 글.
名聞 : 세상에 나 있는 좋은 소문.
名門 : 문벌이 좋은 집안.
□□ : 글로 명백히 기록된 문구.

(23) 模寫 : 흉내 내어 그대로 나타냄.
□□ : 일을 꾀함.
謀士 : 일을 꾀하는 사람.
□□ : 털실.

정답

(18) 濃淡(농담)
(19) 冬期, 銅器(동기)
(20) 同門, 東門(동문)
(21) 冬至(동지)
(22) 名文, 明文(명문)
(23) 謀事, 毛絲(모사)

24~30

(24) □□ : 쉽게 고쳐지지 않는 상태나 성질.
晩成 : 늦게 이루어짐.

(25) □□ : 전쟁에 사용되는 기구.
武技 : 무도에 관한 재주. 무예.
無期 : 기한이 없음.
□□ : 생명이나 활력을 지니고 있지 않음.

(26) 房門 : 방으로 출입하는 문.
□□ : 남을 찾아봄.

(27) □□ : 평범한 사람.
犯人 : 죄를 저지른 사람.

(28) 報道 : 새 소식을 널리 알림.
步道 : 사람이 다니는 길.
□□ : 보배로운 칼.
保導 : 보살피며 지도함.

(29) 保守 : 보전하여 지킴.
□□ : 부서진 곳을 손질하여 고침.
報酬 : 노력의 대가로 주는 돈.

(30) □□ : 시인하지 않음.
夫人 : 남의 아내를 높여 이르는 말.
婦人 : 결혼한 여자.

정답

(24) 慢性(만성)
(25) 武器, 無機(무기)
(26) 訪問(방문)
(27) 凡人(범인)
(28) 寶刀(보도)
(29) 補修(보수)
(30) 否認(부인)

31~36

(31) 富商 : 자본이 넉넉한 상인.
□□ : 몸에 상처를 입음.
□□ : 물 위로 떠오름.
副賞 : 상장 이외의 상품이나 상금.

(32) 夫子 : 덕행이 높은 사람.
□□ : 재물이 많아 살림이 넉넉한 사람.
父子 : 아버지와 아들.

(33) 否定 : 그렇지 않다고 함.
不定 : 일정하지 않음.
不正 : 바르지 않음.
□□ : 부부가 서로의 정조를 지키지 않음.
□□ : 깨끗하지 않음.

(34) 非行 : 도리에 어긋난 행위.
□□ : 하늘을 날아다님.

(35) 事故 : 뜻밖에 일어난 불행한 일.
思考 : 생각하고 궁리함.
□□ : 국가의 중요한 서적을 보관하던 서고.

(36) 師恩 : 스승의 은혜.
私恩 : 사사로이 입은 은혜.
□□ : 입은 은혜에 감사히 여겨 사례함.

정답

(31) 負傷, 浮上(부상)
(32) 富者(부자)
(33) 不貞, 不淨(부정)
(34) 飛行(비행)
(35) 史庫(사고)
(36) 謝恩(사은)

37~41

(37) 士氣 : 씩씩한 기개.
史記 : 역사적 사실을 기록한 책.
□□ : 사기그릇.
事記 : 사건의 내용을 적은 기록.
□□ : 나쁜 목적으로 남을 속임.

(38) 社長 : 회사의 대표.
□□ : 쓰거나 활용하지 않고 썩혀 둠.
□□ : 모래밭.
私藏 : 개인이 간직함.

(39) 事情 : 일의 형편이나 까닭.
□□ : 그릇된 일을 다스려 바로잡음.
査正 : 조사하여 그릇된 것을 바로잡음.
私情 : 개인의 사사로운 정.
□□ : 그릇됨과 올바름.

(40) 商街 : 상점이 죽 늘어서 있는 거리.
□□ : 초상집.
桑稼 : 누에치기와 농사짓는 일.

(41) 上品 : 높은 품격, 질 좋은 물품.
商品 : 사고파는 물품.
□□ : 상으로 주는 물품.

정답

(37) 沙器, 詐欺(사기)
(38) 死藏, 沙場(사장)
(39) 司正, 邪正(사정)
(40) 喪家(상가)
(41) 賞品(상품)

42~46

(42) 先手 : 먼저 수를 쓰는 일.
□□ : 운동 경기 등에서 대표로 뽑힌 사람.
善手 : 솜씨가 남보다 뛰어난 사람.
船首 : 뱃머리.

(43) 成家 : 결혼하여 한 가정을 이룸.
□□ : 성스러운 노래.
聖駕 : 임금의 수레를 높여 이르는 말.

(44) 成典 : 정해진 법칙이나 의식.
聖典 : 성인의 언행을 기록한 책. 성경.
□□ : 신성한 전당. 교회.
聖戰 : 거룩한 사명을 띤 전쟁.

(45) 小腸 : 음식을 소화하는 장의 한 부분.
少壯 : 젊고 기운이 왕성함.
少長 : 젊은이와 늙은이.
少將 : 중장 아래 군인 계급.
所長 : 所자가 붙은 기관의 책임자.
□□ : 자기 것으로 지녀 간직함.
□□ : 소송 제기를 위한 문서.

(46) □□ : 시험 삼아 꾀하여 봄.
市道 : 행정 단위.

정답

(42) 選手(선수)
(43) 聖歌(성가)
(44) 聖殿(성전)
(45) 所藏, 訴狀(소장)
(46) 試圖(시도)

47~52

(47) 水道 : 상수도(上水道)의 준말.
首都 : 나라의 중앙 정부가 있는 도시.
□□ : 도를 닦음.

(48) 水上 : 물 위.
受傷 : 상처를 입음.
手相 : 손금
□□ : 내각의 우두머리.
□□ : 보통과 달리 이상함.

(49) 市廳 : 시의 행정을 보는 청사.
□□ : 눈으로 보고 귀로 들음.
試聽 : 시험 삼아 들어봄.

(50) 信否 : 믿는 일과 못 믿는 일.
神父 : 사제 서품을 받은 성직자.
□□ : 갓 결혼한 여자. 새색시.
□□ : 부적.

(51) 映畫 : 사물을 영사막에 비추어 보이는 것.
□□ : 권력과 부귀를 누리는 것.

(52) 異姓 : 다른 성.
□□ : 성이 다른 것. 남성과 여성.
理性 : 이치를 논리적으로 판단하는 것.

정답

(47) 修道(수도)
(48) 首相, 殊常(수상)
(49) 視聽(시청)
(50) 新婦, 神符(신부)
(51) 榮華(영화)
(52) 異性(이성)

53~56

(53) □□ : 일정한 모양과 방식.
洋式 : 서양식(西洋式)의 준말.
糧食 : 생활에 필요한 먹을거리.
□□ : 기르고 번식시키는 일.
良識 : 건전한 식견이나 판단.

(54) □□ : 형세가 뒤집혀짐.
逆戰 : 역습하여 싸움.
□□ : 정거장 앞.
歷傳 : 대대로 전해져 옴.
力戰 : 힘을 다하여 싸움.

(55) 乳道 : 젖이 나오는 분비샘.
儒道 : 유가(儒家)의 도.
□□ : 상대의 힘을 이용하는 스포츠.
□□ : 꾀어서 이끎.

(56) 情事 : 남녀 간 사랑에 관한 일.
情思 : 남녀가 서로 사랑하는 마음.
靜思 : 조용히 생각함.
□□ : 바른 일과 사악한 일.
政事 : 정치에 관한 일.
正史 : 정확한 사실을 편찬한 역사.

정답

(53) 樣式, 養殖(양식)
(54) 逆轉, 驛前(역전)
(55) 柔道, 誘導(유도)
(56) 正邪(정사)

57~61

(57) 意思 : 무엇을 하고자 하는 생각.
□□ : 의리와 지조를 굳게 지킨 사람.
議事 : 회합에 의한 심의할 사항.
醫師 : 병을 고치는 사람.

(58) □□ : 사물이 사람의 마음에 주는 감각.
引上 : 끌어 올림.
人相 : 사람의 생김새와 골격.

(59) 將器 : 장수가 될 만한 기량.
□□ : 내장의 여러 기관.
長期 : 오랜 기간.

長技 : 가장 능한 재주. 특기.

(60) 電工 : 전기 공업의 줄임말. 전기공.
全功 : 모든 공로나 공적.
□□ : 한 분야를 전문적으로 연구함.
前功 : 이전에 세운 공로나 공적.
戰功 : 전투에서 세운 공로.

(61) 傳記 : 개인 일생의 행적을 적은 기록.
前期 : 앞 기간.
電氣 : 전자 이동에 의한 에너지의 한 형태.
□□ : 다른 상태로 변하는 계기.

정답

(57) 義士(의사)
(58) 印象(인상)
(59) 臟器(장기)
(60) 專攻(전공)
(61) 轉機(전기)

62~66

(62) 戰線 : 교전 중, 보병이 형성한 선.
□□ : 전기가 통하도록 만든 금속선.
戰船 : 해전에 쓰이는 배.
全線 : 철도의 모든 선로.
□□ : 직접 뛰어든 일정한 활동 분야.

(63) 全市 : 온 시중. 시의 전체.
戰時 : 전쟁을 하고 있는 때.
□□ : 여러 물품을 한곳에 벌여 놓고 보임.

(64) □□ : 국가의 정책을 집행하는 행정부.
正否 : 바름과 바르지 아니함.

情夫 : 몰래 정을 통한 남자.
□□ : 싸움터로 나가는 군사.

(65) 早死 : 일찍 죽음. 요절.
□□ : 체언이나 부사, 어미 뒤에 붙는 단어.
朝使 : 조정의 사신.
□□ : 대조하여 조사함.

(66) □□ : 조의를 표하는 데 쓰는 꽃.
調和 : 서로 잘 어울림.
造花 : 종이나 헝겊으로 만든 꽃.
造化 : 대자연의 이치.

정답

(62) 電線, 前線(전선)
(63) 展示(전시)
(64) 政府, 征夫(정부)
(65) 助詞, 照査(조사)
(66) 弔花(조화)

67~71

(67) □□ : 임금이 나라의 정치를 집행하던 곳.
漕艇 : 보트를 저음.
調整 : 알맞게 조절함.

(68) 主家 : 주인의 집.
住家 : 사람이 사는 집. 주택(住宅).
□□ : 주식의 값.
酒價 : 술값.
□□ : 술집.

(69) □□ : 일을 주장하여 맡아 처리함.
晝間 : 낮 동안.
□□ : 한 주일마다 한 번씩 펴냄.
週間 : 한 주일 동안.

(70) 中指 : 가운뎃손가락.
□□ : 여러 사람의 생각이나 의지.
□□ : 여러 사람의 지혜.
中止 : 일을 중도에서 그만둠.
重地 : 아주 중요한 땅.

(71) 他力 : 남의 힘.
□□ : 타자가 공을 때리는 힘이나 능력.
惰力 : 습관의 힘. 타성의 힘.

정답

(67) 朝廷(조정)
(68) 株價, 酒家(주가)
(69) 主幹, 週刊(주간)
(70) 衆志, 衆智(중지)
(71) 打力(타력)

72~77

(72) □□ : 오래 버티어 견딤.
□□ : 어떤 일정한 구역.
地溝 : 지반이 꺼져 생긴 낮고 긴 골짜기.
地球 : 인류가 살고 있는 천체.
知舊 : 오랜 친구.

(73) □□ : 오랜 세월. 천년.
天才 : 태어날 때부터 갖춘 뛰어난 재주.
天災 : 자연 현상으로 일어나는 재난.
淺才 : 얕은 재주나 꾀.

(74) 初代 : 어떤 계통의 첫 번째 사람.
□□ : 모임에 참가해 줄 것을 청함.

(75) 初喪 : 사람이 죽어 장사 지내기까지의 일.
□□ : 어떤 사람의 얼굴이나 모습.

(76) 秋收 : 가을걷이.
秋水 : 가을철의 맑은 물.
□□ : 모내기 후 논에 대는 물.
□□ : 뒤쫓아 따름.

(77) 探求 : 필요한 것을 조사해 찾아 구함.
□□ : 진리를 더듬어 깊이 연구함.
貪求 : 탐욕스럽게 구함.

정답

(72) 持久, 地區(지구)
(73) 千載(천재)
(74) 招待(초대)
(75) 肖像(초상)
(76) 追水, 追隨(추수)
(77) 探究(탐구)

78~83

(78) □□ : 가축을 기르는 건물.
祝辭 : 축하를 뜻하는 말이나 글.
□□ : 사악한 귀신이나 기운을 물리침.
縮寫 : 원형보다 작게 줄여 베낌.

(79) □□ : 잠자는 데 쓰는 도구.
鍼灸 : 침질과 뜸질을 이르는 말.

(80) □□ : 아주 오랜 옛날.
太高 : 매우 높음.

(81) 統管 : 여러 부문을 통일하여 관할함.
通觀 : 전체에 걸쳐서 한번 쭉 내다봄.
洞觀 : 꿰뚫어 환히 살핌.
□□ : 꿰뚫음.
通關 : 세관을 통과하는 일.

(82) □□ : 섰던 장이 파함.
波長 : 파동에서, 같은 위상을 가진 서로 이웃한 두 점 사이의 거리.

(83) 布貨 : 화폐로 사용하던 베.
□□ : 헝겊신.
泡花 : 물거품.
砲火 : 총포를 쏠 때 일어나는 불.
□□ : 더 이상 수용할 수 없이 가득 참.

정답

(78) 畜舍, 逐邪(축사)
(79) 寢具(침구)
(80) 太古(태고)
(81) 通貫(통관)
(82) 罷場(파장)
(83) 布靴, 飽和(포화)

84~88

(84) 佩物 : 몸에 차는 장식물.
□□ : 수정 · 호박 따위로 만든 값진 물건.

(85) 平定 : 평온하게 진정시킴.
平正 : 공평하고 올바름.
□□ : 평안하고 고요함.
評定 : 평의하여 결정함.

(86) 必死 : 반드시 죽음. 죽음을 각오함.
□□ : 베껴 씀.

(87) 下壽 : 나이 60세를 이름.
□□ : 낮은 재주나 솜씨.
河水 : 강물이나 냇물.
□□ : 장수를 축하함.
遐壽 : 나이가 많도록 오래 삶.

(88) 好期 : 꼭 좋은 시기.
好機 : 좋은 기회.
號旗 : 신호로 쓰이는 기.
□□ : 씩씩한 기상.
浩氣 : 호연한 기상.
□□ : 기운을 내뿜음.

정답

(84) 貝物(패물)
(85) 平靜(평정)
(86) 筆寫(필사)
(87) 下手, 賀壽(하수)
(88) 豪氣, 呼氣(호기)

89~93

(89) □□ : 어떤 혜택을 받아 누림.
□□ : 오래 사는 복을 누림.
鄕愁 : 고향을 그리워하는 마음.
香水 : 액체 화장품의 하나.

(90) 現狀 : 나타나 보이는 현재의 상태.
□□ : 상금이나 상품을 내거는 일.
賢相 : 현명한 재상.
現象 : 시간과 공간 속에 나타나는 대상.
□□ : 영상이 드러나게 하는 일.

(91) 混成 : 서로 섞여서 이루어짐.
□□ : 뒤섞인 소리.

(92) 火具 : 불을 켜는 도구.
火口 : 불을 뿜는 입구.
□□ : 그림 그리는 여러 도구.

(93) 和氣 : 따스하고 화창한 기온.
火器 : 화약 병기나 불을 담는 도구.
□□ : 불기운.
花期 : 꽃피는 시기.
花器 : 꽃꽂이 그릇.
□□ : 재앙이 숨어 있는 낌새.

정답

(89) 享受, 享壽(향수)
(90) 懸賞, 現像(현상)
(91) 混聲(혼성)
(92) 畫具(화구)
(93) 火氣, 禍機(화기)

94~97

(94) 火兵 : 지난날 군에서 밥 짓던 군사.
□□ : 울화병.
□□ : 꽃자루.
花甁 : 꽃을 꽂는 병.
畫甁 : 그림을 그려 놓은 병.

(95) □□ : 의심을 품음.
會意 : 뜻을 깨달음.
□□ : 여럿이 모여 의논함.
回議 : 돌려가며 의견을 묻거나 동의를 구함.

(96) □□ : 본문 뒤에 덧붙여 기록함.
後氣 : 참고 버티어 나가는 힘.
後期 : 뒤의 기간.
□□ : 척후(斥候)하는 기병.

(97) 厚待 : 후하게 대접함.
後代 : 뒤의 세대.
□□ : 후방의 부대.

정답

(94) 火病, 花柄(화병)
(95) 懷疑, 會議(회의)
(96) 後記, 後騎(후기)
(97) 後隊(후대)

틀리기 쉬운 부수

실전 유형

✽ 다음 漢字의 部首를 쓰시오.

(1) 乞 乙
(2) 屯 屮
(3) 尼 尸

다음 漢字의 部首를 □ 안에 쓰시오. (1~270)

1~20

(1) 加 – □	(더할 가, 5급)	(11) 更 – □	(고칠 경, 다시 갱, 4급)
(2) 嘉 – □	(아름다울 가, 1급)	(12) 慶 – □	(경사 경, 4급Ⅱ)
(3) 幹 – □	(줄기 간, 3급Ⅱ)	(13) 炅 – □	(빛날 경, 2급)
(4) 甲 – □	(갑옷 갑, 4급)	(14) 頃 – □	(잠깐 경, 3급Ⅱ)
(5) 姜 – □	(성 강, 2급)	(15) 季 – □	(계절 계, 4급)
(6) 巨 – □	(클 거, 4급)	(16) 古 – □	(예 고, 6급)
(7) 乾 – □	(하늘 건, 3급Ⅱ)	(17) 雇 – □	(품팔 고, 2급)
(8) 繭 – □	(고치 견, 1급)	(18) 穀 – □	(곡식 곡, 4급)
(9) 牽 – □	(이끌 견, 3급)	(19) 曲 – □	(굽을 곡, 5급)
(10) 兼 – □	(겸할 겸, 3급Ⅱ)	(20) 哭 – □	(울 곡, 3급Ⅱ)

정답

(1) 力(힘 력)	(11) 日(가로 왈)
(2) 口(입 구)	(12) 心(마음 심)
(3) 干(방패 간)	(13) 火(불 화)
(4) 田(밭 전)	(14) 頁(머리 혈)
(5) 女(계집 녀)	(15) 子(아들 자)
(6) 工(장인 공)	(16) 口(입 구)
(7) 乙(새 을)	(17) 隹(새 추)
(8) 糸(실 사)	(18) 禾(벼 화)
(9) 牛(소 우)	(19) 日(가로 왈)
(10) 八(여덟 팔)	(20) 口(입 구)

21~40

(21) 袞 – □	(곤룡포 곤, 1급)	(31) 亘 – □	(뻗칠 긍, 1급)
(22) 乖 – □	(어그러질 괴, 1급)	(32) 其 – □	(그 기, 3급Ⅱ)
(23) 喬 – □	(높을 교, 1급)	(33) 企 – □	(꾀할 기, 3급Ⅱ)
(24) 求 – □	(구할 구, 4급Ⅱ)	(34) 耆 – □	(늙은이 기, 2급)
(25) 九 – □	(아홉 구, 8급)	(35) 幾 – □	(몇 기, 3급)
(26) 丘 – □	(언덕 구, 3급)	(36) 幽 – □	(그윽할 유, 3급Ⅱ)
(27) 舊 – □	(예 구, 5급)	(37) 冀 – □	(바랄 기, 2급)
(28) 歸 – □	(돌아갈 귀, 4급)	(38) 棄 – □	(버릴 기, 3급)
(29) 克 – □	(이길 극, 3급Ⅱ)	(39) 吉 – □	(길할 길, 5급)
(30) 及 – □	(미칠 급, 3급Ⅱ)	(40) 南 – □	(남녘 남, 8급)

정답

(21) 衣(옷 의)	(31) 二(두 이)
(22) 丿(삐침 별)	(32) 八(여덟 팔)
(23) 口(입 구)	(33) 人(사람 인)
(24) 水(물 수)	(34) 老(늙을 로)
(25) 乙(새 을)	(35) 幺(작을 요)
(26) 一(한 일)	(36) 幺(작을 요)
(27) 臼(절구 구)	(37) 八(여덟 팔)
(28) 止(그칠 지)	(38) 木(나무 목)
(29) 儿(어진사람 인)	(39) 口(입 구)
(30) 又(또 우)	(40) 十(열 십)

41~60

(41) 男 — □ (사내 남, 7급)
(42) 囊 — □ (주머니 낭, 1급)
(43) 耐 — □ (견딜 내, 3급Ⅱ)
(44) 內 — □ (안 내, 7급)
(45) 年 — □ (해 년, 8급)
(46) 尿 — □ (오줌 뇨, 2급)
(47) 能 — □ (능할 능, 5급)
(48) 丹 — □ (붉을 단, 3급Ⅱ)
(49) 單 — □ (홑 단, 4급Ⅱ)
(50) 畓 — □ (논 답, 3급)

(51) 唐 — □ (당나라 당, 3급Ⅱ)
(52) 禿 — □ (대머리 독, 1급)
(53) 豚 — □ (돼지 돈, 3급)
(54) 屯 — □ (진칠 둔, 3급)
(55) 謄 — □ (베낄 등, 2급)
(56) 卵 — □ (알 란, 4급)
(57) 來 — □ (올 래, 7급)
(58) 兩 — □ (두 량, 4급Ⅱ)
(59) 量 — □ (헤아릴 량, 5급)
(60) 黎 — □ (검을 려, 1급)

정답

(41) 田(밭 전) (51) 口(입 구)
(42) 口(입 구) (52) 禾(벼 화)
(43) 而(말이을 이) (53) 豕(돼지 시)
(44) 入(들 입) (54) 屮(싹날 철)
(45) 干(방패 간) (55) 言(말씀 언)
(46) 尸(주검 시) (56) 卩(병부 절)
(47) 肉(고기 육) (57) 人(사람 인)
(48) 丶(점 주) (58) 入(들 입)
(49) 口(입 구) (59) 里(마을 리)
(50) 田(밭 전) (60) 黍(기장 서)

61~80

(61) 歷 — □ (지날 력, 5급)
(62) 牢 — □ (우리 뢰, 1급)
(63) 賴 — □ (의뢰할 뢰, 3급Ⅱ)
(64) 累 — □ (포갤 루, 3급)
(65) 六 — □ (여섯 륙, 8급)
(66) 率 — □ (비율 률, 3급Ⅱ)
(67) 肋 — □ (갈비 륵, 1급)
(68) 勒 — □ (굴레 륵, 1급)
(69) 吏 — □ (관리 리, 3급Ⅱ)
(70) 裏 — □ (속 리, 3급Ⅱ)

(71) 吝 — □ (아낄 린, 1급)
(72) 幕 — □ (장막 막, 3급Ⅱ)
(73) 卍 — □ (만사 만, 1급)
(74) 每 — □ (매양 매, 7급)
(75) 覓 — □ (찾을 멱, 2급)
(76) 冕 — □ (면류관 면, 2급)
(77) 命 — □ (목숨 명, 7급)
(78) 鳴 — □ (울 명, 4급)
(79) 冒 — □ (무릅쓸 모, 3급)
(80) 募 — □ (뽑을 모, 3급)

정답

(61) 止(그칠 지) (71) 口(입 구)
(62) 牛(소 우) (72) 巾(수건 건)
(63) 貝(조개 패) (73) 十(열 십)
(64) 糸(실 사) (74) 毋(말 무)
(65) 八(여덟 팔) (75) 見(볼 견)
(66) 玄(검을 현) (76) 冂(멀 경)
(67) 肉(고기 육) (77) 口(입 구)
(68) 力(힘 력) (78) 鳥(새 조)
(69) 口(입 구) (79) 冂(멀 경)
(70) 衣(옷 의) 80) 力(힘 력)

81~100

(81) 母 — □ (어머니 모, 8급)
(82) 暮 — □ (저물 모, 3급)
(83) 夢 — □ (꿈 몽, 3급Ⅱ)
(84) 墓 — □ (무덤 묘, 4급)
(85) 杳 — □ (어두울 묘, 1급)
(86) 武 — □ (호반 무, 4급Ⅱ)
(87) 巫 — □ (무당 무, 1급)
(88) 務 — □ (힘쓸 무, 4급Ⅱ)
(89) 聞 — □ (들을 문, 6급)
(90) 問 — □ (물을 문, 7급)

(91) 靡 — □ (쓰러질 미, 1급)
(92) 民 — □ (백성 민, 8급)
(93) 悶 — □ (번민할 민, 1급)
(94) 蜜 — □ (꿀 밀, 3급)
(95) 反 — □ (돌아올 반, 6급)
(96) 半 — □ (반 반, 6급)
(97) 叛 — □ (배반할 반, 3급)
(98) 斑 — □ (얼룩 반, 1급)
(99) 龐 — □ (높은집 방, 2급)
(100) 尨 — □ (삽살개 방, 1급)

정답

(81) 毋(말 무) (91) 非(아닐 비)
(82) 日(날 일) (92) 氏(성 씨)
(83) 夕(저녁 석) (93) 心(마음 심)
(84) 土(흙 토) (94) 虫(벌레 충)
(85) 木(나무 목) (95) 又(또 우)
(86) 止(그칠 지) (96) 十(열 십)
(87) 工(장인 공) (97) 又(또 우)
(88) 力(힘 력) (98) 文(글월 문)
(89) 耳(귀 이) (99) 龍(용 룡)
(90) 口(입 구) (100) 尢(절름발이 왕)

101~120

(101) 裴 – □	(치렁치렁 배, 2급)	(111) 毘 – □	(도울 비, 2급)
(102) 帛 – □	(비단 백, 1급)	(112) 毖 – □	(삼갈 비, 2급)
(103) 卞 – □	(성 변, 2급)	(113) 丕 – □	(클 비, 2급)
(104) 丙 – □	(남녘 병 , 3급Ⅱ)	(114) 賓 – □	(손 빈, 3급)
(105) 報 – □	(갚을 보, 4급Ⅱ)	(115) 氷 – □	(얼음 빙, 5급)
(106) 奉 – □	(받들 봉, 5급)	(116) 憑 – □	(탈 빙, 2급)
(107) 孵 – □	(알깔 부, 1급)	(117) 射 – □	(쏠 사, 4급)
(108) 夫 – □	(지아비 부, 7급)	(118) 史 – □	(역사 사, 5급)
(109) 北 – □	(북녘 북, 8급)	(119) 赦 – □	(용서할 사, 2급)
(110) 卑 – □	(낮을 비, 3급Ⅱ)	(120) 事 – □	(일 사, 7급)

정답

(101) 衣(옷 의)	(111) 比(견줄 비)
(102) 巾(수건 건)	(112) 比(견줄 비)
(103) 卜(점 복)	(113) 一(한 일)
(104) 一(한 일)	(114) 貝(조개 패)
(105) 土(흙 토)	(115) 水(물 수)
(106) 大(큰 대)	(116) 馬(말 마)
(107) 子(아들 자)	(117) 寸(마디 촌)
(108) 大(큰 대)	(118) 口(입 구)
(109) 匕(비수 비)	(119) 赤(붉을 적)
(110) 十(열 십)	(120) 亅(갈고리 궐)

121~140

(121) 些 – □	(적을 사, 1급)	(131) 席 – □	(자리 석, 6급)
(122) 嘗 – □	(맛볼 상, 3급)	(132) 卨 – □	(사람이름 설, 2급)
(123) 喪 – □	(잃을 상, 3급Ⅱ)	(133) 暹 – □	(해돋을 섬, 2급)
(124) 商 – □	(장사 상, 5급)	(134) 聖 – □	(성인 성, 4급Ⅱ)
(125) 象 – □	(코끼리 상, 4급)	(135) 成 – □	(이룰 성, 6급)
(126) 狀 – □	(형상 상, 4급Ⅱ)	(136) 召 – □	(부를 소, 3급)
(127) 塞 – □	(변방 새, 3급)	(137) 衰 – □	(쇠할 쇠, 3급Ⅱ)
(128) 嗇 – □	(인색할 색, 1급)	(138) 垂 – □	(드리울 수, 3급)
(129) 書 – □	(글 서, 6급)	(139) 須 – □	(모름지기 수, 3급)
(130) 犀 – □	(무소 서, 1급)	(140) 壽 – □	(목숨 수, 3급Ⅱ)

정답

(121) 二(두 이)	(131) 巾(수건 건)
(122) 口(입 구)	(132) 卜(점 복)
(123) 口(입 구)	(133) 日(날 일)
(124) 口(입 구)	(134) 耳(귀 이)
(125) 豕(돼지 시)	(135) 戈(창 과)
(126) 犬(개 견)	(136) 口(입 구)
(127) 土(흙 토)	(137) 衣(옷 의)
(128) 口(입 구)	(138) 土(흙 토)
(129) 曰(가로 왈)	(139) 頁(머리 혈)
(130) 牛(소 우)	(140) 士(선비 사)

141~160

(141) 受 – □	(받을 수, 4급Ⅱ)	(151) 丞 – □	(정승 승, 1급)
(142) 孰 – □	(누구 숙, 3급)	(152) 乘 – □	(탈 승, 3급Ⅱ)
(143) 肅 – □	(엄숙할 숙, 4급)	(153) 視 – □	(볼 시, 4급Ⅱ)
(144) 夙 – □	(일찍 숙, 1급)	(154) 弑 – □	(죽일 시, 1급)
(145) 盾 – □	(방패 순, 2급)	(155) 式 – □	(법 식, 6급)
(146) 舜 – □	(순임금 순, 2급)	(156) 申 – □	(납 신, 4급Ⅱ)
(147) 順 – □	(순할 순, 5급)	(157) 失 – □	(잃을 실, 6급)
(148) 升 – □	(되 승, 2급)	(158) 甚 – □	(심할 심, 3급Ⅱ)
(149) 勝 – □	(이길 승, 6급)	(159) 我 – □	(나 아, 3급Ⅱ)
(150) 承 – □	(이을 승, 4급Ⅱ)	(160) 亞 – □	(버금 아, 3급Ⅱ)

정답

(141) 又(또 우)	(151) 一(한 일)
(142) 子(아들 자)	(152) 丿(삐침 별)
(143) 聿(붓 율)	(153) 見(볼 견)
(144) 夕(저녁 석)	(154) 弋(주살 익)
(145) 目(눈 목)	(155) 弋(주살 익)
(146) 舛(어그러질 천)	(156) 田(밭 전)
(147) 頁(머리 혈)	(157) 大(큰 대)
(148) 十(열 십)	(158) 甘(달 감)
(149) 力(힘 력)	(159) 戈(창 과)
(150) 手(손 수)	(160) 二(두 이)

161~180

(161) 雁 – □ (기러기 안, 3급)
(162) 壓 – □ (누를 압, 4급Ⅱ)
(163) 愛 – □ (사랑 애, 6급)
(164) 哀 – □ (슬플 애, 3급Ⅱ)
(165) 夜 – □ (밤 야, 6급)
(166) 也 – □ (어조사 야, 3급)
(167) 彦 – □ (선비 언, 2급)
(168) 業 – □ (업 업, 6급)
(169) 予 – □ (나 여, 3급)
(170) 與 – □ (줄 여, 4급)
(171) 然 – □ (그럴 연, 7급)
(172) 衍 – □ (넓을 연, 2급)
(173) 豫 – □ (미리 예, 4급)
(174) 烏 – □ (까마귀 오, 3급Ⅱ)
(175) 五 – □ (다섯 오, 8급)
(176) 雍 – □ (화할 옹, 1급)
(177) 歪 – □ (기울 왜, 2급)
(178) 夭 – □ (어릴 요, 1급)
(179) 堯 – □ (요임금 요, 2급)
(180) 辱 – □ (욕될 욕, 3급Ⅱ)

정답

(161) 隹(새 추) (171) 火(불 화)
(162) 土(흙 토) (172) 行(다닐 행)
(163) 心(마음 심) (173) 豕(돼지 시)
(164) 口(입 구) (174) 火(불 화)
(165) 夕(저녁 석) (175) 二(두 이)
(166) 乙(새 을) (176) 隹(새 추)
(167) 彡(터럭 삼) (177) 止(그칠 지)
(168) 木(나무 목) (178) 大(큰 대)
(169) 亅(갈고리 궐) (179) 土(흙 토)
(170) 臼(절구 구) (180) 辰(별 진)

181~200

(181) 憂 – □ (근심 우, 3급Ⅱ)
(182) 于 – □ (어조사 우, 3급)
(183) 袁 – □ (성 원, 2급)
(184) 元 – □ (으뜸 원, 5급)
(185) 委 – □ (맡길 위, 4급)
(186) 威 – □ (위엄 위, 4급)
(187) 危 – □ (위태할 위, 4급)
(188) 衛 – □ (지킬 위, 4급Ⅱ)
(189) 兪 – □ (대답할 유, 2급)
(190) 尹 – □ (성 윤, 2급)
(191) 誾 – □ (향기 은, 2급)
(192) 疑 – □ (의심할 의, 4급)
(193) 異 – □ (다를 이, 4급)
(194) 貳 – □ (두 이, 2급)
(195) 以 – □ (써 이, 5급)
(196) 夷 – □ (오랑캐 이, 3급)
(197) 壹 – □ (한 일, 2급)
(198) 壬 – □ (북방 임, 3급Ⅱ)
(199) 字 – □ (글자 자, 7급)
(200) 雀 – □ (참새 작, 1급)

정답

(181) 心(마음 심) (191) 言(말씀 언)
(182) 二(두 이) (192) 疋(필 필)
(183) 衣(옷 의) (193) 田(밭 전)
(184) 儿(어진사람 인) (194) 貝(조개 패)
(185) 女(계집 녀) (195) 人(사람 인)
(186) 女(계집 녀) (196) 大(큰 대)
(187) 卩(병부 절) (197) 士(선비 사)
(188) 行(다닐 행) (198) 士(선비 사)
(189) 入(들 입) (199) 子(아들 자)
(190) 尸(주검 시) (200) 隹(새 추)

201~220

(201) 丈 – □ (어른 장, 3급Ⅱ)
(202) 將 – □ (장수 장, 4급Ⅱ)
(203) 壯 – □ (장할 장, 4급)
(204) 再 – □ (두 재, 5급)
(205) 栽 – □ (심을 재, 3급Ⅱ)
(206) 哉 – □ (어조사 재, 3급)
(207) 裁 – □ (옷마를 재, 3급Ⅱ)
(208) 災 – □ (재앙 재, 5급)
(209) 甸 – □ (경기 전, 2급)
(210) 典 – □ (법 전, 5급)
(211) 前 – □ (앞 전, 7급)
(212) 全 – □ (온전 전, 7급)
(213) 奠 – □ (정할 전, 1급)
(214) 占 – □ (점칠 점, 4급)
(215) 正 – □ (바를 정, 7급)
(216) 井 – □ (우물 정, 3급Ⅱ)
(217) 靖 – □ (편안할 정, 1급)
(218) 弟 – □ (아우 제, 8급)
(219) 條 – □ (가지 조, 4급)
(220) 兆 – □ (억조 조, 3급Ⅱ)

정답

(201) 一(한 일) (211) 刀(칼 도)
(202) 寸(마디 촌) (212) 入(들 입)
(203) 士(선비 사) (213) 大(큰 대)
(204) 冂(멀 경) (214) 卜(점 복)
(205) 木(나무 목) (215) 止(그칠 지)
(206) 口(입 구) (216) 二(두 이)
(207) 衣(옷 의) (217) 靑(푸를 청)
(208) 火(불 화) (218) 弓(활 궁)
(209) 田(밭 전) (219) 木(나무 목)
(210) 八(여덟 팔) (220) 儿(어진사람 인)

221~240

(221) 卒 – □ (마칠 졸, 5급)
(222) 晝 – □ (낮 주, 6급)
(223) 周 – □ (두루 주, 4급)
(224) 酒 – □ (술 주, 4급)
(225) 奏 – □ (아뢸 주, 3급)
(226) 主 – □ (주인 주, 7급)
(227) 冑 – □ (투구 주, 1급)
(228) 重 – □ (무거울 중, 7급)
(229) 曾 – □ (일찍 증, 3급Ⅱ)
(230) 之 – □ (갈 지, 3급Ⅱ)

(231) 直 – □ (곧을 직, 7급)
(232) 眞 – □ (참 진, 4급Ⅱ)
(233) 塵 – □ (티끌 진, 2급)
(234) 集 – □ (모을 집, 6급)
(235) 執 – □ (잡을 집, 3급Ⅱ)
(236) 此 – □ (이 차, 3급Ⅱ)
(237) 且 – □ (또 차, 3급)
(238) 次 – □ (버금 차, 4급Ⅱ)
(239) 采 – □ (캘 채, 2급)
(240) 冊 – □ (책 책, 4급)

정답

(221) 十(열 십) (231) 目(눈 목)
(222) 日(날 일) (232) 目(눈 목)
(223) 口(입 구) (233) 土(흙 토)
(224) 酉(닭 유) (234) 隹(새 추)
(225) 大(큰 대) (235) 土(흙 토)
(226) 丶(점 주) (236) 止(그칠 지)
(227) 冂(멀 경) (237) 一(한 일)
(228) 里(마을 리) (238) 欠(하품 흠)
(229) 曰(가로 왈) (239) 采(캘 채)
(230) 丿(삐침 별) (240) 冂(멀 경)

241~260

(241) 泉 – □ (샘 천, 4급)
(242) 千 – □ (일천 천, 7급)
(243) 天 – □ (하늘 천, 7급)
(244) 喆 – □ (쌍길 철, 2급)
(245) 肖 – □ (닮을 초, 3급Ⅱ)
(246) 初 – □ (처음 초, 5급)
(247) 叢 – □ (모일 총, 1급)
(248) 最 – □ (가장 최, 5급)
(249) 芻 – □ (꼴 추, 1급)
(250) 丑 – □ (소 축, 3급)

(251) 出 – □ (날 출, 7급)
(252) 衷 – □ (속마음 충, 2급)
(253) 充 – □ (채울 충, 5급)
(254) 取 – □ (가질 취, 4급Ⅱ)
(255) 聚 – □ (모을 취, 2급)
(256) 恥 – □ (부끄러울 치, 3급Ⅱ)
(257) 妥 – □ (온당할 타, 3급)
(258) 卓 – □ (높을 탁, 5급)
(259) 炭 – □ (숯 탄, 5급)
(260) 兔 – □ (토끼 토, 3급Ⅱ)

정답

(241) 水(물 수) (251) 凵(입벌릴 감)
(242) 十(열 십) (252) 衣(옷 의)
(243) 大(큰 대) (253) 儿(어진사람 인)
(244) 口(입 구) (254) 又(또 우)
(245) 肉(고기 육) (255) 耳(귀 이)
(246) 刀(칼 도) (256) 心(마음 심)
(247) 又(또 우) (257) 女(계집 녀)
(248) 曰(가로 왈) (258) 十(열 십)
(249) 艸(풀 초) (259) 火(불 화)
(250) 一(한 일) (260) 儿(어진사람 인)

261~270

(261) 咸 – □ (다 함, 3급)
(262) 函 – □ (함 함, 1급)
(263) 幸 – □ (다행 행, 6급)
(264) 嚮 – □ (향할 향, 1급)
(265) 畫 – □ (그림 화, 6급)

(266) 化 – □ (될 화, 5급)
(267) 丸 – □ (둥글 환, 3급)
(268) 會 – □ (모일 회, 6급)
(269) 孝 – □ (효도 효, 7급)
(270) 興 – □ (일 흥, 4급Ⅱ)

정답

(261) 口(입 구) (266) 匕(비수 비)
(262) 凵(입벌릴 감) (267) 丶(점 주)
(263) 干(방패 간) (268) 曰(가로 왈)
(264) 口(입 구) (269) 子(아들 자)
(265) 田(밭 전) (270) 臼(절구 구)

속자 · 약자

실전 유형

✽ 다음 漢字의 略字를 쓰시오.

(1) 爐 炉
(2) 譽 誉
(3) 蠶 蚕

다음 漢字의 略字를 □ 안에 쓰시오. (1～239)

1～20

(1) 假 − □	(거짓 가, 4급Ⅱ)	(11) 劍 − □	(칼 검, 3급Ⅱ)
(2) 價 − □	(값 가, 5급)	(12) 檢 − □	(검사할 검, 4급Ⅱ)
(3) 暇 − □	(겨를 가, 4급)	(13) 堅 − □	(굳을 견, 4급)
(4) 覺 − □	(깨달을 각, 4급)	(14) 缺 − □	(이지러질 결, 4급Ⅱ)
(5) 監 − □	(볼 감, 4급Ⅱ)	(15) 徑 − □	(지름길 경, 3급Ⅱ)
(6) 蓋 − □	(덮을 개, 3급Ⅱ)	(16) 經 − □	(지날 경, 4급Ⅱ)
(7) 據 − □	(의거할 거, 4급)	(17) 輕 − □	(가벼울 경, 5급)
(8) 擧 − □	(들 거, 5급)	(18) 繼 − □	(이을 계, 4급)
(9) 傑 − □	(준걸 걸, 4급)	(19) 皐 − □	(부르는소리 고, 2급)
(10) 儉 − □	(검소할 검, 4급)	(20) 觀 − □	(볼 관, 5급)

정답

(1) 仮	(11) 剣
(2) 価	(12) 検
(3) 昄	(13) 坚
(4) 覚	(14) 欠
(5) 监	(15) 径
(6) 盖	(16) 経
(7) 拠	(17) 軽
(8) 挙	(18) 継
(9) 杰	(19) 皋
(10) 倹	(20) 観

21～40

(21) 關 − □	(관계할 관, 5급)	(31) 勸 − □	(권할 권, 4급)
(22) 館 − □	(집 관, 3급Ⅱ)	(32) 權 − □	(권세 권, 4급Ⅱ)
(23) 廣 − □	(넓을 광, 5급)	(33) 歸 − □	(돌아갈 귀, 4급)
(24) 鑛 − □	(쇳돌 광, 4급)	(34) 棄 − □	(버릴 기, 3급)
(25) 區 − □	(구분할 구, 6급)	(35) 氣 − □	(기운 기, 7급)
(26) 舊 − □	(예 구, 5급)	(36) 緊 − □	(긴할 긴, 3급Ⅱ)
(27) 驅 − □	(몰 구, 3급)	(37) 寧 − □	(편안할 녕, 3급Ⅱ)
(28) 廏 − □	(마구간 구, 1급)	(38) 惱 − □	(괴로워할 뇌, 3급)
(29) 龜 − □	(지명 구, 3급)	(39) 腦 − □	(뇌 뇌, 3급Ⅱ)
(30) 國 − □	(나라 국, 8급)	(40) 單 − □	(홑 단, 4급Ⅱ)

정답

(21) 関	(31) 劝
(22) 舘	(32) 权
(23) 広	(33) 帰
(24) 鉱	(34) 弃
(25) 区	(35) 気
(26) 旧	(36) 紧
(27) 駆	(37) 寍
(28) 厩	(38) 悩
(29) 亀	(39) 脳
(30) 国	(40) 単

41~60

(41) 團 − □ (둥글 단, 5급)
(42) 斷 − □ (끊을 단, 4급Ⅱ)
(43) 擔 − □ (멜 담, 4급Ⅱ)
(44) 膽 − □ (쓸개 담, 2급)
(45) 當 − □ (마땅 당, 5급)
(46) 黨 − □ (무리 당, 4급Ⅱ)
(47) 對 − □ (대할 대, 6급)
(48) 臺 − □ (대 대, 3급Ⅱ)
(49) 擡 − □ (들 대, 3급Ⅱ)
(50) 圖 − □ (그림 도, 6급)

(51) 燾 − □ (비칠 도, 2급)
(52) 獨 − □ (홀로 독, 5급)
(53) 讀 − □ (읽을 독, 6급)
(54) 同 − □ (같을 동, 7급)
(55) 燈 − □ (등 등, 4급Ⅱ)
(56) 樂 − □ (즐거울 락, 6급)
(57) 亂 − □ (어지러울 란, 4급)
(58) 濫 − □ (넘칠 람, 3급)
(59) 籃 − □ (바구니 람, 1급)
(60) 藍 − □ (쪽 람, 2급)

정답

(41) 団 (42) 断 (43) 担 (44) 胆 (45) 当 (46) 党 (47) 対 (48) 台 (49) 抬 (50) 図
(51) 焘 (52) 独 (53) 読 (54) 仝 (55) 灯 (56) 楽 (57) 乱 (58) 滥 (59) 篮 (60) 蓝

61~80

(61) 覽 − □ (볼 람, 4급)
(62) 來 − □ (올 래, 7급)
(63) 兩 − □ (두 량, 4급Ⅱ)
(64) 勵 − □ (힘쓸 려, 3급Ⅱ)
(65) 廬 − □ (농막집 려, 2급)
(66) 麗 − □ (고울 려, 4급Ⅱ)
(67) 戀 − □ (사모할 련, 3급Ⅱ)
(68) 聯 − □ (이을 련, 3급Ⅱ)
(69) 獵 − □ (사냥 렵, 3급)
(70) 靈 − □ (신령 령, 3급Ⅱ)

(71) 禮 − □ (예도 례, 6급)
(72) 勞 − □ (일할 로, 5급)
(73) 爐 − □ (화로 로, 3급Ⅱ)
(74) 籠 − □ (대바구니 롱, 2급)
(75) 龍 − □ (용 룡, 4급)
(76) 樓 − □ (다락 루, 3급Ⅱ)
(77) 離 − □ (떠날 리, 4급)
(78) 滿 − □ (가득할 만, 4급Ⅱ)
(79) 灣 − □ (물굽이 만, 2급)
(80) 萬 − □ (일만 만, 8급)

정답

(61) 览 (62) 来 (63) 両 (64) 励 (65) 庐 (66) 麗 (67) 恋 (68) 联 (69) 猟 (70) 灵
(71) 礼 (72) 労 (73) 炉 (74) 篭 (75) 竜 (76) 楼 (77) 难 (78) 満 (79) 湾 (80) 万

81~100

(81) 蠻 − □ (오랑캐 만, 2급)
(82) 賣 − □ (팔 매, 5급)
(83) 脈 − □ (맥 맥, 4급Ⅱ)
(84) 麥 − □ (보리 맥, 3급Ⅱ)
(85) 覓 − □ (찾을 멱, 2급Ⅱ)
(86) 貌 − □ (모양 모, 3급Ⅱ)
(87) 夢 − □ (꿈 몽, 3급Ⅱ)
(88) 廟 − □ (사당 묘, 3급)
(89) 無 − □ (없을 무, 5급)
(90) 默 − □ (묵묵할 묵, 3급Ⅱ)

(91) 發 − □ (필 발, 6급)
(92) 變 − □ (변할 변, 5급)
(93) 邊 − □ (가 변, 4급Ⅱ)
(94) 倂 − □ (아우를 병, 2급)
(95) 寶 − □ (보배 보, 4급Ⅱ)
(96) 敷 − □ (펼 부, 2급)
(97) 佛 − □ (부처 불, 4급Ⅱ)
(98) 拂 − □ (떨칠 불, 3급Ⅱ)
(99) 寫 − □ (베낄 사, 5급)
(100) 師 − □ (스승 사, 4급Ⅱ)

정답

(81) 蛮 (82) 売 (83) 脉 (84) 麦 (85) 覔 (86) 皃 (87) 梦 (88) 庿 (89) 无 (90) 黙
(91) 発 (92) 変 (93) 辺 (94) 併 (95) 宝 (96) 尃 (97) 仏 (98) 払 (99) 写 (100) 师

101~120

(101) 絲 — ☐ (실 사, 4급)
(102) 辭 — ☐ (말씀 사, 4급)
(103) 滲 — ☐ (스밀 삼, 1급)
(104) 揷 — ☐ (꽂을 삽, 2급)
(105) 嘗 — ☐ (맛볼 상, 3급)
(106) 桑 — ☐ (뽕나무 상, 3급Ⅱ)
(107) 狀 — ☐ (형상 상, 4급Ⅱ)
(108) 敍 — ☐ (차례 서, 3급)
(109) 釋 — ☐ (해석할 석, 3급Ⅱ)
(110) 纖 — ☐ (가늘 섬, 2급)

(111) 攝 — ☐ (당길 섭, 3급)
(112) 燮 — ☐ (불꽃 섭, 2급)
(113) 聲 — ☐ (소리 성, 4급Ⅱ)
(114) 世 — ☐ (세상 세, 7급)
(115) 屬 — ☐ (붙일 속, 4급)
(116) 續 — ☐ (이을 속, 4급Ⅱ)
(117) 壽 — ☐ (목숨 수, 3급Ⅱ)
(118) 收 — ☐ (거둘 수, 4급Ⅱ)
(119) 數 — ☐ (셈 수, 7급)
(120) 獸 — ☐ (짐승 수, 3급Ⅱ)

정답

(101) 糸 (102) 辞 (103) 渗 (104) 挿 (105) 甞 (106) 桒 (107) 状 (108) 叙 (109) 积 (110) 繊
(111) 摂 (112) 变 (113) 声 (114) 卋 (115) 属 (116) 続 (117) 寿 (118) 収 (119) 数 (120) 獣

121~140

(121) 隨 — ☐ (따를 수, 3급Ⅱ)
(122) 肅 — ☐ (엄숙할 숙, 4급)
(123) 濕 — ☐ (축축할 습, 3급Ⅱ)
(124) 乘 — ☐ (탈 승, 3급Ⅱ)
(125) 實 — ☐ (열매 실, 5급)
(126) 雙 — ☐ (쌍 쌍, 3급Ⅱ)
(127) 亞 — ☐ (버금 아, 3급Ⅱ)
(128) 兒 — ☐ (아이 아, 5급)
(129) 惡 — ☐ (악할 악, 5급)
(130) 巖 — ☐ (바위 암, 3급Ⅱ)

(131) 壓 — ☐ (누를 압, 4급Ⅱ)
(132) 礙 — ☐ (거리낄 애, 2급)
(133) 藥 — ☐ (약 약, 6급)
(134) 與 — ☐ (더불 여, 4급)
(135) 餘 — ☐ (남을 여, 4급Ⅱ)
(136) 譯 — ☐ (번역할 역, 3급Ⅱ)
(137) 驛 — ☐ (역 역, 3급Ⅱ)
(138) 姸 — ☐ (고울 연, 4급Ⅱ)
(139) 淵 — ☐ (못 연, 2급)
(140) 硏 — ☐ (갈 연, 4급Ⅱ)

정답

(121) 随 (122) 粛 (123) 湿 (124) 乗 (125) 実 (126) 双 (127) 亜 (128) 児 (129) 悪 (130) 岩
(131) 圧 (132) 碍 (133) 薬 (134) 与 (135) 余 (136) 訳 (137) 駅 (138) 妍 (139) 渊 (140) 研

141~160

(141) 鹽 — ☐ (소금 염, 3급Ⅱ)
(142) 榮 — ☐ (영화 영, 4급Ⅱ)
(143) 營 — ☐ (경영할 영, 4급)
(144) 藝 — ☐ (재주 예, 4급Ⅱ)
(145) 譽 — ☐ (명예 예, 3급Ⅱ)
(146) 豫 — ☐ (미리 예, 4급)
(147) 鬱 — ☐ (답답할 울, 2급)
(148) 員 — ☐ (인원 원, 4급Ⅱ)
(149) 僞 — ☐ (거짓 위, 3급Ⅱ)
(150) 圍 — ☐ (에울 위, 4급)

(151) 爲 — ☐ (할 위, 4급Ⅱ)
(152) 兪 — ☐ (점점 유, 2급)
(153) 隱 — ☐ (숨을 은, 4급)
(154) 蔭 — ☐ (그늘 음, 1급)
(155) 應 — ☐ (응할 응, 4급Ⅱ)
(156) 醫 — ☐ (의원 의, 6급)
(157) 貳 — ☐ (두 이, 2급)
(158) 刃 — ☐ (칼날 인, 2급)
(159) 壹 — ☐ (한 일, 2급)
(160) 棧 — ☐ (잔도 잔, 1급)

정답

(141) 塩 (142) 栄 (143) 営 (144) 芸 (145) 誉 (146) 予 (147) 欝 (148) 負 (149) 偽 (150) 囲
(151) 為 (152) 俞 (153) 隠 (154) 蔭 (155) 応 (156) 医 (157) 弐 (158) 刄 (159) 壱 (160) 栈

161~180

(161) 殘 － □ (남을 잔, 4급)	(171) 爭 － □ (다툴 쟁, 5급)
(162) 蠶 － □ (누에 잠, 2급)	(172) 豬 － □ (돼지 저, 1급)
(163) 雜 － □ (섞일 잡, 4급)	(173) 傳 － □ (전할 전, 5급)
(164) 壯 － □ (장할 장, 4급)	(174) 戰 － □ (싸울 전, 6급)
(165) 將 － □ (장차 장, 4급Ⅱ)	(175) 轉 － □ (구를 전, 4급)
(166) 莊 － □ (씩씩할 장, 3급Ⅱ)	(176) 錢 － □ (돈 전, 4급)
(167) 裝 － □ (꾸밀 장, 4급)	(177) 點 － □ (점 점, 4급)
(168) 奬 － □ (장려할 장, 4급)	(178) 定 － □ (정할 정, 6급)
(169) 哉 － □ (어조사 재, 3급)	(179) 劑 － □ (약제 제, 2급)
(170) 災 － □ (재앙 재, 5급)	(180) 濟 － □ (건널 제, 4급Ⅱ)

정답

(161) 残	(171) 争
(162) 蚕	(172) 猪
(163) 雑	(173) 伝
(164) 壮	(174) 战
(165) 将	(175) 転
(166) 荘	(176) 銭
(167) 装	(177) 点, 奌
(168) 奨	(178) 㝎
(169) 㦲	(179) 剤
(170) 灾	(180) 済

181~200

(181) 齊 － □ (가지런할 제, 3급Ⅱ)	(191) 參 － □ (참여할 참, 5급)
(182) 條 － □ (가지 조, 4급)	(192) 慘 － □ (참혹할 참, 3급)
(183) 卒 － □ (군사 졸, 5급)	(193) 僭 － □ (참람할 참, 1급)
(184) 從 － □ (따를 종, 4급)	(194) 處 － □ (곳 처, 4급Ⅱ)
(185) 晝 － □ (낮 주, 6급)	(195) 淺 － □ (얕을 천, 3급Ⅱ)
(186) 蒸 － □ (찔 증, 3급Ⅱ)	(196) 賤 － □ (천할 천, 3급Ⅱ)
(187) 證 － □ (증거 증, 4급)	(197) 踐 － □ (밟을 천, 3급Ⅱ)
(188) 珍 － □ (보배 진, 4급)	(198) 遷 － □ (옮길 천, 3급Ⅱ)
(189) 盡 － □ (다할 진, 4급)	(199) 鐵 － □ (쇠 철, 5급)
(190) 質 － □ (바탕 질, 5급)	(200) 廳 － □ (관청 청, 4급)

정답

(181) 斉	(191) 参
(182) 条	(192) 惨
(183) 卆	(193) 僣
(184) 从	(194) 処
(185) 昼	(195) 浅
(186) 蒸	(196) 賎
(187) 証	(197) 践
(188) 珎	(198) 迁
(189) 尽	(199) 鉄
(190) 貭	(200) 庁

201~220

(201) 聽 － □ (들을 청, 4급)	(211) 沈 － □ (가라앉을 침, 3급Ⅱ)
(202) 體 － □ (몸 체, 6급)	(212) 稱 － □ (일컬을 칭, 4급)
(203) 觸 － □ (닿을 촉, 3급Ⅱ)	(213) 彈 － □ (탄알 탄, 4급)
(204) 總 － □ (거느릴 총, 4급Ⅱ)	(214) 擇 － □ (가릴 택, 4급)
(205) 蟲 － □ (벌레 충, 4급Ⅱ)	(215) 澤 － □ (못 택, 3급Ⅱ)
(206) 醉 － □ (취할 취, 3급Ⅱ)	(216) 兔 － □ (토끼 토, 3급Ⅱ)
(207) 恥 － □ (부끄러울 치, 3급Ⅱ)	(217) 霸 － □ (으뜸 패, 2급)
(208) 齒 － □ (이 치, 4급Ⅱ)	(218) 廢 － □ (폐할 폐, 3급Ⅱ)
(209) 癡 － □ (어리석을 치, 1급)	(219) 鋪 － □ (펼 포, 2급)
(210) 漆 － □ (옻 칠, 3급Ⅱ)	(220) 學 － □ (배울 학, 8급)

정답

(201) 聴	(211) 沉
(202) 体	(212) 称
(203) 触	(213) 弾
(204) 総	(214) 択
(205) 虫	(215) 沢
(206) 酔	(216) 兎
(207) 耻	(217) 覇
(208) 歯	(218) 廃
(209) 痴	(219) 舗
(210) 柒	(220) 学

221~239

(221) 鹹 － □ (짤 함, 1급)
(222) 解 － □ (풀 해, 4급Ⅱ)
(223) 虛 － □ (빌 허, 4급Ⅱ)
(224) 獻 － □ (드릴 헌, 3급Ⅱ)
(225) 險 － □ (험할 험, 4급)
(226) 驗 － □ (시험할 험, 4급Ⅱ)
(227) 縣 － □ (매달 현, 3급)
(228) 賢 － □ (어질 현, 4급Ⅱ)
(229) 顯 － □ (나타날 현, 4급)
(230) 峽 － □ (골짜기 협, 2급)

(231) 螢 － □ (반딧불 형, 3급)
(232) 號 － □ (이름 호, 6급)
(233) 畫 － □ (그림 화, 6급)
(234) 擴 － □ (넓힐 확, 3급)
(235) 歡 － □ (기쁠 환, 4급)
(236) 會 － □ (모일 회, 6급)
(237) 勳 － □ (공 훈, 2급Ⅱ)
(238) 興 － □ (일 흥, 4급Ⅱ)
(239) 戲 － □ (놀 희, 3급Ⅱ)

정답

(221) 醎 (222) 觧 (223) 虚 (224) 献 (225) 険 (226) 験 (227) 県 (228) 賢 (229) 顕 (230) 峡
(231) 蛍 (232) 号 (233) 画 (234) 拡 (235) 欢 (236) 会 (237) 勲 (238) 兴 (239) 戯

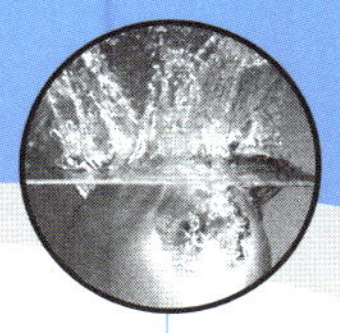

국가공인 한자능력검정시험 예상문제집 1급

실전예상문제 및 기출분석문제

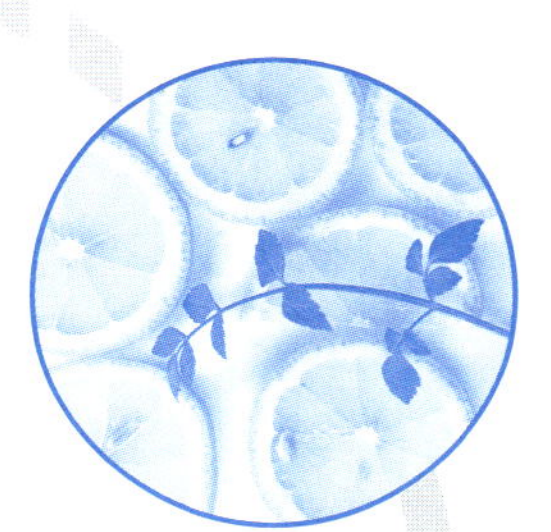

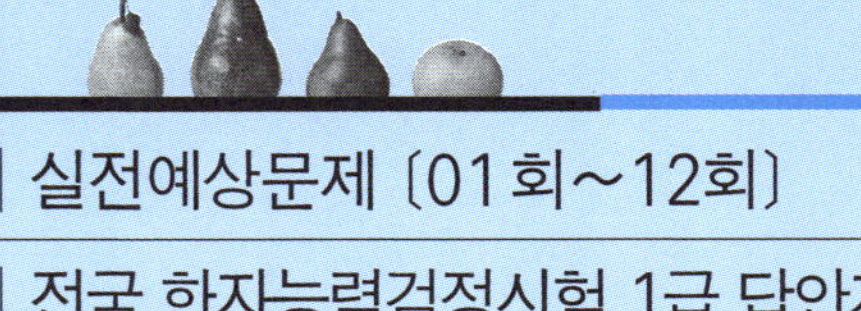

1급 오답정리 분석 메모장

실전예상문제	
01회	
02회	
03회	
04회	
05회	
06회	
07회	
08회	
09회	
10회	
11회	
12회	

1급 실전예상문제

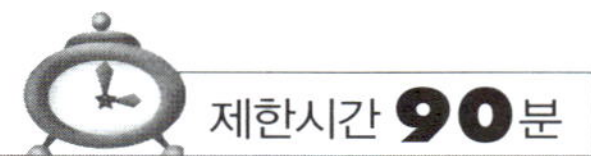

1 다음 漢字의 讀音을 쓰시오. (1~50)

(1) 媚態 (2) 甲冑
(3) 梵語 (4) 嬰兒
(5) 苦悶 (6) 烙印
(7) 痼疾 (8) 撞球
(9) 罵倒 (10) 咀啖
(11) 罫線 (12) 勺水
(13) 棠梨 (14) 宦厄
(15) 木寨 (16) 波濤
(17) 鉤勒 (18) 毛氈
(19) 芒刺 (20) 臆說
(21) 喬木 (22) 糟粕
(23) 酬酌 (24) 窯業
(25) 佛陀 (26) 秤錘
(27) 蠶箔 (28) 隱匿
(29) 靡動 (30) 緻密
(31) 斡旋 (32) 火燼
(33) 晴曇 (34) 彫塑
(35) 諧謔 (36) 堡壘
(37) 疝症 (38) 花卉
(39) 儺儀 (40) 奠都
(41) 暈圍 (42) 玉簪
(43) 晏起 (44) 壅塞
(45) 匙箸 (46) 渾家
(47) 僭濫 (48) 愾憤
(49) 公僕 (50) 瑕疵

2 다음 漢字의 訓과 音을 쓰시오. (51~82)

(51) 疊 (52) 凸
(53) 鑿 (54) 塾
(55) 齡 (56) 輻
(57) 爻 (58) 懦
(59) 癩 (60) 桶
(61) 撈 (62) 瘦
(63) 鞍 (64) 搭
(65) 噴 (66) 捧
(67) 玭 (68) 柩
(69) 椅 (70) 蕃
(71) 錮 (72) 芙
(73) 蜚 (74) 瞰
(75) 訝 (76) 拗
(77) 俚 (78) 爐
(79) 籬 (80) 娠
(81) 斂 (82) 堵

※ 다음 글을 읽고, 물음에 답하시오.

가 이 달 초 서울대에서는 지난해 남극[83] 탐사[84] 도중 불의[85]의 사고[86]로 숨진 전재규씨의 뜻을 기리기 위한 추모[87] 학술 대회가 열렸다. 전씨는 서울대 지구 환경 과학부 대학원 생으로 남극 연구를 자원[88]해 월동[89]대원으로 탐사에 참여[90]했다.

학술 대회에서 한국 해양 연구원 부설[91] 극지 연구소 김예동 소장[92]을 만났다. 김 소장은 극지 연구소에서 남극과 북극의 기상을 관측[93]하고 있는데 이 자료[94]를 우리 나라가 어떻게 효율[95]적으로 활용할 수 있을지 걱정했다. 자료는 쌓이는데 한국에서 이를 받아 적절히 활용할 파트너가 없기 때문이다.

필자[96]는 김 소장에게 극지 기상[97]이 우리 나라 겨울철의 한파[98], 그리고 여름철 강수량[99] 및 북서 태평양의 태풍[100] 활동에 상당한 영향을 끼치고 있음을 설명했다.

나 남·북위 각 60도 이상 지역을 극지역이라고 부른다. 이 지역은 사람이 거의 살지 않기 때문에 최근까지 대기 과학자의 관심[101]을 받지 못했다. 그런데 1998년 미국 워싱턴대 기상학과 존 월러스 교수가 중위도와 극 지역 사이에 거대한 대기순환[102]의 변동[103]이 있음을 발견했다. 그는 이를 '극 진동'이라고 불렀다. 그리고 열대[104] 태평양에서 발생하는 엘리뇨가 열대 지역 및 북미, 중미 지역의 기상에 영향을 끼치는 반면 극 진동은 중위도와 고위도 기상을 지배[105]하는 주요 요인[106]이라고 설명했다.

극 지역은 우리가 살고 있는 북반구뿐 아니라 남반구에도 있기 때문에 극 진동은 '북극 진동'과 '남극 진동[107]'으로 나뉜다. 이 극 진동은 중위도와 고위도 간에 해면 기압의 크기가 서로 엇갈리며 평년보다 높아지고 낮아지는 현상[108]이다. 즉 고위도 기압[109]이 평년보다 낮으면 중위도의 기압은 평년보다 높아진다. 그와 반대로 고위도 기압이 높아지면 중위도 기압은 낮아진다. 그런데 이들 기압의 변화는 대체로 위도[110]에 평행하게 나타나기 때문에 북극 진동은 북미, 유럽, 그리고 아시아 넓은 지역의 기상에 동시간적으로 영향을 끼칠 수 있다.

다 고위도에서 해면 기압이 평년보다 낮고 중위도에서 해면 기압이 높은 시기를 북극 진동의 '양의 상태'라고 한다. 이 시기에 북유럽에서는 많은 비와 눈이 내리고, 남유럽에서는 건조[111]한 날씨와 고온[112]이 지속[113]된다. 한편 유라시아 지역에서는 해양으로부터 따뜻한 공기가 평년보다 많이 불어오기 때문에 온도가 높아진다.

북극 진동은 시베리아 고기압의 활동에도 직접 영향[114]을 끼쳐서 러시아뿐만 아니라 몽골과 중국 북부 지역의 대기 순환도 조절[115]하고 있다. 이 영향은 여름을 제외[116]한 모든 계절[117]에 나타나고 있다. 우리 나라의 겨울철 한파와 여름철 강수량도 북극 진동의 크기에 따라 변한다. 극 진동과 동아시아 기상 간의 관련성에 대한 역학적인 설명, 그리고 장기 예측 활용에 대한 연구가 우리 나라와 중국학자를 중심으로 활발하게 이뤄지고 있다.

한편 여름철에 북서 태평양의 태풍 활동은 우리 나라 정반대편에 놓여 있는 남극 주변의 대기 순환과도 밀접[118]하게 관련돼 있음이 최근 밝혀졌다. 올해는 남극 진동이 강한 해였으며, 일본에 무려 10개의 태풍이 상륙[119]한 것도 이와 관련된 것으로 여겨진다.

이처럼 우리와는 전혀 상관이 없을 것 같은 남·북극의 기상이 우리 나라의 기상에 큰 영향을 미치고 있다. 우리의 기상 예측[120] 능력을 향상시키기 위해서는 극지 관측 데이터에 대한 적극적[121]인 연구가 시급하다. 그러나 아직까지 국가의 지원[122]이 거의 없어서 아쉽다.

3 윗 글 밑줄 친 漢字語의 漢字를 正字로 쓰시오. (83~122)

(83) 남극	(84) 탐사
(85) 불의	(86) 사고
(87) 추모	(88) 자원
(89) 월동	(90) 참여
(91) 부설	(92) 소장
(93) 관측	(94) 자료
(95) 효율	(96) 필자
(97) 기상	(98) 한파
(99) 강수량	(100) 태풍
(101) 관심	(102) 순환
(103) 변동	(104) 열대
(105) 지배	(106) 요인
(107) 진동	(108) 현상
(109) 기압	(110) 위도
(111) 건조	(112) 고온
(113) 지속	(114) 영향
(115) 조절	(116) 제외
(117) 계절	(118) 밀접
(119) 상륙	(120) 예측
(121) 적극적	(122) 지원

4 윗 글 밑줄 친 漢字語에서 첫소리가 長音인 것을 10개만 가려 그 번호를 쓰시오. (123~132)

(123) (　　)	(124) (　　)
(125) (　　)	(126) (　　)
(127) (　　)	(128) (　　)
(129) (　　)	(130) (　　)
(131) (　　)	(132) (　　)

5 다음 밑줄 친 漢字語의 同音異議語를 구별하여, 漢字를 正字로 쓰시오. (133~142)

▶ 조상의 묘가 있는 가산[133]을 정비하기 위해, 금융 비용을 가산[134]해 본다.

▶ 대작[135]의 지위에 있는 분이, 남에게 일을 대작[136]하게 한다.

▶ 너무나 더운 여름 염독[137]에도 불구하고 한문책을 염독[138]하고 있다.

▶ 매우 귀한 희소[139]한 물건을 구한 후 너무 좋아 희소[140]하게 된다.

▶ 게으르면 천대[141]를 흘려도 천대[142]를 받는다.

(133) (　　　　　)　(134) (　　　　　)
(135) (　　　　　)　(136) (　　　　　)
(137) (　　　　　)　(138) (　　　　　)
(139) (　　　　　)　(140) (　　　　　)
(141) (　　　　　)　(142) (　　　　　)

6 다음 □ 안에 알맞은 漢字를 넣어 四字成語를 完成하시오. (143~157)

(143) 絕長□□　(144) 千載□□
(145) 貪官□□　(146) 好事□□
(147) □□無齒　(148) □□難鳴
(149) □□之歎　(150) 無爲□□
(151) 騷人□□　(152) □□鬼沒
(153) □□無患　(154) 磨斧□□
(155) 首鼠□□　(156) 鰥寡□□
(157) □□相恤

7 다음 漢字 · 漢字語와 뜻이 반대 또는 상대되는 漢字 · 漢字語를 漢字로 쓰시오. (158~167)

(158) 逆 ↔ □　(159) 愛 ↔ □
(160) □ ↔ 靜　(161) □ ↔ 弔
(162) 稀少 ↔ □□　(163) 聰明 ↔ □□
(164) 革新 ↔ □□　(165) 都心 ↔ □□
(166) 短縮 ↔ □□　(167) 固定 ↔ □□

8 다음 漢字語를 순우리말로 고치시오. (168~177)

(168) 加錢
(169) 弦月
(170) 浮橋
(171) 蜜水
(172) 報讎
(173) 目巧
(174) 雁信
(175) 足掌
(176) 乾柿
(177) 太息

9 다음 漢字語의 類義語를 漢字로 쓰시오. (178~187)

(178) 餘裔 – □□　(179) 老樹 – □□
(180) 眼聰 – □□　(181) 手決 – □□
(182) 街談巷說 – 道□塗□
(183) 甲男乙女 – 張□李□
(184) 牽强附會 – □田□水
(185) 犬兎之爭 – □□之利
(186) 傾國之色 – □下一□
(187) 膏粱珍味 – □□珍味

10 다음 漢字의 部首를 쓰시오. (188~197)

(188) 眞　(189) 黎
(190) 每　(191) 歸
(192) 函　(193) 肯
(194) 禿　(195) 赴
(196) 爽　(197) 囊

11 다음 漢字의 略字를 쓰시오. (198~200)

(198) 膽　(199) 盧
(200) 貳

1급 실전예상문제 02회

제한시간 90분

1 다음 漢字의 讀音을 쓰시오. (1~50)

(1) 袈裟　(2) 賂物
(3) 瞳孔　(4) 狙公
(5) 鵲報　(6) 衲衣
(7) 柿雪　(8) 澄明
(9) 狡猾　(10) 堰堤
(11) 殲襲　(12) 紬緞
(13) 憔悴　(14) 涅槃
(15) 桎梏　(16) 祈禱
(17) 駒隙　(18) 顫恐
(19) 旗幟　(20) 櫻桃
(21) 捏造　(22) 肩臂
(23) 悴容　(24) 八達
(25) 撲殺　(26) 嬌態
(27) 倭寇　(28) 嗟歎
(29) 支撑　(30) 芍藥
(31) 唾液　(32) 琥珀
(33) 邪慝　(34) 斑點
(35) 鐵棒　(36) 淋漓
(37) 戟盾　(38) 遡及
(39) 膈痰　(40) 櫛比
(41) 勅令　(42) 琵琶
(43) 扼喉　(44) 痕迹
(45) 揶揄　(46) 硅酸
(47) 勃發　(48) 上膊
(49) 剪除　(50) 逼迫

2 다음 漢字의 訓과 음을 쓰시오. (51~82)

(51) 灌　(52) 餞
(53) 燎　(54) 搗
(55) 顎　(56) 袂
(57) 帙　(58) 諛
(59) 裯　(60) 謐
(61) 嘔　(62) 踪
(63) 穹　(64) 腑
(65) 渺　(66) 絆
(67) 籃　(68) 憬
(69) 壙　(70) 睹
(71) 蜃　(72) 腱
(73) 悧　(74) 樽
(75) 惘　(76) 頒
(77) 綴　(78) 恪
(79) 舵　(80) 遁
(81) 鈐　(82) 藩

※ 다음 글을 읽고, 물음에 답하시오.

가 오늘의 우리는 자신들의 지성과 양심의 엄숙[83]한 명령[84]으로 사악[85]과 잔학[86]의 현상[87]을 규탄[88] 匡正(광정)하려는 주체적 판단[89]과 사명감의 발로임을 떳떳이 선명[90]하는 바이다.

우리의 지성[91]은 暗澹(암담)한 이 거리의 현상이 민주와 자유를 위장[92]한 전제주의의 慓毒(표독)한 전횡[93]에 기인[94]한 것임을 단정[95]한다. 무릇 모든 민주주의의 정치사는 자유의 투쟁사다. 그것은 또한 여하한 형태의 전제[96]도 민중 앞에 군림[97]하는 '종이로 만든 호랑이' 같이 헤설픈 것임을 교시(敎示)한다.

나 한국의 일천[98]한 대학사가 적색 전제에의 과감[99]한 투쟁[100]의 巨劃(거획)을 掌(장)하고 있는 데 크나큰 자부[101]를 느끼는 것과 꼭 같은 논리[102]의 演繹(연역)에서 민족주의를 위장한 백색 전제에의 항의[103]를 가장 높은 영광[104]으로 우리는 자부한다.

다 근대적 민주주의의 기간은 자유다. 우리에게서 자유는 상실[105]되어 가고 있다는 것을 아니 송두리째 剝奪(박탈)되고 있다는 것을 우리는 이성의 혜안[106]으로 직시[107]한다.

이제 막 자유의 전장엔 불이 붙기 시작했다. 정당히 가져

야 할 권리[108]를 탈환[109]하기 위한 자유의 투쟁은 燎原(요원)의 불길처럼 번져 가고 있다. 자유의 전역은 바야흐로 풍성[110]해 가고 있는 것이다.

(중략)

라 저들을 보라! 비굴[111]하게도 威嚇(위하)와 폭력[112]으로 우리들을 대하려 한다. 우리는 백보를 양보[113]하고라도 인간적으로 부르짖어야 할 같은 학구(學究)의 양심을 강렬[114]히 느낀다.

보라! 우리는 기쁨에 넘쳐 자유의 횃불을 올린다. 보라! 우리는 캄캄한 밤의 침묵[115]에 자유의 종을 난타[116]하는 타수의 일익[117]임을 자랑한다. 일제의 鐵槌(철퇴) 아래 미친 듯 자유를 환호[118]하는 나의 아버지, 나의 형들과 같이－.

마 양심은 부끄럽지 않다. 외롭지도 않다. 영원한 민주주의의 사수파는 영광스럽기만 하다.

보라! 현실의 뒷골목에서 용기 없는 자학을 되씹는 자까지 우리의 대열[119]을 따른다. 나가자! 자유의 비밀[120]은 용기[121]일 뿐이다.

우리의 대열은 이성과 양심과 평화, 그리고 자유에의 열렬한 사랑의 대열이다. 모든 법은 우리를 보장[122]한다.

3 윗 글 밑줄 친 漢字語의 漢字를 正字로 쓰시오. (83~122)

(83) 엄숙 (84) 명령
(85) 사악 (86) 잔학
(87) 현상 (88) 규탄
(89) 판단 (90) 선명
(91) 지성 (92) 위장
(93) 전횡 (94) 기인
(95) 단정 (96) 전제
(97) 군림 (98) 일천
(99) 과감 (100) 투쟁
(101) 자부 (102) 논리
(103) 항의 (104) 영광
(105) 상실 (106) 혜안
(107) 직시 (108) 권리
(109) 탈환 (110) 풍성
(111) 비굴 (112) 폭력
(113) 양보 (114) 강렬
(115) 침묵 (116) 난타
(117) 일익 (118) 환호
(119) 대열 (120) 비밀
(121) 용기 (122) 보장

4 윗 글 밑줄 친 漢字語에서 첫소리가 長音인 것을 10개만 가려 그 번호를 쓰시오. (123~132)

(123) (　　　　)
(124) (　　　　)
(125) (　　　　)
(126) (　　　　)
(127) (　　　　)
(128) (　　　　)
(129) (　　　　)
(130) (　　　　)
(131) (　　　　)
(132) (　　　　)

5 다음 漢字의 部首를 쓰시오. (133~142)

(133) 嘉 (134) 孵
(135) 奠 (136) 叢
(137) 卨 (138) 秉
(139) 凱 (140) 辜
(141) 肖 (142) 肅

6 다음 漢字語의 類義語를 漢字로 쓰시오. (143~152)

(143) 風物 － □□
(144) 册房 － □□
(145) 行費 － □□
(146) 會得 － □□
(147) 氷炭之間 － 不□□天
(148) 空前絶後 － □無□無
(149) 居安思危 － 有□無□
(150) 結草報恩 － 白骨□□
(151) 槿花世界 － □繡□山
(152) 甘言利說 － □言令□

7 다음 漢字語를 순우리말로 고치시오. (153~162)

(153) 蒸炎

(154) 集塊

(155) 精米所

(156) 盛冬

(157) 余等

(158) 册禮

(159) 見奪

(160) 留鳥

(161) 深更

(162) 百穀

8 다음 <u>밑줄</u> 친 漢字語의 同音異議語를 漢字로 □□ 안에 쓰시오. (163~172)

<u>오진</u> (163) 더러운 먼지. …… □□

(164) 진단을 잘못 함. …… □□

<u>세공</u> (165) 가는 구멍. …… □□

(166) 해마다 나라에 바치는 공물. …… □□

<u>단지</u> (167) 손가락을 자름. …… □□

(168) 다만, 한갓. …… □□

<u>강설</u> (169) 눈이 내림. …… □□

(170) 강론하여 설명함. …… □□

<u>배도</u> (171) 도리에 어긋남. …… □□

(172) 섬으로 귀양 보냄. …… □□

9 다음 漢字의 略字를 쓰시오. (173~175)

(173) 珍　　(174) 遷

(175) 傑

10 다음 漢字·漢字語와 뜻이 반대 또는 상대되는 漢字·漢字語를 漢字로 쓰시오. (176~185)

(176) 厚 ↔ □

(177) 添 ↔ □

(178) □ ↔ 借

(179) □ ↔ 急

(180) 穩健 ↔ □□

(181) 濫用 ↔ □□

(182) 發掘 ↔ □□

(183) 富裕 ↔ □□

(184) 削減 ↔ □□

(185) 榮轉 ↔ □□

11 다음 □ 안에 알맞은 漢字를 넣어 四字成語를 完成하시오. (186~200)

(186) 假弄□□

(187) 鷄鳴□□

(188) 九折□□

(189) 亂臣□□

(190) 同價□□

(191) 命在□□

(192) □□晝夜

(193) □□萬象

(194) 識字□□

(195) 如履□□

(196) 唯我□□

(197) 切齒□□

(198) 萬彙□□

(199) 袖手□□

(200) □□自縛

1급 실전예상문제

1 다음 漢字의 讀音을 쓰시오. (1~50)

(1) 螳螂 (2) 竪童
(3) 木槨 (4) 怖匐
(5) 陷穽 (6) 強靭
(7) 腫氣 (8) 蹂躪
(9) 膨脹 (10) 媤宅
(11) 悖戾 (12) 眄視
(13) 語訥 (14) 沛然
(15) 隘路 (16) 擅名
(17) 熾烈 (18) 擲柶
(19) 翡翠 (20) 冒瀆
(21) 拔萃 (22) 炒麵
(23) 爺孃 (24) 蹶起
(25) 交驩 (26) 交叉
(27) 面駁 (28) 蹉跌
(29) 輻輳 (30) 疋木
(31) 泄瀉 (32) 糟粕
(33) 懈惰 (34) 吝嗇
(35) 昇遐 (36) 珊瑚
(37) 刺繡 (38) 蟠車
(39) 巴蜀 (40) 昂騰
(41) 劫奪 (42) 賭博
(43) 詭辯 (44) 胚芽
(45) 窈窕 (46) 嚮導
(47) 渦形 (48) 澁苦
(49) 樸直 (50) 褒賞

2 다음 漢字의 訓과 音을 쓰시오. (51~82)

(51) 駝 (52) 顴
(53) 撥 (54) 截
(55) 蚓 (56) 喻
(57) 跛 (58) 崎
(59) 眈 (60) 喝
(61) 偕 (62) 稼
(63) 拭 (64) 剌
(65) 迭 (66) 誼
(67) 牢 (68) 轎
(69) 嘲 (70) 佩
(71) 蔓 (72) 煤
(73) 慌 (74) 拮
(75) 痢 (76) 梗
(77) 饉 (78) 瞭
(79) 痔 (80) 扇
(81) 麪 (82) 懺

※ 다음 글을 읽고, 물음에 답하시오.

가 인체는 작은 지구다. 혈관[83]이라는 도로가 있고, 혈관 가지는 구석구석 뻗어나가 각 가정에 해당하는 세포[84]로 연결된다. 세포는 생명을 유지[85]하는 가장 기본적인 단위(單位)다. 영양[86]과 산소[87]를 공급[88]받아 생명 활동을 하고 여기서 생산된 쓰레기는 역시 혈관을 통해 외부로 배출[89]된다. 환경[90] 공해 물질이 인류의 생존(生存)을 위협[91]하듯 인간을 병들게 하는 것도 역시 몸에 쌓인 노폐물[92]이다.

나 몸 안에서 만들어지는 대표적인 쓰레기인 암모니아나 요소·요산은 단백질이 분해하면서, 그리고 이산화탄소는 당과 지방이 산화하면서 에너지가 나올 때 생성된다.
몸 밖에서도 오염[93]물질이 들어온다. 식품 첨가물[94], 의약품, 담배·술과 같은 기호(嗜好) 식품에도 들어 있다. 매일 생산되는 노폐물은 크게 세 가지 경로[95]로 처리[96]된다.
물에 녹는 쓰레기는 혈액 속을 떠돌다 소변(小便)을 통해, 기름에 녹는 지용성[97] 쓰레기는 간에서 대사[98]돼 담도[99]를 통해, 가스성인 것은 호흡[100]을 통해 밖으로 나간다.
그렇다면 몸 안의 쓰레기를 효율적으로 배출하려면 어떻게 해야 할까.

다 첫째는 청소차가 잘 다닐 수 있도록 만들어 줘야 한다. 이른바 원활[101]한 혈액 순환이다.
우리 몸에는 두 개의 심장[102]이 있다. 하나는 가슴에, 또 하나는 하반신[103]에 있는 다리 근육[104]에 있다. 가슴의 심장은 신선[105]한 혈액(동맥혈)을 몸 구석구석 보내 주는 역할[106]은 하지만 쓰레기를 실은 혈액(정맥혈)을 불러들이는 힘은 없다. 이 기능을 하는 제 2의 심장이 바로 다리에 있는 정맥[107] 혈관이다. 이 혈관을 꽉꽉 짜서 혈액을 심장으로 올려 보내야 한다. 방법은 많이 걸으라는 것.
둘째는 청소차를 늘려야 한다. 소변량을 늘려야 쓰레기가 많이 밖으로 나간다. 우리 혈액 내 요소와 요산은 400~500ml 정도 된다. 이 독소[108]들이 빠져 나가지 못하면 요독증에 걸린다. 통풍[109]의 원인이 되기도 한다. 이를 예방[110]하기 위해선 물을 많이 마셔야 한다. 양을 따지기 전에 평소보다 많다고 생각할 정도로 마신다. 정상적인 신장[111]이라면 하루 20리터 이상 소변을 배출할 수 있다.
라 셋째는 호흡이다. 우리 몸에서 생성된 이산화탄소는 폐의 폐포(허파꽈리)라는 가스 교환 장치를 통해 외부로 나온다. 사람과 같은 생명체는 날숨(내뱉는 숨)으로 이산화탄소를 배출하고, 들숨(들이마시는 숨)으로 산소를 마신다. 이 때 중요한 것이 날숨이다. 충분히 숨을 내뱉지 못하면 폐포[112] 내에 이산화탄소가 남게 되고, 숨을 들이쉴 때 산소가 몸 속 깊숙이 들어오지 못한다. 따라서 날숨으로 몸 안의 가스를 충분(充分)히 내뿜으라는 것이다. 이것이 바로 복식[113]호흡이다. 가슴으로 얕게 숨을 쉬지 말고, 배가 오르내리는 복식호흡을 습관[114]화하도록 한다.
마 마지막으로 식이 섬유를 많이 섭취[115]해야 한다. 우리는 식사를 통해 식품에 들어 있는 수많은 유독 물질을 먹고, 그것이 장에 머무른다. 장에 이런 유독 물질의 흡수를 방해하는 것이 식이 섬유다. 식이 섬유에는 물에 녹는 것과 녹지 않는 것이 있다. 전자에는 해조류 등에 풍부[116]한 알긴산, 후코이단, 라미나린 같은 성분이 들어 있다. 알긴산 등 수용성 섬유[117]는 유해 물질을 흡착해 밖으로 운반[118]한다. 후자에는 채소[119]에 많은 셀룰로즈(동물에는 없는 세포벽 구성 성분) 등 다당류[120]가 있다. 셀룰로즈는 물을 흡수해 부풀고, 그 결과 변의 양을 늘려 대장을 자극한다. 장내의 변 통과 시간이 단축[121]되므로 그만큼 유독 물질이 장점액과 접촉[122]할 기회를 줄이는 것이다.

3 윗 글 밑줄 친 漢字語의 漢字를 正字로 쓰시오. (83~122)

(83) 혈관 (84) 세포
(85) 유지 (86) 영양
(87) 산소 (88) 공급
(89) 배출 (90) 환경
(91) 위협 (92) 노폐물
(93) 오염 (94) 첨가물
(95) 경로 (96) 처리
(97) 지용성 (98) 대사
(99) 담도 (100) 호흡
(101) 원활 (102) 심장
(103) 하반신 (104) 근육
(105) 신선 (106) 역할
(107) 정맥 (108) 독소
(109) 통풍 (110) 예방
(111) 신장 (112) 폐포
(113) 복식 (114) 습관
(115) 섭취 (116) 풍부
(117) 섬유 (118) 운반
(119) 채소 (120) 다당류
(121) 단축 (122) 접촉

4 윗 글 밑줄 친 漢字語에서 첫소리가 長音인 것을 10개만 가려 그 번호를 쓰시오. (123~132)

(123) ( ) (124) ( )
(125) ( ) (126) ( )
(127) ( ) (128) ( )
(129) ( ) (130) ( )
(131) ( ) (132) ( )

5 다음 漢字語의 同音異議語를 □ 안에 쓰시오. (長短音이나 硬軟音은 관계 없음.) (133~142)

(133) 投射 - □□ : 얇은 종이를 대고 그대로 베낌.
(134) 紅桃 - □□ : 넓고 큰 계획.
(135) 口傳 - □□ : 옛날 돈.
(136) 密封 - □□ : 꿀벌.
(137) 幄手 - □□ : 모질고 사나운 짐승.
(138) 噴射 - □□ : 분을 이기지 못하여 죽음.
(139) 照破 - □□ : 씨앗을 철보다 일찍 뿌림.
(140) 産室 - □□ : 흩어져 없어짐.
(141) 安全 - □□ : 눈앞.
(142) 正門 - □□ : 정수리. 숨구멍.

6 다음 漢字·漢字語와 뜻이 반대 또는 상대되는 漢字·漢字語를 漢字로 쓰시오. (143~152)

(143) 遲 ↔ □

(144) 早 ↔ □

(145) □ ↔ 反

(146) □ ↔ 淺

(147) 固執 ↔ □□

(148) 老鍊 ↔ □□

(149) 敵對 ↔ □□

(150) 分析 ↔ □□

(151) 單一 ↔ □□

(152) 質疑 ↔ □□

7 다음 □ 안에 알맞은 漢字를 넣어 四字成語를 完成하시오. (153~167)

(153) □□之功

(154) □□難忘

(155) □□有骨

(156) □□夜行

(157) 內憂□□

(158) 拍掌□□

(159) 附和□□

(160) □□加霜

(161) □□君子

(162) □□近攻

(163) □□制剛

(164) 錦繡□□

(165) □□慷慨

(166) 一瀉□□

(167) □□誣民

8 다음 漢字의 部首를 쓰시오. (168~177)

(168) 犀　　(169) 龐

(170) 民　　(171) 次

(172) 勝　　(173) 兩

(174) 肋　　(175) 歪

(176) 甄　　(177) 胤

9 다음 漢字의 略字를 쓰시오. (178~180)

(178) 擴　　(179) 災

(180) 屬

10 다음 漢字語의 類義語를 漢字로 쓰시오. (181~190)

(181) 糞池 – □□

(182) 現今 – □□

(183) 客語 – □□

(184) 玄門 – □□

(185) 孤立無援 – 四面□□

(186) 姑息之計 – □時□通

(187) 九牛一毛 – □海一□

(188) 難兄難弟 – 莫□莫□

(189) 流言蜚語 – 道□塗□

(190) 同病相憐 – 類類□□

11 다음 漢字語를 순우리말로 고치시오. (191~200)

(191) 長舌

(192) 醬肉

(193) 黑穗

(194) 居常

(195) 飯粒

(196) 繩戲

(197) 月梳

(198) 猝然

(199) 美聞

(200) 陷地

제한시간 90분

1 다음 漢字의 讀音을 쓰시오. (1~50)

(1) 躊躇 (2) 黃疸
(3) 巫覡 (4) 闇鈍
(5) 酋長 (6) 窺視
(7) 股間 (8) 膣炎
(9) 柴扉 (10) 銓衡
(11) 抒厠 (12) 逋脫
(13) 詛呪 (14) 掘鑿
(15) 蛋白 (16) 灼熱
(17) 工廠 (18) 檻車
(19) 訃告 (20) 醋酸
(21) 牡牛 (22) 眞摯
(23) 脺臟 (24) 諱日
(25) 無聊 (26) 驕慢
(27) 醱酵 (28) 啼泣
(29) 瓦礫 (30) 癡呆
(31) 跌宕 (32) 浚渫
(33) 楕圓 (34) 敬虔
(35) 濾過 (36) 糊塗
(37) 萌芽 (38) 蕭寂
(39) 剩餘 (40) 犧牲
(41) 辛辣 (42) 怯懦
43) 模楷 (44) 脆軟
(45) 鹿茸 (46) 干潟
(47) 脊椎 (48) 縊殺
(49) 弑害 (50) 讖書

2 다음 漢字의 訓과 音을 쓰시오. (51~82)

(51) 爾 (52) 嘉
(53) 蝕 (54) 惻
(55) 蝸 (56) 枸
(57) 釘 (58) 衾
(59) 毆 (60) 碌
(61) 煽 (62) 描
(63) 諷 (64) 鰍
(65) 襟 (66) 紺
(67) 鯨 (68) 仇
(69) 誹 (70) 帛
(71) 姨 (72) 蝦
(73) 擦 (74) 凌
(75) 憑 (76) 竿
(77) 酪 (78) 饅
(79) 鞭 (80) 竭
(81) 訊 (82) 塚

※ 다음 글을 읽고, 물음에 답하시오.

가 "정말 무서운 것은 신화[83]에 나오는 괴물[84]이나 미치광이가 아니라 우리가 살고 있는 현실이다.

영화 안팎에서 숱한 아이들을 악몽[85]에 시달리게 한 살인마 프레디 크루거(나이트메어. 1984)를 창조[86]한 감독[87]의 입에서 나온 말은 좀 뜻밖이었다. 신작 '나이트 플라이트'(원제 Red Eyes)의 개봉[88]을 앞두고 지난 달 미국 로스앤젤레스의 한 호텔에서 미국 공포[89]영화의 거물로 꼽히는 웨스 크레이븐(66) 감독을 만났다.

나 감독은 "인간이 가장 무섭다"고 부연[90] 설명을 했다. "인간이란 이성적인 측면도 갖고 있지만, 상화에 따라 얼마든지 극악무도[91]해질 수 있는 양면적인 존재"라는 것이다.

'현실의 인간' 이라는 공포의 키워드는 '나이트플라이트' 에도 딱 맞아떨어진다. 여주인공이 밤 비행기에 몸을 싣고 좀 쉬어 보려는 찰나 바로 옆좌석에 앉은 멀쩡한 남자가 숨막히는 공포의 대상[92]이 된다는 줄거리다. 비행기라는 폐쇄[93]된 공간에서 여주인공은 도망[94]칠 수도 도움을 청할 수도 없는 처지[95]가 된다.

다 "비행기만이 아니다. 사무실 · 학교 같은 익숙한 공간에서도 정작 일이 터지면 전혀 통제[96]가 이뤄지지 않는 경우가 많다. 9 · 11 사태[97]로 우리가 평소 얼마나 무방비[98] 상태였는지 알게 되지 않았나. 이런 믿을 수 없는 일이 일어나는 게 현실이다" 이런 지론[99]을 바탕으로 감독은 공포 영화의 독특한 효용[100]을 지적했다. "현실에서 가능한 공포를 대리[101] 경험[102]하는 방법 중 하나이고 주인공을 통해 대처 방법을 배울 수도 있다"는 요지다.

라 감독은 "공포는 결국 극복[103]해야 하는 대상"이라고 했다. "왜 내 영화에서는 주로 여성 캐릭터가 괴롭힘을 당하냐고? 공포 영화의 본질[104]을 강자의 억압[105]이 아니라 약자가 강자를 이겨 내도록 하는 것이다. 남자보다 신체적으로 더 약하면서도 감수성[106]은 더 예민[107]한 여자가 어려움을 극복하는 모습이 훨씬 극적이지 않나."

마 온화[108]한 외모[109]를 가진 감독은 이력 역시 독특[110]하다. 독실한 침례교[111] 가정에서 자란 그는 영화[112]가 아닌 영문학 · 심리학을 공부했고, 대학에서 5년간 서양 인문학을 강의하다 서른이 넘어서야 영화계에 입문했다. 그 덕분에 30여 년간 줄곧 공포 영화를 만들면서도 장르의 관습[113]에 매몰[114]되지 않고 '스크림'(96) 시리즈처럼 공포물의 뻔한 장치[115]를 재창조하는 작품을 만들 수 있었는지도 모른다. 그는 "영화와 강의는 크게 다르지 않다"는 흥미[116]로운 이론을 폈다.

"대학 강의는 학생 50여 명을 대상으로 한 시간 넘게 졸지 않도록 이런 저런 관심을 지속적[117]으로 이끌어 내고, 즐길거리와 성취 동기를 끊임없이 던져 줘야 한다는 점이 영화 연출[118]과 마찬가지다. 대학에서는 특히 그리스 신화를 많이 강의했다. 강단[119]에서 가르쳤던 4000년 넘은 그리스 신화들이 내 영화에 반영[120]되기고 한다. 평론가들은 그런 장치를 비웃기도 하지만, 신화가 다루는 요소는 사람들의 잠재[121] 의식 속에 여전히 뿌리깊게 남아 있다."

관객들을 공포에 몰아놓는 게 장기[122]인 이 감독에게 제일 무서운 건 뭘까. "이제까지 다뤄 온 소재 자체가 내가 제일 무서워하는 것"이라고 했다.

3 윗 글 밑줄 친 漢字語의 漢字를 正字로 쓰시오. (83~122)

(83) 신화 (84) 괴물
(85) 악몽 (86) 창조
(87) 감독 (88) 개봉
(89)) 공포 (90) 부연
(91) 극악무도 (92) 대상
(93) 폐쇄 (94) 도망
(95) 처지 (96) 통제
(97) 사태 (98) 무방비
(99) 지론 (100) 효용
(101) 대리 (102) 경험
(103) 극복 (104) 본질
(105) 억압 (106) 감수성
(107) 예민 (108) 온화
(109) 외모 (110) 독특
(111) 침례교 (112) 영화
(113) 관습 (114) 매몰
(115) 장치 (116) 흥미
(117) 지속적 (118) 연출
(119) 강단 (120) 반영
(121) 잠재 (122) 장기

4 윗 글 밑줄 친 漢字語에서 첫소리가 長音인 것을 10개만 가려 그 번호를 쓰시오. (123~132)

(123) ( ) (124) ( )
(125) ( ) (126) ( )
(127) ( ) (128) ( )
(129) ( ) (130) ( )
(131) ( ) (132) ( )

5 다음 □ 안에 알맞은 漢字를 넣어 四字成語를 完成하시오. (133~147)

(133) 群雄□□ (134) 丹脣□□
(135) 面從□□ (136) 封庫□□
(137) 不恥□□ (138) 桑田□□
(139) □□思之 (140) 仁者□□
(141) 赤手□□ (142) □□未聞
(143) □□徹尾 (144) 吐哺□□
(145) □□續貂 (146) □□瞭然
(147) 狐假□□

6 다음 漢字語의 反對語를 漢字로 쓰시오. (148~157)

(148) 依他 ↔ □□
(149) 悲哀 ↔ □□
(150) 滅亡 ↔ □□
(151) 樂天 ↔ □□
(152) 困難 ↔ □□
(153) 架空 ↔ □□
(154) 建設 ↔ □□
(155) 拘束 ↔ □□
(156) 屈服 ↔ □□
(157) 具體 ↔ □□

7 다음 同音異議語를 한 가지씩 쓰시오. (長短音 관계 없음) (158~167)

(158) 凶服 − □□
(159) 扉立 − □□
(160) 等圓 − □□
(161) 威權 − □□
(162) 時務 − □□
(163) 脈流 − □□
(164) 腐心 − □□
(165) 餘乘 − □□
(166) 朝寢 − □□
(167) 朔祭 − □□

8 다음 漢字語의 類義語를 漢字로 쓰시오. (168~177)

(168) 轉照 − □□
(169) 學債 − □□
(170) 早卒 − □□
(171) 邦憲 − □□
(172) 莫上莫下 − □仲之□
(173) 萬彙群象 − □□萬象
(174) 單刀直入 − 去□截□
(175) 猫項懸鈴 − 卓上□□
(176) 物心一如 − □□一體
(177) 白眉 − 群□一□

9 다음 漢字語를 순우리말로 고치시오. (178~187)

(178) 天上水
(179) 再昨日
(180) 小米
(181) 孤島
(182) 負商
(183) 地龍
(184) 隻愛
(185) 殘照
(186) 蓮實
(187) 手紋

10 다음 漢字의 部首를 쓰시오. (188~197)

(188) 毖　(189) 烏
(190) 靡　(191) 炭
(192) 杳　(193) 升
(194) 兆　(195) 染
(196) 釋　(197) 孰

11 다음 漢字의 略字를 쓰시오. (198~200)

(198) 佛　(199) 棄
(200) 獻

1급 실전예상문제

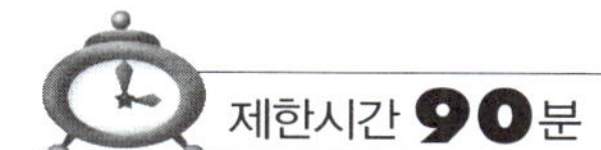

1 다음 漢字의 讀音을 쓰시오. (1~50)

(1) 開闢　(2) 咽喉
(3) 掉頭　(4) 分碎
(5) 譴責　(6) 揶揄
(7) 讒言　(8) 猥濫
(9) 龜殼　(10) 寥闊
(11) 涅槃　(12) 駕鶩
(13) 翠簾　(14) 綻露
(15) 簒奪　(16) 夙夜
(17) 漲滿　(18) 蒸溜
(19) 海溢　(20) 鳩聚
(21) 笏記　(22) 鞏固
(23) 遝至　(24) 憑藉
(25) 胥吏　(26) 詰難
(27) 稟告　(28) 贖罪
(29) 攄得　(30) 洗滌
(31) 捺印　(32) 恍惚
(33) 剩製　(34) 國璽
(35) 羨慕　(36) 佚民
(37) 家牒　(38) 黍粟
(39) 魁奇　(40) 悍婦
(41) 荊棘　(42) 島嶼
(43) 諧謔　(44) 棲息
(45) 濫觴　(46) 聳動
(47) 玉簫　(48) 乖離
(49) 爬行　(50) 甥姪

2 다음 漢字의 訓과 音을 쓰시오. (51~82)

(51) 柩　(52) 霞
(53) 蘊　(54) 踵
(55) 礁　(56) 苛
(57) 痘　(58) 簇
(59) 稜　(60) 蔭
(61) 棉　(62) 謗
(63) 薯　(64) 紗
(65) 裔　(66) 秧
(67) 拌　(68) 葬
(69) 瘙　(70) 袈
(71) 函　(72) 彷
(73) 粱　(74) 幀
(75) 嗣　(76) 簞
(77) 璧　(78) 褐
(79) 棚　(80) 葯
(81) 蠟　(82) 戌

※ 다음 글을 읽고, 물음에 답하시오.

▶ 독일[83]식 복지와 사회 정의에 역점[84]을 둔 사회적 시장 경제 체제[85]는 '놀고먹는 복지'의 폐해[86]를 낳았다.

▶ 단체 교섭[87]에 모든 것을 맡기는 기업(企業) 경영 방식은 노동 시장의 유연성[88]을 앗아가 기업의 경쟁력[89]을 떨어뜨리는 요인(要因)이 됐다.

▶ 노동자 해고[90] 관련법을 완화[91]하고 부대[92] 비용을 축소[93]해 기업의 부담[94]을 최대한 덜어 주겠다고 공약(公約)하고 있다.

▶ 여론[95] 조사에서 확실[96]한 우위[97]를 보여 왔다. 하지만 선거[98]가 임박[99]하면서 양상[100]이 달라지고 있다.

▶ 면역력[101]이 떨어지는 이유는 고령, 항암제[102], 방사선[103], 과격[104]한 운동, 영양[105] 결핍, 자외선[106] 노출[107], 환경 공해, 에이즈바이러스 등 다양하다.

▶ 북한이 현재로서는 무력 도발[108]을 감행[109]할 것 같지는 않다. 지금 우리는 시간을 허비[110]하지 말고 국력을 증강[111]해야 한다.

▶ "한국 정부는 우방국[112]의 대북 관계[113] 개선(改善) 결정을 존중[114]하고 환영[115]한다"는 성명[116]을 발표했다.

▶ 수필은 정열이나 심오한 지성을 내포[117]한 문학이 아니요, 그저 수필가가 쓴 단순[118]한 글이다. 수필은 흥미를 주지마는 읽는 사람을 흥분[119]시키지는 않는다. 수필은 마음의 산책[120]이다. 그 속에는 인생의 향취[121]와 여운[122]이 숨어 있다.

3 윗 글 밑줄 친 漢字語의 漢字를 正字로 쓰시오. (83~122)

(83) 독일 (84) 역점
(85) 체제 (86) 폐해
(87) 교섭 (88) 유연성
(89) 경쟁력 (90) 해고
(91) 완화 (92) 부대
(93) 축소 (94) 부담
(95) 여론 (96) 확실
(97) 우위 (98) 선거
(99) 임박 (100) 양상
(101) 면역력 (102) 항암제
(103) 방사선 (104) 과격
(105) 영양 (106) 자외선
(107) 노출 (108) 도발
(109) 감행 (110) 허비
(111) 증강 (112) 우방국
(113) 관계 (114) 존중
(115) 환영 (116) 성명
(117) 내포 (118) 단순
(119) 흥분 (120) 산책
(121) 향취 (122) 여운

4 윗 글 밑줄 친 漢字語에서 첫소리가 長音인 것을 10개만 가려 그 번호를 쓰시오. (123~132)

(123) ( ) (124) ( )
(125) ( ) (126) ( )
(127) ( ) (128) ( )
(129) ( ) (130) ( )
(131) ( ) (132) ( )

5 다음 漢字語의 類義語를 漢字로 쓰시오. (133~142)

(133) 冷節 – □□
(134) 分娩 – □□
(135) 舟師 – □□
(136) 天漢 – □□
(137) 榮枯盛衰 – □□盛衰
(138) 百尺竿頭 – □前□火
(139) 目不識丁 – □□不辨
(140) 馬耳東風 – 牛耳□□
(141) 種豆得豆 – □□應報
(142) 金城湯池 – □□不落

6 다음 漢字의 略字를 쓰시오. (143~145)

(143) 漆 (144) 攝
(145) 覓

7 다음 漢字語를 순우리말로 고치시오. (146~155)

(146) 午風
(147) 去番
(148) 血餠
(149) 草笛
(150) 斑馬
(151) 炙鐵
(152) 零雨
(153) 水鼓
(154) 塊石
(155) 虛飾

8 다음 同音異議語를 구별하여 알맞은 漢字語를 正字로 쓰시오. (156~165)

▶ 재수[156] 없어 시험 기간에 아파, 부득이 재수[157]하게 되었다.
▶ 험한 악재[158]가 있었어도, 노력하는 음악가의 악재[159]를 가리지는 못했다.
▶ 도서관 관장[160]께서 도서 전시회를 관장[161]하셨다.
▶ 불교 문화의 보고[162]인 사찰 현황을 문화제에 보고[163]하다.
▶ 피리에 적성[164]이 맞는다는 동생의 피리 연주 적성[165]이 은은하다.

(156) (　　　)　(157) (　　　)
(158) (　　　)　(159) (　　　)
(160) (　　　)　(161) (　　　)
(162) (　　　)　(163) (　　　)
(164) (　　　)　(165) (　　　)

9 다음 漢字 · 漢字語와 뜻이 반대 또는 상대되는 漢字 · 漢字語를 漢字로 쓰시오. (166~175)

(166) 勤 ↔ □
(167) 尊 ↔ □
(168) 浮 ↔ □
(169) 彼 ↔ □
(170) 興奮 ↔ □□
(171) 敏速 ↔ □□
(172) 騷亂 ↔ □□
(173) 義務 ↔ □□
(174) 眞實 ↔ □□
(175) 繁榮 ↔ □□

10 다음 □ 안에 알맞은 漢字를 넣어 四字成語를 完成하시오. (176~190)

(176) 支離□□
(177) 破邪□□
(178) □□無恥
(179) 肝膽□□
(180) □□令色
(181) 金石□□
(182) □□大失
(183) □□墻花
(184) 薄利□□
(185) □□水明
(186) □□樂道
(187) 甘呑□□
(188) □□補牢
(189) 十匙□□
(190) □□顚倒

11 다음 漢字의 部首를 쓰시오.(191~200)

(191) 壽　(192) 衛
(193) 聖　(194) 尨
(195) 夙　(196) 卓
(197) 克　(198) 再
(199) 麪　(200) 罕

1급 실전예상문제 06회

제한시간 90분

1 다음 漢字의 讀音을 쓰시오. (1~50)

(1) 嚆矢　(2) 頑強
(3) 痙攣　(4) 羹粥
(5) 嗤笑　(6) 愉快
(7) 冤痛　(8) 矜持
(9) 芭蕉　(10) 紬緞
(11) 詔告　(12) 勘處
(13) 膾炙　(14) 封套
(15) 匍匐　(16) 豹紋
(17) 恍惚　(18) 鼻腔
(19) 鰥居　(20) 撒袋
(21) 不逞　(22) 凜烈
(23) 闡明　(24) 簑笠
(25) 徘徊　(26) 犀舟
(27) 蟄居　(28) 純粹
(29) 澎湃　(30) 羈絆
(31) 阮丈　(32) 漕船
(33) 跋辭　(34) 飛翔
(35) 寵臣　(36) 黎明
(37) 蒐輯　(38) 眷顧
(39) 捕虜　(40) 堊車
(41) 凱歌　(42) 琵琶
(43) 覺醒　(44) 瘤贅
(45) 忖度　(46) 棗栗
(47) 大捷　(48) 豬勇
(49) 旱魃　(50) 顚倒

2 다음 漢字의 訓과 音을 쓰시오. (51~82)

(51) 罕　(52) 嗾
(53) 婿　(54) 毅
(55) 硼　(56) 孵
(57) 倨　(58) 愴
(59) 衒　(60) 鎚
(61) 擡　(62) 酩
(63) 仔　(64) 粘
(65) 膏　(66) 錚
(67) 悌　(68) 宥
(69) 腺　(70) 笠
(71) 簾　(72) 伍
(73) 蹈　(74) 膝
(75) 椎　(76) 甦
(77) 哄　(78) 綾
(79) 葺　(80) 嚬
(81) 陛　(82) 攪

※ 다음 글을 읽고, 물음에 답하시오.

> 평화 봉사단 같은 큰 규모[83]는 아니지만 2001년 미국에서는 민간 전문가들에 의해 GIS(지리 정보 시스템) 봉사단이 결성[84]됐다. GIS는 지도나 위성[85] 영상, 항공[86] 사진, GPS 등을 이용하여 얻어진 지리 정보를 활용하는 기술로서 다양한 시나리오를 분석[87]하여 최적[88]의 의사 결정을 지원[89]한다.
>
> GIS 봉사단이 만들어진 계기[90]는 뉴욕의 9·11 테러였으며 테러 발생 초기 인근[91] 허름한 빌딩의 지하실에서 시청[92]의 GIS 장비를 가져다 민간 전문가들이 자원 봉사를 시작했다. 사고 지역 주변[93]의 지형(地形) 등을 분석하여 소방대원들의 인명 구조[94]와 물자, 장비[95] 등의 제공[96]을 위한 경로 등 제반[97] 정보[98]를 경찰[99]에 제공하고, 사고 전후의 위성 영상 등을 분석하여 추후[100] 테러에 대비[101]한 과학적 자료[102]를 남기기도 했다. 당시 인명 구조에 경찰과 공무원이 전원 투입[103]된 만큼 자원 봉사에 의한 지리 정보의 분석은 迅速(신속)한 사고의 수습[104]과 대책 마련에 많은 공헌[105]을 했다. (중략)

미국에서 이러한 민간 전문가의 자원 봉사가 가능한 것은 손쉽게 지리 정보를 확보[106]할 수 있고 상시[107] 갱신[108]을 통해 지리 정보가 현실 세계를 정확히 반영하기 때문이다. 그만큼 정부에서 평소에 지리 정보의 유지[109] 갱신에 많은 예산[110]을 투입하고 있는 것이다. 우리 나라도 건교부에서 94년부터 국가 GIS 사업을 통하여 국토 전반의 지리 정보와 도시 기반 시설물 관련[111] 지리 정보를 제작[112]해 활용 중이다. 정보의 접근성은 우리도 많이 좋아진 반면, 지자체와 중앙정부의 예산 확보가 어려워 지리 정보의 수시[113] 갱신이 되지 않아 정확성이 결여[114]되어 활용도가 많이 떨어지는 실정[115]이다. 특히 국가적 차원[116]에서는 위치[117] 정보를 바탕으로 최신의 지리 정보가 지상 시설물과 7대 지하 시설물 즉, 상하수도, 전기, 통신, 개스, 지역 난방[118], 송유관[119] 등을 대상으로 구축[120]되어야 한다. 그래야 평상시 효율적인 시설물[121] 관리는 물론 국가 비상 사태시 손쉽게 지리 정보를 분석하여 상황의 변화에 따른 의사 결정과 대안[122] 제시가 가능하다.

3 윗 글 밑줄 친 漢字語의 漢字를 正字로 쓰시오. (83~122)

(83) 규모　(84) 결성
(85) 위성　(86) 항공
(87) 분석　(88) 최적
(89) 지원　(90) 계기
(91) 인근　(92) 시청
(93) 주변　(94) 구조
(95) 장비　(96) 제공
(97) 제반　(98) 정보
(99) 경찰　(100) 추후
(101) 대비　(102) 자료
(103) 투입　(104) 수습
(105) 공헌　(106) 확보
(107) 상시　(108) 갱신
(109) 유지　(110) 예산
(111) 관련　(112) 제작
(113) 수시　(114) 결여
(115) 실정　(116) 차원
(117) 위치　(118) 난방
(119) 송유관　(120) 구축
(121) 시설물　(122) 대안

4 윗 글 밑줄 친 漢字語에서 첫소리가 長音인 것을 10개만 가려 그 번호를 쓰시오. (123~132)

(123) (　　　)　(124) (　　　)
(125) (　　　)　(126) (　　　)
(127) (　　　)　(128) (　　　)
(129) (　　　)　(130) (　　　)
(131) (　　　)　(132) (　　　)

5 다음 漢字의 部首를 쓰시오. (133~142)

(133) 夜　(134) 衰
(135) 舊　(136) 屯
(137) 壹　(138) 勒
(139) 甚　(140) 奧
(141) 威　(142) 曳

6 다음 漢字語의 類義語를 漢字로 쓰시오. (143~152)

(143) 衾枕 − □□
(144) 兵卒 − □□
(145) 斷飮 − □□
(146) 京府 − □□
(147) 宦官 − □□
(148) 西班 − □□
(149) 何待明年 − 鶴首□□
(150) 靑出於藍 − 後□可□
(151) 晝耕夜讀 − □雪之□
(152) 口蜜腹劍 − □從腹□

7 다음 漢字語를 순우리말로 고치시오. (153~162)

(153) 眼中釘

(154) 互先

(155) 齒車

(156) 剪定

(157) 排倡

(158) 蝸牛

(159) 峽間

(160) 前朔

(161) 圃田

(162) 本土人

8 다음 漢字語의 同音異議語를 漢字로 쓰시오. (163~172)

(163) 만행 : 퍽 다행함. …… □□

(164) 야만스러운 행위. …… □□

(165) 치부 : 부끄러운 부분. …… □□

(166) 재물을 모아 부자가 됨. …… □□

(167) 허약 : 허락하여 약속함. …… □□

(168) 몸이나 세력 따위가 약함. …… □□

(169) 이적 : 적을 이롭게 함. …… □□

(170) 호적을 옮김. …… □□

(171) 기복 : 복을 빎. …… □□

(172) 일어났다 엎드렸다 함. …… □□

9 다음 漢字의 略字를 쓰시오. (173~175)

(173) 縣 (174) 蠶

(175) 雙

10 다음 漢字 · 漢字語와 뜻이 반대 또는 상대되는 漢字 · 漢字語를 漢字로 쓰시오. (176~185)

(176) 眞 ↔ □

(177) 正 ↔ □

(178) 抑 ↔ □

(179) 逢 ↔ □

(180) 獨創 ↔ □□

(181) 乾燥 ↔ □□

(182) 高尙 ↔ □

(183) 拒絕 ↔ □□

(184) 却下 ↔ □□

(185) 喪失 ↔ □□

11 다음 □ 안에 알맞은 漢字를 넣어 四字成語를 完成하시오. (186~200)

(186) 屋上□□

(187) 遺臭□□

(188) 臨機□□

(189) □□社稷

(190) □□神助

(191) □□充棟

(192) □□蓄怨

(193) 江湖□□

(194) 驚天□□

(195) 權謀□□

(196) 大驚□□

(197) 斗酒□□

(198) 博而□□

(199) 康衢□□

(200) □□加鞭

1급 실전예상문제 07회

1 다음 漢字의 讀音을 쓰시오. (1~50)

(1) 魂魄 (2) 磊落
(3) 蠢動 (4) 鶯衫
(5) 諦念 (6) 挽留
(7) 螺醢 (8) 膺懲
(9) 懈惰 (10) 殺戮
(11) 腋氣 (12) 堪耐
(13) 吼怒 (14) 癲癇
(15) 鱗甲 (16) 腫瘍
(17) 肛門 (18) 翌日
(19) 杜鵑 (20) 雀躍
(21) 挺立 (22) 無垢
(23) 袞裳 (24) 梢工
(25) 殲滅 (26) 桎梏
(27) 繹騷 (28) 穿孔
(29) 觝觸 (30) 開墾
(31) 淘汰 (32) 間歇
(33) 椽木 (34) 登攀
(35) 編纂 (36) 吝嗇
(37) 廚房 (38) 繃帶
(39) 嗜好 (40) 窮乏
(41) 戰歿 (42) 昆蟲
(43) 躊躇 (44) 婉曲
(45) 揖讓 (46) 屑塵
(47) 救恤 (48) 夢寐
(49) 無辜 (50) 痲痺

2 다음 漢字의 訓과 音을 쓰시오. (51~82)

(51) 匠 (52) 柵
(53) 撰 (54) 寤
(55) 溟 (56) 杖
(57) 蛟 (58) 詠
(59) 遑 (60) 墟
(61) 貂 (62) 濱
(63) 脯 (64) 靡
(65) 轍 (66) 萍
(67) 軀 (68) 俄
(69) 麓 (70) 憚
(71) 霑 (72) 慄
(73) 欠 (74) 慨
(75) 矮 (76) 菽
(77) 兜 (78) 倡
(79) 撻 (80) 寓
(81) 煞 (82) 鹹

※ 다음 글을 읽고, 물음에 답하시오.

가 KBS 드라마 '불멸의 이순신' 이 막을 내렸다. "내 죽음을 적들에게 알리지 말라"며 쓰러진 충무공의 마지막 말은 '불멸의 영웅' 의 초상에 찍힌 畫龍點睛(화룡점정)이었다. 그 영웅은 1598년 11월 19일 노량해전[83]에서 사라졌지만, 느닷없이 21세기 한국인의 가슴 속에 불사조[84]처럼 불길을 헤치고 치솟아 올랐다. "저 바다는 나의 피도 원할 것일세…"라는 극 중 충무공의 비장[85]한 말은 바다를 뒤덮는 장엄[86]한 낙조[87]처럼 시 · 공간의 경계를 뛰어넘어 안방에까지 번졌다.

TV 드라마는 종종 한 사회를 반영[88]하는 거울 역할[89]을 한다. 시청자들은 화면 속에 전개[90]되는 이야기에 끌려가는 것에 그치지 않고 그들이 한 시대에 대해 꿈꾸고 있는 욕망[91]을 투사[92]한다. '불멸의 이순신' 은 한국사의 거대한 영웅[93]을 재현하는 드라마였지만, 시청자들은 우리 시대가 갈망[94]하는 영웅의 초상[95]을 상상 속에서 만나는 즐거움을 누렸다.

드라마는 서사[96]였지만 화면 속에서 자신의 이상을 찾은 시청자들은 서정적 태도[97]를 취했다.

나 누란[98]의 위기[99]에 처한 조국을 구한 영웅담은 한 국가의 역사 교육에서 정체성 확보[100]에 중요한 역할을 한다. 그것은 종종 과장[101]되기도 하고, 감동[102]을 강요[103]하기도 한다. 박정희 정권[104]이 정당성 확보를 위해 충무공의 영웅담을 권력화했다는 비판[105]도 그런 까닭에서 나온 것이다. 그런데 21세기 벽두에 갑자기 충무공이 부활[106]했다. 도대체 무슨 일이 일어난 것일까 소설가 김훈이 충무공의 인간적 내면을 비장하면서도, 섬세[107]한 문체로 그린 소설 '칼의 노래'로 동인 문학상을 수상[108]한 이후 '이순신 신드롬'이 일어난 것은 사실이다.

– 중략 –

다 그러나 '이순신 신드롬'은 정치보다 문화와 경제라는 생활의 영역[109]에서 더 활발했다. 출판사들은 요즘 청소년 독자들도 읽기 쉽게 '난중일기[110]'를 현대적 언어로 번역[111]해서 새로 편집[112]했고 작가 혹은 경영 전문가들의 '이순신 평전[113]'이 쏟아져 나왔다. 전쟁 영웅이 오늘날의 바람직한 지도자상이 되기에는 부적합하다는 말은 맞다. 그래서 김훈은 '12척의 배로 300여 척의 적을 무찌르는 일이 생기지 않도록 미리 대처하는 것이 진정한 지도자'라고 일갈했다. 한 경제학자는 이순신에게서 CEO의 자질을 배워야 한다고 했다. 세계 최초의 철갑선[114] 거북선을 건조[115]하고 울돌목 등의 뱃길을 활용한 충무공의 전략은 '차별화를 통한 경쟁력 확대'라는 경영의 지혜로 되살려야 한다는 것이다. 충무공의 삶을 잘 읽으면 '조직 구성원간의 역할 분담 및 팀워크의 구축[116]' '경쟁[117] 정보의 수집과 관리'라는 경영의 왕도가 보인다는 얘기다.

그런 충무공의 반대편에 선조가 있다. 당파 싸움에 휘둘려 우왕좌왕한 선조의 모습은 우리가 피해야 할 지도자의 초상을 극명[118]하게 보여 주었다. 그러나 부하에게 자상했고, 권력 다툼에 빠지지 않았던 이순신은 우리가 지금 이 순간 간절[119]히 그리워하는 지도자의 전형[120]이었다. 드라마 '불멸의 이순신'이 누린 인기 비결[121]은 그런 지도자가 현실에 도래[122]하기를 바라는 민심이 지배적이었기 때문이다. 드라마의 마지막회를 지켜본 시청자들은 이순신의 최후 못지않게 그와 같은 지도자가 부재하는 현실에 더 가슴아파했다.

2005. 8. 29(월) 조선일보

3 윗 글 밑줄 친 漢字語의 漢字를 正字로 쓰시오. (83~122)

(83) 노량해전　(84) 불사조
(85) 비장　(86) 장엄
(87) 낙조　(88) 반영
(89) 역할　(90) 전개
(91) 욕망　(92) 투사
(93) 영웅　(94) 갈망
(95) 초상　(96) 서사
(97) 태도　(98) 누란
(99) 위기　(100) 확보
(101) 과장　(102) 감동
(103) 강요　(104) 정권
(105) 비판　(106) 부활
(107) 섬세　(108) 수상
(109) 영역　(110) 난중일기
(111) 번역　(112) 편집
(113) 평전　(114) 철갑선
(115) 건조　(116) 구축
(117) 경쟁　(118) 극명
(119) 간절　(120) 전형
(121) 비결　(122) 도래

4 윗 글 밑줄 친 漢字語에서 첫소리가 長音인 것을 10개만 가려 그 번호를 쓰시오. (123~132)

(123) (　　)　(124) (　　)
(125) (　　)　(126) (　　)
(127) (　　)　(128) (　　)
(129) (　　)　(130) (　　)
(131) (　　)　(132) (　　)

5 다음 漢字의 部首를 쓰시오. (133~142)

(133) 奉　(134) 覓
(135) 者　(136) 席
(137) 報　(138) 乖
(139) 率　(140) 徽
(141) 疆　(142) 截

6 다음 類義語를 漢字로 쓰시오. (143~152)

(143) 地味　(144) 重圈
(145) 鴻儒　(146) 終制

(147) 交涉　　(148) 領土
(149) 籠絡　　(150) 年歲
(151) 海外　　(152) 背恩

7 다음 □ 안에 알맞은 同音異議語를 쓰시오. (153~162)

보조 (153) □□를 맞추어 걷다.
(154) 경비의 일부를 □□하다.
보수 (155) 무너진 둑을 □□하다.
(156) 폐쇄된 사회는 대개 □□적이다.
취사 (157) □□ 당번.
(158) □□ 선택.
후정 (159) 봄날 □□을 산책하다.
(160) 어려울 때 도와 준 □□에 감사하다.
양호 (161) 붓은 □□로 만든다.
(162) □□ 교사.

8 다음 漢字의 略字를 쓰시오. (163~165)

(164) 寧　　(164) 龜
(165) 壹

9 다음 漢字語를 순우리말로 고치시오. (166~175)

(166) 花詞　　(167) 退潮
(168) 隅角　　(169) 陽炎
(170) 白墨　　(171) 石鼎
(172) 火斗　　(173) 針孔
(174) 凹鏡　　(175) 半草

10 다음 漢字의 뜻이 反對 또는 相對되는 漢字를 써 넣어 낱말이 되게 하시오. (176~185)

(176) 及 ↔ □
(177) 集 ↔ □
(178) □ ↔ 寡
(179) 當 ↔ □
(180) □ ↔ 合
(181) 與 ↔ □
(182) □ ↔ 愚
(183) 乾 ↔ □
(184) 起 ↔ □
(185) □ ↔ 婦

11 다음 四字成語의 빈 칸을 漢字로 채우시오. (186~200)

(186) 拔本□□
(187) 四通□□
(188) 歲寒□□
(189) 羊頭□□
(190) □□梨落
(191) □□百世
(192) □□掘井
(193) □□爲馬
(194) 抱腹□□
(195) 紅爐□□
(196) 誇大□□
(197) 金城□□
(198) □□截尾
(199) 猫□□鈴
(200) □□摸索

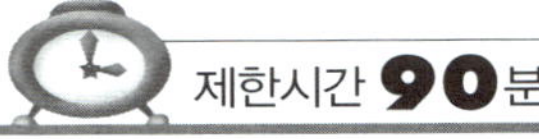

1급 실전예상문제 08회

1 다음 漢字의 讀音을 쓰시오. (1~50)

(1) 澣滌 (2) 肇業
(3) 滴瀝 (4) 混沌
(5) 瘧疾 (6) 輓歌
(7) 傀儡 (8) 香盒
(9) 邂逅 (10) 捐棄
(11) 拐騙 (12) 奢侈
(13) 孕胎 (14) 匡正
(15) 補塡 (16) 廛鋪
(17) 葡萄 (18) 放蕩
(19) 缸胎 (20) 剽竊
(21) 枳殼 (22) 殘滓
(23) 背囊 (24) 稍食
(25) 蔗糖 (26) 鴻鵠
(27) 塹壕 (28) 鐸鈴
(29) 洑稅 (30) 懾畏
(31) 豪俠 (32) 呪文
(33) 淡靄 (34) 篆書
(35) 瑕疵 (36) 魚醢
(37) 銳鋒 (38) 酒筵
(39) 涵養 (40) 戎夷
(41) 愚昧 (42) 做工
(43) 輝煌 (44) 磬石
(45) 吹噓 (46) 糠粃
(47) 箸筒 (48) 囹圄
(49) 秤錘 (50) 几筵

2 다음 漢字의 訓과 音을 쓰시오. (51~82)

(51) 灑 (52) 轄
(53) 邸 (54) 稗
(55) 奧 (56) 駭
(57) 抹 (58) 耘
(59) 痼 (60) 崎
(61) 聘 (62) 斟
(63) 陪 (64) 砧
(65) 饌 (66) 沸
(67) 侶 (68) 肪
(69) 餠 (70) 棍
(71) 巍 (72) 皎
(73) 恢 (74) 痘
(75) 仗 (76) 樞
(77) 騷 (78) 腕
(79) 鍼 (80) 瘀
(81) 礬 (82) 姤

※ 다음 글을 읽고, 물음에 답하시오.

가 수천[83] 개의 섬들로 이뤄진 인도네시아가 그 사이 방치[84]되던 92개 섬들에 대한 관리를 강화[85]하면서 해양 영토 넓히기에 나섰다.

문제[86]는 이들 섬들이 인도네시아의 해상 영유권을 결정짓는 경계선[87] 역할[88]을 하는데 다수가 말레이시아, 인도[89], 동티모르, 파푸아뉴기니 베트남 과 영토 분쟁 중에 있는 섬이기 때문에 언제 직접적인 교전[90]이 벌어질지 모른다는 점이라고 인도네시아 시사 주간 '템포'가 전했다.

나 인도네시아 해군과 해양 수산부, 외무부[91]는 국경을 맞댄 여러 섬들을 관리하느라 눈코 뜰 새가 없다. 그 사이 인도네시아의 해상 영유권을 결정[92]짓는 92개 섬 중 '최단' 에 있는 12개 섬은 대부분 사람들이 살지 않는 무인도로 인도네시아는 정기적으로 해양 순찰[93]을 돌게 하는 정도로 관리해 왔다.

그러나 일부 수역[94]에서 석유[95]와 천연 가스가 매장[96]된 광구[97]가 발견되면서 인도네시아 정부는 이들 섬들의 중요성을 깨닫고 관리를 통해 해상 영유권 확장[98]에 나섰다.

또 국경을 맞댄 여러 섬들이 정부의 관리 소홀[99]로 오히려 이웃 국가들에 경제적으로 의존[100]하면서 분리[101]를 주장[102]하고 나설 우려[103]가 있어 인도네시아 정부[104]는 더 긴장[105]하고 있다.

다 하지만 이들 섬들 다수가 주변국들과의 영토 분쟁 중에 있어 외교, 군사적 마찰이 우려되고 있다. 대표적[106]인 분쟁 섬으로는 인도네시아의 세바틱 연안[107] 3마일 지점에 자리잡은 술라웨시해의 카랑우나랑 암초는 인도네시아와 말레이시아가 서로 영해를 선포[108]하면서 두 쪽에 모두 걸치는 축구장만한 암초섬을 들 수 있다.

또 인도네시아가 영유권을 주장하는 최서단[109] 아체주 론도섬은 인디아와 영유권 분쟁 중이며 니파섬은 베트남과, 북술라웨시주의 미앙아스섬은 필리핀, 동누사가라 주 다나섬과 바텍섬은 각각 호주[110], 동티모르와 분쟁 중이다.

특히 말레이시아와 인도네시아의 해양[111] 영유권을 둘러싼 긴장은 전투기를 출격[112]시켜 대치할 정도로 고조[113]돼 있다.

라 올해 1월에는 말레이시아 해군이 카랑 우나랑 암초 앞에서 인도네시아 민간 어선[114]을 향해 경고[115]도 없이 사격[116]을 했으며 2월에는 말레이시아 초계기[117](B200 Super King)가 인도네시아 영공을 침범[118]하고 같은 해역에서 고속 초계정 두 대가 암초를 넘어와 인도네시아 정부가 즉각 군함과 전투기[119]를 보냈다.

지난 3월 6일에도 말레이시아 국영 석유 회사 페트로나스의 로열더치셸 그룹과 술라웨시해의 암발랏 광구 유전 시추권 계약[120] 체결[121]에 자극을 받은 인도네시아가 이 지역에 F-16 전투기 4대를 출격시켰고 말레이시아도 전투기 4대를 출격시켰다. 암발랏 광구가 위치한 양국[122] 접경 지대의 시파단 섬과 리키탄 섬 주변에는 막대한 양의 석유 자원이 매장돼 있다.

2005. 9. 15 목 내일신문

3 윗 글 밑줄 친 漢字語의 漢字를 正字로 쓰시오. (83~122)

(83) 수천　(84) 방치
(85) 강화　(86) 문제
(87) 경계선　(88) 역할
(89) 인도　(90) 교전
(91) 외무부　(92) 결정
(93) 순찰　(94) 수역
(95) 석유　(96) 매장
(97) 광구　(98) 확장
(99) 소홀　(100) 의존
(101) 분리　(102) 주장
(103) 우려　(104) 정부
(105) 긴장　(106) 대표적
(107) 연안　(108) 선포
(109) 최서단　(110) 호주
(111) 해양　(112) 출격
(113) 고조　(114) 어선
(115) 경고　(116) 사격
(117) 초계기　(118) 침범
(119) 전투기　(120) 계약
(121) 체결　(122) 양국

4 윗 글 밑줄 친 漢字語에서 첫소리가 長音인 것을 10개만 가려 그 번호를 쓰시오. (123~132)

(123) (　　)
(124) (　　)
(125) (　　)
(126) (　　)
(127) (　　)
(128) (　　)
(129) (　　)
(130) (　　)
(131) (　　)
(132) (　　)

5 다음 漢字의 部首를 쓰시오. (133~142)

(133) 嗇　(134) 辱
(135) 繭　(136) 幸
(137) 咸　(138) 乾
(139) 貳　(140) 聚
(141) 默　(142) 釐

6 다음 漢字語의 類義語를 漢字로 쓰시오. (143~152)

(143) 患難　(144) 間朔
(145) 冊衣　(146) 打合
(147) 回書　(148) 石墨
(149) 開墾　(150) 街談
(151) 細徑　(152) 帝闕

7 다음 漢字의 略字를 쓰시오. (153~155)

(153) 觸　(154) 變
(155) 擇

8 다음 漢字語를 순우리말로 고치시오. (156~165)

(156) 酒湯　(157) 陰府
(158) 煙突　(159) 細石
(160) 紡車　(161) 牌木
(162) 鍾乳石　(163) 汝等
(164) 船醉　(165) 湖畔

9 다음 漢字語의 反對語를 漢字로 쓰시오. (166~175)

(166) 暴露　(167) 所得
(168) 反目　(169) 對話
(170) 剛健　(171) 巨富
(172) 內包　(173) 低俗
(174) 快勝　(175) 創造

10 다음 四字成語의 빈 칸을 漢字로 채우시오. (176~190)

(176) 男負□□
(177) 門前□□
(178) 傍若□□
(179) 率先□□
(180) □□熟考
(181) □□飛騰
(182) □□應報
(183) 才勝□□
(184) 朝令□□
(185) □□殺人
(186) □□苦待
(187) □□晨省
(188) □□一擲
(189) 寤寐□□
(190) □□七擒

11 다음 同音異義語를 구별하여 漢字 正字로 쓰시오. (191~200)

▶ 자외선이 강한 여름에는 양산[191]을 양산[192]한다.
▶ 상점이 많은 거리인 상가[193]끝에 죽음을 알리는 상가[194]표시등이 걸려 있다.
▶ 녹음[195]이 짙은 숲 속에서 자연의 소리를 녹음[196]한다.
▶ 경기가 부양[197]되면 가족을 부양[198]하기가 수월하다.
▶ 폭풍에 잘 견디는 항구[199]의 시설을 위해 항구[200]적인 대책이 필요하다.

(191) (　　)　(192) (　　)
(193) (　　)　(194) (　　)
(195) (　　)　(196) (　　)
(197) (　　)　(198) (　　)
(199) (　　)　(200) (　　)

1급 실전예상문제

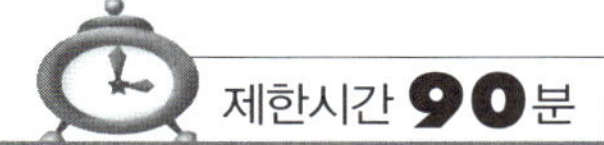

1 다음 漢字의 讀音을 쓰시오. (1~50)

(1) 懶怠	(2) 宸襟
(3) 屠殺	(4) 叩謝
(5) 尨大	(6) 快癒
(7) 堡壘	(8) 洽足
(9) 滲泄	(10) 碇泊
(11) 悖戾	(12) 搏殺
(13) 溝渠	(14) 漏洩
(15) 猜忌	(16) 纏帶
(17) 反芻	(18) 虹橋
(19) 慓毒	(20) 帖子
(21) 醬味	(22) 糞尿
(23) 辦公	(24) 猿臂
(25) 訛傳	(26) 夭折
(27) 躁急	(28) 剛勁
(29) 犧牲	(30) 壟斷
(31) 相剋	(32) 偈頌
(33) 斧鉞	(34) 喫煙
(35) 紐帶	(36) 誅殺
(37) 鳳凰	(38) 脾臟
(39) 兆朕	(40) 擄掠
(41) 澎湃	(42) 匕首
(43) 狩獵	(44) 泛舟
(45) 歆格	(46) 船艙
(47) 檄文	(48) 懊惱
(49) 叢書	(50) 軋轢

2 다음 漢字의 訓과 音을 쓰시오. (51~82)

(51) 擒	(52) 註
(53) 咫	(54) 挾
(55) 隕	(56) 謫
(57) 觴	(58) 螟
(59) 嗅	(60) 筈
(61) 薪	(62) 洶
(63) 猖	(64) 澗
(65) 硝	(66) 迂
(67) 狼	(68) 墜
(69) 鍍	(70) 駑
(71) 賄	(72) 隅
(73) 拷	(74) 悸
(75) 檣	(76) 泡
(77) 挫	(78) 瞰
(79) 秕	(80) 駙
(81) 焰	(82) 些

※ 다음 글을 읽고, 물음에 답하시오.

가 북핵 6자 회담[83]의 타결[84]로 한반도의 역사는 새로운 고비를 맞았다. 남북이 이 계기[85]를 잘 활용한다면 한반도의 냉전[86] 체제와 정전 체제는 실용적인 평화 체제로 바뀔 수 있다. 물론 한반도의 비핵화[87]와 평화 체제를 구축[88]하는 데는 적지 않은 난관[89]이 가로 놓여 있다고 보아야 한다. 북한도 부시 정부도 그 실용성 때문에 이번에 합의를 한 것일 뿐 각각의 정치 철학[90]이나 서로에 대한 기본 인식[91]이 달라진 것은 아니기 때문이다.

나 공동 성명은 뉴욕 타임스의 표현대로 원칙을 밝힌 '예비[92] 단계' 이다. 앞으로 합의 내용을 언제 어떻게 실천에 옮길 것인가 하는 문제를 놓고는 숱한 의견 대립[93]과 밀고 당기기가 있을 것임을 쉽게 예견[94]할 수 있다. 그러나 미국 외교 정책의 일관된 흐름은 실용주의라는 관점[95]에서 볼 때 이미 바람의 방향은 바뀐 것이라고 조심스럽게 낙관[96]할 수 있다.

미국의 북한 압박 끝났다

다 사실 2차 북핵 위기는 미국의 북한에 대한 일방적인 비난[97]에서 시작된 것이었다. 부시 대통령은 취임[98]하자마자 북한이 신격화[99]하는 김정일 위원장을 '폭군[100]' 이니 '위험[101]한 인물' 이니 하는 극단[102]적 표현으로 공격[103]했다. 미국은 북한의 핵개발 의혹[104]을 제기[105]했지만 구체적인 증거[106]는 제시하지 못했다.

다 북핵 위기의 결정적 계기라는 우라늄 농축[107] 프로그램 문제도, 2002년 10월 평양을 방문한 미국의 제임스 켈리 특사[108]에게 북한 측이 '존재를 실토했다' 고 미국이 일방적으로 발표하면서 돌출[109]됐다. 북한은 "우라늄 농축 프로그램뿐 아니라 그보다 더 한 것도 갖게 되어 있다"는 말은 단지 그럴 권리[110]가 있다는 주장일 뿐인데 미국이 자의적으로 왜곡[111]했다고 주장했다. 그 진위[112]는 아직도 명확[113]히 가려지지 않고 있다. 그러나 미국은 북한이 제네바 북·미 협의[114]를 어겼다며 중유 공급[115]과 경수로[116] 건설을 중단했고 북한이 이에 맞서 핵 동결 해제[117]를 선언[118]해 위기가 증폭[119]되었던 것이 바로 그간의 사정이었다.

라 그 동안 북한에 대한 부시 정부의 이러한 일련의 압박[120]은 단순히 북한의 행동에 대한 즉물적 대응은 아니었다. 그것은 네오콘의 보수[121] 근본주의 철학과 선제 공격적 대외 정책 기조에서 비롯된 것이었다. 또 그런 네오콘의 보수 근본주의와 대외 정책 배경[122]에는 군수 산업의 이익 등 경제적 이해 관계가 도사리고 있었음도 물론이다.

2005. 9. 20(금) 내일신문

3 윗 글 밑줄 친 漢字語의 漢字를 正字로 쓰시오. (83~122)

(83) 회담　(84) 타결
(85) 계기　(86) 냉전
(87) 비핵화　(88) 구축
(89) 난관　(90) 철학
(91) 인식　(92) 예비
(93) 대립　(94) 예견
(95) 관점　(96) 낙관
(97) 비난　(98) 취임
(99) 신격화　(100) 폭군
(101) 위험　(102) 극단
(103) 공격　(104) 의혹
(105) 제기　(106) 증거
(107) 농축　(108) 특사
(109) 돌출　(110) 권리
(111) 왜곡　(112) 진위
(113) 명확　(114) 협의
(115) 공급　(116) 경수로
(117) 해제　(118) 선언
(119) 증폭　(120) 압박
(121) 보수　(122) 배경

4 윗 글 밑줄 친 漢字語에서 첫소리가 長音인 것을 10개만 가려 그 번호를 쓰시오. (123~132)

(123) (　　)　(124) (　　)
(125) (　　)　(126) (　　)
(127) (　　)　(128) (　　)
(129) (　　)　(130) (　　)
(131) (　　)　(132) (　　)

5 다음 漢字語의 類義語를 漢字로 쓰시오. (133~142)

(133) 書齋 – □□
(134) 迷彩 – □□
(135) 賀詞 – □□
(136) 天布 – □□
(137) 以心傳心 – 不立□□
(138) 人死留名 – 虎死□□
(139) 一擧兩得 – 一□二□
(140) 未曾有 – 前□未□
(141) 臥薪嘗膽 – 切□腐□
(142) 累卵之危 – 百尺□□

6 다음 漢字의 部首를 쓰시오. (143~152)

(143) 武　　(144) 靖

(145) 牢　　(146) 斑

(147) 卞　　(148) 企

(149) 興　　(150) 寨

(151) 享　　(152) 銜

7 다음 四字成語의 빈 칸을 漢字로 채우시오. (153~167)

(153) 茫然□□

(154) 不俱□□

(155) 手不□□

(156) 養虎□□

(157) □□同舟

(158) □□三絕

(159) □□荷杖

(160) 滄海□□

(161) □□大笑

(162) □□盛衰

(163) □□腹劍

(164) 刮目□□

(165) 焚書□□

(166) □□蜚語

(167) □□刺股

8 다음 漢字語를 순우리말로 고치시오. (168~177)

(168) 浮萍草　　(169) 北辰

(170) 候鳥　　(171) 風客

(172) 仔蟲　　(173) 金風

(174) 水車　　(175) 御廚

(176) 孝鳥　　(177) 暴富

9 다음 □ 안에 알맞은 同音異議語를 쓰시오. (178~187)

양식 (178) 물고기를 □□하다.
(179) 책은 마음의 □□이다.

심사 (180) 응모 작품을 □□하다.
(181) □□숙고

대상 (182) 직장인을 □□으로 하는 신상품.
(183) 띠처럼 긴 □□ 도시.

과수 (184) 바둑에서 □□를 두어 손해를 입었다.
(185) 야산에 □□를 심었다.

과장 (186) 고궁에서 과거 시험 □□을 재현했다.
(187) 지나친 □□은 금물이다.

10 다음 漢字·漢字語와 뜻이 반대 또는 상대되는 漢字·漢字語를 漢字로 쓰시오. (188~197)

(188) 貴 ↔ □　　(189) 盛 ↔ □

(190) 榮 ↔ □　　(191) 縱 ↔ □

(192) 普遍 ↔ □□　　(193) 優越 ↔ □□

(194) 定着 ↔ □□　　(195) 名譽 ↔ □□

(196) 緊密 ↔ □□　　(197) 加熱 ↔ □□

11 다음 漢字의 略字를 쓰시오. (198~200)

(198) 壽　　(199) 嘗

(200) 廟

1급 실전예상문제

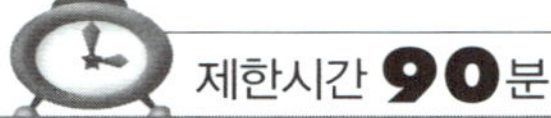

1 다음 漢字의 讀音을 쓰시오. (1~50)

(1) 輦下　(2) 舅姑
(3) 馬廏　(4) 喘息
(5) 弧線　(6) 恰似
(7) 拔擢　(8) 舞踊
(9) 終熄　(10) 薔薇
(11) 庖廚　(12) 溝渠
(13) 醇化　(14) 曠古
(15) 結縛　(16) 汨沒
(17) 訌爭　(18) 菩薩
(19) 飄然　(20) 貼藥
(21) 廣闊　(22) 亘古
(23) 宵衣　(24) 殞命
(25) 庵子　(26) 倂呑
(27) 紺繰　(28) 撚紙
(29) 無恙　(30) 瞥觀
(31) 狹薄　(32) 琉璃
(33) 寂寞　(34) 頹勢
(35) 彗星　(36) 罪悚
(37) 艶聞　(38) 庇護
(39) 驅馳　(40) 虞犯
(41) 波瀾　(42) 諂笑
(43) 造詣　(44) 窘塞
(45) 官衙　(46) 痕迹
(47) 書齋　(48) 棧橋
(49) 贅言　(50) 澱粉

2 다음 漢字의 訓과 音을 쓰시오. (51~82)

(51) 囑　(52) 脛
(53) 瓏　(54) 胴
(55) 綺　(56) 瘤
(57) 幇　(58) 煎
(59) 徘　(60) 菖
(61) 堆　(62) 吩
(63) 閘　(64) 腿
(65) 瑚　(66) 僥
(67) 煮　(68) 妓
(69) 狄　(70) 攘
(71) 薑　(72) 睛
(73) 娶　(74) 瀑
(75) 邏　(76) 甥
(77) 竣　(78) 綸
(79) 銑　(80) 鰒
(81) 朽　(82) 窖

※ 다음 글을 읽고, 물음에 답하시오.

▶ 유가 상승[83]으로 세계 각국이 에너지 대책[84]에 골몰하고 있다. 이 가운데 발전 단가[85]가 저렴[86]하고 이산화탄소[87] 배출량[88]이 거의 없는 원자력 발전이 미래의 에너지원으로 평가[89]받고 있다.

▶ 원자력 발전의 필수[90] 부산물[91]인 원전 수거물 처리[92] 시설[93] 부지[94] 조차를 선정[95]하지 못한 채 19년간 표류[96]해 왔다.

▶ 조국을 지켜야 한다는 강박[97]에 사로잡혀 사는 미국인. 그는 각종 장비[98]를 실은 차를 몰고 다니며 홀로 투철[99]하게 아랍인을 감시[100]한다.

▶ 폴이 감시하던 아랍인이 라나가 일하는 노숙자[101] 센터에서 살해[102]되고, 폴이 그 배후[103]를 추적[104]하는 과정[105]에 라나가 따라나선다.

▶ 9 · 11 이후 첨예[106]화된 미국 내부의 대립, 그 깊은 균열[107]에 돋보기를 들이 댄다. 참극[108] 당시 즉각[109]적으로 터져나온 충격[110]과 분노[111]가 아니라, 시간이 흐를수록 더 큰 문제

를 낳고 있는 그들 내면의 공포[112]와 갈등[113]을 조명[114]한다는 점에서 더욱 성숙[115]하다. 그 상처[116]를 어루만지는 벤더스의 시선에는 냉소[117]나 비판[118]이 아니라 이해와 애정이 묻어난다.

▶ 책주릅이란 요즘말로하면 도서판매 영업 사원이다. 당시 서책의 활발한 유통(流通)에는 이들이 종횡무진(縱橫無盡)한 활약[119]이 있었다. 책주릅의 역량은 희귀본[120]과 신간을 얼마나 많이 확보(確保)하여 고객[121]의 요청에 신속히 부응[122]할 수 있느냐에 따라 결정되었다.

3 윗 글 밑줄 친 漢字語의 漢字를 正字로 쓰시오. (83~122)

(83) 상승 (84) 대책
(85) 단가 (86) 저렴
(87) 탄소 (88) 배출량
(89) 평가 (90) 필수
(91) 부산물 (92) 처리
(93) 시설 (94) 부지
(95) 선정 (96) 표류
(97) 강박 (98) 장비
(99) 투철 (100) 감시
(101) 노숙자 (102) 살해
(103) 배후 (104) 추적
(105) 과정 (106) 첨예
(107) 균열 (108) 참극
(109) 즉각 (110) 충격
(111) 분노 (112) 공포
(113) 갈등 (114) 조명
(115) 성숙 (116) 상처
(117) 냉소 (118) 비판
(119) 활약 (120) 희귀본
(121) 고객 (122) 부응

4 윗 글 밑줄 친 漢字語에서 첫소리가 長音인 것을 10개만 가려 그 번호를 쓰시오. (123~132)

(123) ( ) (124) ( )
(125) ( ) (126) ( )
(127) ( ) (128) ( )
(129) ( ) (130) ( )
(131) ( ) (132) ( )

5 다음 漢字의 部首를 쓰시오. (133~142)

(133) 尿 (134) 雀
(135) 穀 (136) 弑
(137) 吏 (138) 丞
(139) 袞 (140) 豚
(141) 冀 (142) 渠

6 다음 漢字語의 類義語를 漢字로 쓰시오. (143~152)

(143) 貸本 – □□
(144) 荒歲 – □□
(145) 通宵 – □□
(146) 薪水 – □□
(147) 夫唱婦隨 – □必從□
(148) 羊頭狗肉 – □裏不□
(149) 五車之書 – □牛□棟
(150) 愚公移山 – 積□成□
(151) 危機一髮 – 風□燈□
(152) 近墨者黑 – 近□者□

7 다음 同音異議語를 구별하여 漢字 正字로 쓰시오. (153~162)

▶ 아군에 해독[153]이 끼쳐질 적의 암호를 해독[154]한다.

▶ 매장[155]된 보물을 발굴하여 고물 매장[156]에서 판매한다.

▶ 마을 앞 나무 중 거수[157] 보전을 주민들이 거수[158]로 결정했다.

▶ 북장단의 고수[159]는 자기가 치던 북만을 고수[160]한다.

▶ 오지[161]로 시험 도구를 잡고 오지[162]의 물을 조사 하였다.

(153) (　　　　)
(154) (　　　　)
(155) (　　　　)
(156) (　　　　)
(157) (　　　　)
(158) (　　　　)
(159) (　　　　)
(160) (　　　　)
(161) (　　　　)
(162) (　　　　)

8 다음 漢字語를 순우리말로 고치시오. (163~172)

(163) 背甲　　(164) 肅霜
(165) 擘指　　(166) 語套
(167) 淵衷　　(168) 卜師
(169) 鑄鐵　　(170) 夫瓦
(171) 加錢　　(172) 留質

9 다음 漢字의 略字를 쓰시오. (173~175)

(173) 織　　(174) 條
(175) 凝

10 다음 漢字 · 漢字語와 뜻이 반대 또는 상대되는 漢字 · 漢字語를 漢字로 쓰시오. (176~185)

(176) 清 ↔ □
(177) 優 ↔ □
(178) 伸 ↔ □
(179) 需 ↔ □
(180) 供給 ↔ □□
(181) 飢餓 ↔ □□
(182) 奇拔 ↔ □□
(183) 快樂 ↔ □□
(184) 語幹 ↔ □□
(185) 白髮 ↔ □□

11 다음 四字成語의 빈 칸을 漢字로 채우시오. (186~200)

(186) 確固□□
(187) 擧案□□
(188) 矯角□□
(189) 奇巖□□
(190) □□塗說
(191) □□相符
(192) □□棒大
(193) □□忘食
(194) 沙上□□
(195) 魂飛□□
(196) 抑強□□
(197) 炎凉□□
(198) □□投石
(199) □□搔癢
(200) □□俱焚

1급 실전예상문제

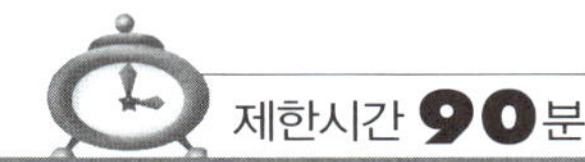

1 다음 漢字의 讀音을 쓰시오. (1~50)

(1) 澹泊　　(2) 絨毛
(3) 姓銜　　(4) 慫慂
(5) 凹凸　　(6) 肋骨
(7) 閃光　　(8) 宏壯
(9) 疲憊　　(10) 隔阻
(11) 撓改　　(12) 杳然
(13) 民譚　　(14) 兵站
(15) 諡號　　(16) 刮摩
(17) 喧騷　　(18) 釀造
(19) 逍遙　　(20) 潰滅
(21) 推敲　　(22) 藻類
(23) 膾炙　　(24) 聾兒
(25) 穢土　　(26) 梳洗
(27) 摸索　　(28) 宕巾
(29) 禿筆　　(30) 肌膚
(31) 跆拳　　(32) 裨益
(33) 醵出　　(34) 炸裂
(35) 鱉甲　　(36) 膨脹
(37) 叱責　　(38) 詛嚼
(39) 貶下　　(40) 荊棘
(41) 轟音　　(42) 羞恥
(43) 拏捕　　(44) 撮影
(45) 怨讎　　(46) 膿瘍
(47) 麝香　　(48) 醱酵
(49) 解弛　　(50) 邁進

2 다음 漢字의 訓과 音을 쓰시오. (51~82)

(51) 巫　　(52) 莖
(53) 劾　　(54) 淪
(55) 瓷　　(56) 扮
(57) 悛　　(58) 顆
(59) 褪　　(60) 畝
(61) 諺　　(62) 痰
(63) 頰　　(64) 邀
(65) 禦　　(66) 癢
(67) 曖　　(68) 豺
(69) 脊　　(70) 靖
(71) 曝　　(72) 鼇
(73) 筍　　(74) 擘
(75) 拿　　(76) 疎
(77) 灌　　(78) 閭
(79) 悉　　(80) 嵎
(81) 欣　　(82) 汁

※ 다음 글을 읽고, 물음에 답하시오.

가 구직난[83] 속에 구인난이라는 모순[84]이 이젠 당연한 현상[85]으로 느껴질 만큼 청년 실업과 중소 기업 인력 부족은 이제 우리 사회의 만성[86]질환이 되어 버렸다. 통계청[87]은 올해 3월 대졸 이상 실업자[88]가 최근 5년간 최대치인 17만 3천명에 달한다고 발표했다. 중소 기업청이 연초 조사[89]한 자료[90]에 따르면 중소 기업 인력 부족률은 5.06%로 11만 3천명이 부족한 실정[91]이다.

언뜻 보자면 해결책은 단순[92]하다. 구직자들이 눈높이를 낮춰 중소 기업에 취업하면 만사 해결이다. 이 고질병 치료[93]를 고민하는 이들이 내놓고 있는 처방전도 크게 다르지 않다. 그러나 현실은 단순하지가 않다.

나 부모들은 아이가 어려서부터 특목고와 명문고에 보내기 위해 혈안이 되어 있고, 고교를 졸업하는 우수[94] 인재들은 한의대, 의대로 몰린다. 명문대에 진학한 인재들도 저마다의 소질[95]과 적성[96]은 접어두고 일찌감치 고시[97] 준비에 매진하거나 몇몇 이름난 대기업 취직을 위해 전공 공부는 외면하고 있다.

그런데 막상 우수 인재 공급[98]을 독차지하고 있는 대기업에서도 불멘 소리가 나온다. 대학 교육과 기업 실무의 격차[99]가 너무 크다는 것이다. 대기업 신입 사원의 재교육 비용이 1인당 1억원이 넘고 기간도 평균[100] 30개월이 걸린다고 한다.

그래서 대기업들은 대학에 맞춤형 인재를 양성[101]할 것을 요구[102]하고 있다. 이론 중심의 대학 교육이 실무[103] 중심으로 변해야 한다는 것이다. 이 같은 요구에 발맞춰 다양한 산학연 프로그램이 실험되고 있고 대학들도 특성화된 전공[104] 학과와 맞춤형 커리큘럼을 만들어 내고 있다.

'가능성 있는 교양인' 배출 중요

다 대학의 변신이 급변[105]하는 산업계[106]의 수요[107]를 감당하기에는 역부족[108]이다. 불과 몇 개월 뒤를 예측[109]하기 어려울 정도[110]로 변화무쌍한 경영[111] 환경으로 기업도 중장기 계획[112]을 포기[113]할 지경인 상황[114]에서 대학에 맞춤형 인재 교육을 기대[115]하는 건 무리[116]인 셈이다. 차라리 대학은 올바른 가치관[117], 리더십, 인간 관계 등 인성을 함양하는 한편, 열린 자세[118]로 어떤 문제에도 적응[119]하고 해결할 수 있는 컨버전스형 인재로 키워 주는 게 대학 본연의 사명이고 역할일 것이다. 근본적으로 대학은 '유능한 직업인' 보다는 '가능성 있는 교양인(무언가에 대해 모든 것을 알고 모든 것에 대해 무언가를 아는)' 을 길러 내는 게 사회 전체로 볼 때 올바른 방향이라고 생각한다. 당장[120]의 실무 능력보다 미래를 향한 창의력[121]이 더 소중[122]할 수 있기 때문이다.

2005. 8. 26 금 내일신문

3 윗 글 밑줄 친 漢字語의 漢字를 正字로 쓰시오. (83~122)

(83) 구직난　(84) 모순
(85) 현상　(86) 만성
(87) 통계청　(88) 실업자
(89) 조사　(90) 자료
(91) 실정　(92) 단순
(93) 치료　(94) 우수
(95) 소질　(96) 적성
(97) 고시　(98) 공급
(99) 격차　(100) 평균
(101) 양성　(102) 요구
(103) 실무　(104) 전공
(105) 급변　(106) 산업계
(107) 수요　(108) 역부족
(109) 예측　(110) 정도
(111) 경영　(112) 계획
(113) 포기　(114) 상황
(115) 기대　(116) 무리
(117) 가치관　(118) 자세
(119) 적응　(120) 당장
(121) 창의력　(122) 소중

4 윗 글 밑줄 친 漢字語에서 첫소리가 長音인 것을 10개만 가려 그 번호를 쓰시오. (123~132)

(123) (　　　)
(124) (　　　)
(125) (　　　)
(126) (　　　)
(127) (　　　)
(128) (　　　)
(129) (　　　)
(130) (　　　)
(131) (　　　)
(132) (　　　)

5 다음 漢字語를 순우리말로 고치시오. (133~142)

(133) 泡沫　(134) 玄孫
(135) 去夜　(136) 複窓
(137) 線紋　(138) 博徒
(139) 日雇　(140) 滑氷
(141) 諸位　(142) 食單

6 다음 漢字語의 同音異議語를 漢字로 쓰시오. (143~152)

▶ 기단 (143) 성질이 같은 공기 덩어리. - □□
(144) 건축물이나 비석의 기초가 되는 단. - □□

▶ 서상 (145) 상서로운 조짐. - □□
(146) 더위를 먹음. - □□

▶ 부류 (147) 물 위에 떠서 흐름. - □□
(148) 공통적인 성격에 따라 나눈 갈래. - □□

▶ 은우 (149) 은혜로써 대우함. - □□
(150) 남 모르게 혼자 하는 근심. - □□

▶ 촉진 (151) 재촉하여 빨리 하게 함. - □□
(152) 손의 촉감으로 진찰하는 법. - □□

7 다음 漢字의 뜻이 反對 또는 相對되는 漢字를 써 넣어 낱말이 되게 하시오. (153~162)

(153) 勞 ↔ □ (154) 干 ↔ □
(155) 損 ↔ □ (156) 哀 ↔ □
(157) 任 ↔ □ (158) □ ↔ 危
(159) □ ↔ 凶 (160) □ ↔ 醜
(161) □ ↔ 雄 (162) □ ↔ 逆

8 다음 漢字의 略字를 쓰시오. (163~165)

(163) 鹽 (164) 鋪
(165) 證

9 다음 漢字語의 類義語를 漢字로 쓰시오. (166~175)

(166) 仄日 (167) 訌爭
(168) 梵殿 (169) 明文
(170) 觀閣 (171) 昇遐
(172) 世帶 (173) 漂說
(174) 口談 (175) 間諜

10 다음 四字成語의 빈 칸을 漢字로 채우시오. (176~190)

(176) 坐井□□
(177) 進退□□
(178) □□選擇
(179) □□奪胎
(180) □□解之
(181) □□擊壤
(182) 口尙□□
(183) 累卵□□
(184) 同床□□
(185) □□多識
(186) 百折□□
(187) □□待兔
(188) 見蚊□□
(189) □□竿頭
(190) □袍□笠

11 다음 漢字의 部首를 쓰시오. (191~200)

(191) 最 (192) 量
(193) 直 (194) 慶
(195) 叛 (196) 丹
(197) 芻 (198) 度
(199) 才 (200) 豺

1 다음 漢字의 讀音을 쓰시오. (1~50)

(1) 驚愕　(2) 篆文
(3) 鸞旗　(4) 繭絲
(5) 錠劑　(6) 勒葬
(7) 蹂躪　(8) 曲肱
(9) 粗雜　(10) 涕淚
(11) 崖碑　(12) 矩度
(13) 外廓　(14) 落穗
(15) 洋襪　(16) 絢爛
(17) 順坦　(18) 菩薩
(19) 眺覽　(20) 梵唄
(21) 綽約　(22) 盜癖
(23) 猝地　(24) 間隙
(25) 櫃封　(26) 語彙
(27) 冶金　(28) 萎靡
(29) 瘠薄　(30) 琥珀
(31) 迅速　(32) 抽籤
(33) 陋醜　(34) 圓錐
(35) 臘日　(36) 豕喙
(37) 紙鳶　(38) 瀕死
(39) 兇漢　(40) 僉位
(41) 袴衣　(42) 搾取
(43) 彎月　(44) 葵藿
(45) 俺拔　(46) 刪蔓
(47) 欺瞞　(48) 鱉部
(49) 疼痛　(50) 帆船

2 다음 漢字의 訓과 音을 쓰시오. (51~82)

(51) 凋　(52) 寮
(53) 臀　(54) 湮
(55) 狼　(56) 括
(57) 芥　(58) 咳
(59) 鄙　(60) 怏
(61) 囹　(62) 坊
(63) 恪　(64) 覲
(65) 痍　(66) 惶
(67) 愎　(68) 盞
(69) 袖　(70) 扱
(71) 騙　(72) 燐
(73) 晦　(74) 輾
(75) 獅　(76) 牌
(77) 啞　(78) 罹
(79) 箭　(80) 蹄
(81) 艱　(82) 埠

※ 다음 글을 읽고, 물음에 답하시오.

가 김포 공항 활주로[83] 부근 녹지대[84] 풀숲. 백로[85] 한 마리가 눈에 띄자 순찰[86]을 돌던 조류 퇴치반 요원[87]들이 차에서 뛰어 내렸다. 霰彈銃(산탄총)을 裝塡(장전)한 지 10여 초 후, '탕–'하는 파열음[88]과 함께 날아오르던 백로는 힘없이 고꾸라졌다.

백로가 숨이 끊어진 것을 확인[89]한 퇴치[90] 반원들은 땅을 파기 시작했다. 백로 위에 석회[91]를 끼얹은 뒤 녹지대에 묻었다. 석회는 분해[92]가 잘 되라고 뿌리는 것이다. 지난해 퇴치반이 잡아 장사[93] 지낸 조류[94]는 684 마리다.

나 올해도 7월 말까지 497 마리가 이렇게 매장[95]됐다. 김포 공항 활주로 부근[96]이 새들의 '공동 묘지'인 셈이다. 인천 공항에는 소각로[97]가 있어 태울 수 있지만 김포나 다른 국내 공항은 새들을 땅에 묻어 준다. 전국 공항에서 이렇게 활주로 근처에서 어슬렁대다 횡사[98]하는 새는 지난해에만 5000여 마리가 넘는다.

새들이 희생되는 이유는 '버드스트라이크(Bird Strike · 조류 충돌 사고) 때문. 이착륙[99]하는 비행기에 새들이 부딪

히면 엔진에 손상[100]이 가거나 운항[101]에 심각[102]한 지장[103]을 줄 수 있다. 2000년 11월 대구 상공을 날던 대한 항공 비행기에 청둥오리 4, 5 마리가 빨려들어가 엔진 손상을 수리비만 20억원 가까이 든 일이 있고, 2003년 5월 예천 공항에서는 공군 전투기가 '버드 스트라이크'로 추락[104]했다.

다 통상(通常) 'BAT(Bird Alert Team)' 로 약칭[105]. '배트맨'이라고도 불리는 조류 퇴치반은 새들에게 겁을 줘 활주로 근접(近接)을 막는 게 목적이다. 하지만 불가피하게 살상할 경우가 적지 않다. 한국 공항 공사 권영찬 과장은 "새들이 불쌍하지만 새 때문에 사람이 죽을 수는 없다."고 말했다.

공항마다 7~10월 철새가 몰려드는 시기엔 초비상[106]이 걸린다. 인천 공항은 전직(前職) 클레이 사격[107]선수 등 17명이 매일 활주로 부근을 돌며 새들을 쫓는다. 김포 공항에는 대당 132만원짜리 경보기[108] 40대가 '주 공격수'다. '까악 까악' 하는 새 비명[109]을 녹음[110]해 들려 주며 새들의 접근을 막는다.

대부분의 공항은 비행기의 비상 착륙시 충격[111]을 완화[112]시키거나 활주로와 잘 구분되도록 주변[113]에 대규모 녹지를 갖추고 있다. 김포 공항 녹지만도 100만m^2 규모다. 그렇다 보니 이 녹지에 서식하는 각종 곤충, 종다리, 갈매기 들이 활주로로 자주 날아드는 골칫덩이.

라 고니, 황조롱이, 수리부엉이, 검은 머리갈매기 등 천연기념물로 지정[114]된 새는 '뜨거운 감자'다. 잡아 죽일 수는 없고 쫓아야 하는데 어디론가 사라졌다가 자꾸 다시 나타나기 때문. 풀을 짧게 깎아 먹이사슬을 차단[115]하고, 나무 위의 '새집' 철거[116]는 물론, 살충제를 뿌려 벌레를 발본색원[117]하는 등 온갖 방법이 다 동원[118] 된다.

이런 노력 때문인지 조류충돌사고(전국 공항)는 2002년 71건, 2003년 67건, 2004년 56건, 올 1~6월 17건으로 계속 줄고 있다.

새만 잡는 게 아니다. 우리를 탈출해 활주로를 종횡무진[119]하는 맹인[120] 안내견, 어떻게 들어왔는지 비행기 경로를 방해하는 고라니 등 모든 동물의 퇴치가 이들의 일이다. 이들은 "길조(吉鳥)인 까치도 '배트맨'들에겐 항공 운항을 위협[121]하는 유해(有害) 조수[122]일 뿐"이라고 말했다.

- 2005. 9. 2 금요일 조선일보 -

3 윗 글 밑줄 친 漢字語의 漢字를 正字로 쓰시오. (83~122)

(83) 활주로　(84) 녹지대
(85) 백로　(86) 순찰
(87) 요원　(88) 파열음
(89) 확인　(90) 퇴치
(91) 석회　(92) 분해
(93) 장사　(94) 조류
(95) 매장　(96) 부근
(97) 소각로　(98) 횡사
(99) 이착륙　(100) 손상
(101) 운항　(102) 심각
(103) 지장　(104) 추락
(105) 약칭　(106) 초비상
(107) 사격　(108) 경보기
(109) 비명　(110) 녹음
(111) 충격　(112) 완화
(113) 주변　(114) 지정
(115) 차단　(116) 철거
(117) 발본색원　(118) 동원
(119) 종횡무진　(120) 맹인
(121) 위협　(122) 조수

4 윗 글 밑줄 친 漢字語에서 첫소리가 長音인 것을 10개만 가려 그 번호를 쓰시오. (123~132)

(123) (　　)　(124) (　　)
(125) (　　)　(126) (　　)
(127) (　　)　(128) (　　)
(129) (　　)　(130) (　　)
(131) (　　)　(132) (　　)

5 다음 四字成語의 빈 칸을 漢字로 채우시오. (133~147)

(133) 脣亡□□　(134) 緣木□□
(135) 泥田□□　(136) 一魚□□
(137) □□肉林　(138) □□添足
(139) □□斗量　(140) □□鼓瑟
(141) 錦衣□□　(142) 登高□□
(143) 明鏡□□　(144) 膏粱□□
(145) □□碎身　(146) 臥薪□□
(147) 駭怪□□

6 다음 漢字의 略字를 쓰시오. (148~150)

(148) 醉　(149) 峽
(150) 敷

7 다음 漢字語의 類義語를 漢字로 쓰시오. (151~160)

(151) 勝國 – □□　(152) 冥府 – □□
(153) 釋典 – □□　(154) 代代 – □□
(155) 主客顚倒 – 客□爲□
(156) 千差萬別 – 千態□□
(157) 忠言逆耳 – □藥苦□
(158) 好衣好食 – □衣玉□
(159) 花朝月夕 – □春佳□
(160) 下石上臺 – 姑□之□

8 다음 漢字語를 순우리말로 고치시오. (161~170)

(161) 旱天　(162) 翰毛
(163) 酒客　(164) 空行
(165) 向後　(166) 甲葉
(167) 握斧　(168) 蒼空
(169) 太油　(170) 冠毛

9 다음 漢字語의 同音異議語가 되게 빈 칸을 채우시오. (171~180)

(171) 女囚 – □□ : 나그네의 시름.
(172) 女婢 – □□ : 여행에 드는 비용.
(173) 魚缸 – □□ : 어업의 기지가 되는 항구.
(174) 魚舟 – □□ : 임금이 신하에 내리는 술.
(175) 藥力 – □□ : 간략하게 적은 이력.
(176) 愛好 – □□ : 슬피 울부짖음.
(177) 心房 – □□ : 찾아서 방문함.
(178) 官署 – □□ : 너그럽게 용서함.
(179) 誣告 – □□ : 춤 출 때 쓰이는 북.
(180) 土沙 – □□ : 입에서 실을 토해 냄.

10 다음 漢字·漢字語와 뜻이 반대 또는 상대되는 漢字·漢字語를 漢字로 쓰시오. (181~190)

(181) 取 ↔ □　(182) 陰 ↔ □
(183) 昇 ↔ □　(184) 斷 ↔ □
(185) 忘却 ↔ □□　(186) 紛爭 ↔ □□
(187) 密集 ↔ □□　(188) 異端 ↔ □□
(189) 合理 ↔ □□　(190) 恩惠 ↔ □□

11 다음 漢字의 部首를 쓰시오. (191~200)

(191) 栽　(192) 雍
(193) 晝　(194) 承
(195) 危　(196) 亘
(197) 乘　(198) 麓
(199) 隸　(200) 修

(1급 문제에서 출제하지 못한 글자들)

饒(요)誣(무)瘡(창)盆(분)藿(콩잎 곽)匣(갑)手巾(수건)憧(동)橙(등)筒(통)滔(도)毋(무)泄瀉(설사)祠(사)駱(낙)奸(간)焚(분)栓(전)潑(발)袍(포)卦(괘)丞(도울 승)胱(광)哺(포)蓉(용)沫(말)蚊(문)町(정)琓(완)袋(대)氾(범)蒲(포)駕(가)嫂(수)雰(분)躬(궁)榜(방)餌(이)婆(파)嫁(가)箇(개)咆(포)杞(기)遭(조)祉(지)緞(단)馴(순)蕪(무)黜(출)爽(상)柑(감)酊(정)喩(유)拇(무)倦(권)樵(초)膀(광)徙(사)慟(통)搔(소)饗(향)芭(파)曙(서)凄(처)膳(선)枋(방)妣(비)烽(봉)狡(교)哮(효)呻(신)曹(조)徨(황)薔薇(장미)奄(엄)狐(여우 호)臼(구)蛔(회)按(안)卍(만)灸(구)忿(분)遜(손)嫡(적)柚(유)奢(사)爪(조)咬(교)弩(노)槌(퇴)徨(황)梯(제)什(십)机(궤)瓶(병)箴(잠)伎(기)剖(부)呱(고)畸(기)緬禮(면례)憮(무)暝(명)耗(모)耗(모)喚(환)汲(급) 殯(빈)漿(장)娼(창)肢(지)鍮(유)衢(구)疹(진)撫(무)諫(간)游(유)揀(간)紂(주)倆(량)蛤(합)諭(유)菱(능)枉(왕)繪(회)擬(의)譏(기)槍(창)淘(도)昉(방)喊(함)畔(반)嗔(진)眩(현)孀(상)髓(수)拱(공)披(피)捲(권)粒(립)骸(해)橘(귤)圃(포)曳(예)誨(회)宛(완)謳(구)嬪(빈)嫉(질)苔(태)邂(해)鰻(만)緘(함)槽(조)呵(가)皿(명)猫(그릴 묘)

사단법인 한국어문회 · 한국한자능력검정회 0 3 1

수험번호 □□□-□□-□□□□ 성명 □□□□□

주민등록번호 □□□□□□-□□□□□□□ ※ 유성 사인펜, 붉은색 필기구 사용 불가.

※ 답안지는 컴퓨터로 처리되므로 구기거나 더럽히지 마시고, 정답 칸 안에만 쓰십시오.
글씨가 채점란으로 들어오면 오답처리가 됩니다.

전국한자능력검정시험 1급 답안지 (1)

답안란		채점란		답안란		채점란		답안란		채점란	
번호	정답	1검	2검	번호	정답	1검	2검	번호	정답	1검	2검
1				31				61			
2				32				62			
3				33				63			
4				34				64			
5				35				65			
6				36				66			
7				37				67			
8				38				68			
9				39				69			
10				40				70			
11				41				71			
12				42				72			
13				43				73			
14				44				74			
15				45				75			
16				46				76			
17				47				77			
18				48				78			
19				49				79			
20				50				80			
21				51				81			
22				52				82			
23				53				83			
24				54				84			
25				55				85			
26				56				86			
27				57				87			
28				58				88			
29				59				89			
30				60				90			

감독위원	채점위원 (1)		채점위원 (2)		채점위원 (3)	
(서명)	(득점)	(서명)	(득점)	(서명)	(득점)	(서명)

※ 뒷면으로 이어짐

■ 사단법인 한국어문회 · 한국한자능력검정회　　　0 3 2

※ 본 답안지는 컴퓨터로 처리되므로 구겨지거나 더럽혀지지 않도록 조심하시고 글씨를 칸 안에 또박또박 쓰십시오.

전국한자능력검정시험 1급 답안지 (2)

답안란		채점란		답안란		채점란		답안란		채점란	
번호	정답	1검	2검	번호	정답	1검	2검	번호	정답	1검	2검
91				128				165			
92				129				166			
93				130				167			
94				131				168			
95				132				169			
96				133				170			
97				134				171			
98				135				172			
99				136				173			
100				137				174			
101				138				175			
102				139				176			
103				140				177			
104				141				178			
105				142				179			
106				143				180			
107				144				181			
108				145				182			
109				146				183			
110				147				184			
111				148				185			
112				149				186			
113				150				187			
114				151				188			
115				152				189			
116				153				190			
117				154				191			
118				155				192			
119				156				193			
120				157				194			
121				158				195			
122				159				196			
123				160				197			
124				161				198			
125				162				199			
126				163				200			
127				164							

합격점수 **160**점

한자능력검정시험 1급 기출분석문제

본 문제는 (사)한국어문회 시행 제31회 한자능력검정시험에 출제되었던 문제를 수험생들에게 수집한 것입니다.

제한시간 **90**분

1 다음 漢字語의 讀音을 쓰시오. (1~50)

(1) 堪輿 [ ] (2) 泡沫 [ ]
(3) 痼瘵 [ ] (4) 糟粕 [ ]
(5) 旱魃 [ ] (6) 杜撰 [ ]
(7) 膏粱 [ ] (8) 庶黎 [ ]
(9) 跋扈 [ ] (10) 刺股 [ ]
(11) 弔膊 [ ] (12) 戍鼓 [ ]
(13) 桀紂 [ ] (14) 鄙陋 [ ]
(15) 鍼烙 [ ] (16) 恪虔 [ ]
(17) 溫祚 [ ] (18) 墾鑿 [ ]
(19) 禿翁 [ ] (20) 衢巷 [ ]
(21) 菩薩 [ ] (22) 賈島 [ ]
(23) 梵衲 [ ] (24) 眷庇 [ ]
(25) 濊貊 [ ] (26) 痰唾 [ ]
(27) 彌勒 [ ] (28) 涅槃 [ ]
(29) 暹羅 [ ] (30) 叱喝 [ ]
(31) 舅甥 [ ] (32) 芥屑 [ ]
(33) 袞裳 [ ] (34) 顆粒 [ ]
(35) 擄掠 [ ] (36) 駑驥 [ ]
(37) 桎梏 [ ] (38) 顧眄 [ ]
(39) 屠戮 [ ] (40) 擒縱 [ ]
(41) 乖悖 [ ] (42) 悚慄 [ ]
(43) 巫覡 [ ] (44) 訥澁 [ ]
(45) 笞撻 [ ] (46) 勘校 [ ]
(47) 朔晦 [ ] (48) 刮磨 [ ]
(49) 囹圄 [ ] (50) 潰瘍 [ ]

2 위 漢字語 (1)~(5)의 뜻을 쉬운 우리말로 바꾸어 보시오.(51~55)

(51) 堪輿 [ ] (52) 泡沫 [ ]
(53) 痼瘵 [ ] (54) 糟粕 [ ]
(55) 旱魃 [ ]

3 위 漢字語 (6)~(10)의 轉義(字義가 아님)를 쓰시오. (56~60)

(56) 杜撰 [ ] (57) 膏粱 [ ]
(58) 庶黎 [ ] (59) 跋扈 [ ]
(60) 刺股 [ ]

4 위 漢字語(11)~(30) 안에 있는 人名 · 地名(固有名詞)語 5개를 가려 순서대로 번호를 쓰시오. (61~65)

(61) [ ] (62) [ ]
(63) [ ] (64) [ ]
(65) [ ]

5 위 漢字語(31)~(50) 안에서 對立(反對)된 뜻의 漢字로 이루어진(結合된) 漢字語 5개를 가려 순서대로 번호를 쓰시오. (66~70)
(그 5개 外의 漢字語는 대체로 같은 뜻(同義)의 漢字로 이루어져 있음)

(66) [ ] (67) [ ]
(68) [ ] (69) [ ]
(70) [ ]

6 다음 漢字의 訓과 音을 쓰시오. (71~102)

(71) 隙 [ ] (72) 凱 [ ]
(73) 耗 [ ] (74) 剝 [ ]
(75) 頹 [ ] (76) 斃 [ ]
(77) 函 [ ] (78) 褒 [ ]
(79) 龍 [ ] (80) 釐 [ ]
(81) 嘗 [ ] (82) 灣 [ ]
(83) 夢 [ ] (84) 戟 [ ]

(85) 拉 [ ] (86) 聊 [ ]
(87) 罹 [ ] (88) 昧 [ ]
(89) 尨 [ ] (90) 亮 [ ]
(91) 吝 [ ] (92) 萌 [ ]
(93) 萎 [ ] (94) 辜 [ ]
(95) 疼 [ ] (96) 稜 [ ]
(97) 瞞 [ ] (98) 蚊 [ ]
(99) 遁 [ ] (100) 砧 [ ]
(101) 芒 [ ] (102) 酩 [ ]

7 다음 漢字의 部首를 쓰시오. (103~112)

(103) 隙 [ ] (104) 凱 [ ]
(105) 耗 [ ] (106) 剝 [ ]
(107) 頹 [ ] (108) 甕 [ ]
(109) 函 [ ] (110) 褒 [ ]
(111) 龍 [ ] (112) 鼇 [ ]

8 다음 漢字의 略字를 쓰시오. (113~115)

(113) 嘗 [ ] (114) 灣 [ ]
(115) 夢 [ ]

9 다음 漢字語의 反對語를 쓰시오. (116~120)

(116) 懶怠 ↔ [ ]
(117) 稀薄 ↔ [ ]
(118) 硬直 ↔ [ ]
(119) 斬新 ↔ [ ]
(120) 錦上添花 ↔ 雪上[ ]

10 다음에서 뜻이 다른 것 하나를 가려 그 번호를 쓰시오. (121~125)

(121) ① 比翼鳥 ② 連理枝
③ 鴛鴦契 ④ 金蘭交

(122) ① 鄕愁病 ② 花風病
③ 懷心病 ④ 相思病

(123) ① 濫觴 ② 臺彈
③ 嚆矢 ④ 權輿

(124) ① 別乾坤 ② 桃源境
③ 首邱心 ④ 理想鄕

(125) ① 雲雨之樂 ② 巫山之夢
③ 琴瑟之樂 ④ 南柯一夢

11 다음 漢字語의 同義語를 쓰시오. (126~130)

(126) 換骨 – [ ]
(127) 逍遙 – [ ]
(128) 破瓜 – [ ]
(129) 未曾有 – 破[ ]
(130) 見利思義 – 見危[ ]

※ 다음 글을 읽고, 물음에 답하시오.

▶ 파벌131 싸움. 변증132되지 않은 편벽133된 변론134. 모멸135을 느끼고 권총136으로 자살한 비적137의 두목. 시신138을 동굴139에 유기140한 졸도141들.
▶ 난(란)숙142한 경지에 이르러 그린 규방143의 아가씨인데 여배우144의 매혹145적인 자태146처럼 느껴지고 그림에 낙관도 없어 구매147할 사람이 기피148한다.
▶ 벽계149에 목욕150하고 3간 모옥에서 청량151한 바람 맞으니 세상 속진은 오불관언이라.
▶ 당뇨152로 신장153이 나빠졌다. 매일 뜰에서 도약154 운동을 하고 매주 검진을 받는데 차도155는 없다.
▶ 오염156된 하천을 덮은 복개157 도로. 그 위의 고가158 도로. 그 도로를 원래의 개울로 복원159한 것은 국민의 잠재160力을 능력 있는 리더가 잘 활용해 일군 것.
▶ 침범161해 온 조폭162들의 무리를 구축163하고 부당하게 해고164되었던 店員들 망라하여 새 市場을 이루니 여기 다시 形成된 우리 상권165. 이제 초미166의 과제는 배상167 협의.
▶ 말에 있어서는 매우 가까운 사이인 나(吾), 너(汝), 누(誰)는 현실 사회에서는 매우 소원168할 뿐만 아니라 반목, 질시, 갈등169 등으로 얽히고 설켜 복잡한 양상을 노정170함은 무슨 까닭일까?

12 윗글 밑줄 친 漢字語 (131)~(170)의 漢字를 正字로 쓰시오. (131~170)

(131) [ ] (132) [ ] (133) [ ]
(134) [ ] (135) [ ] (136) [ ]
(137) [ ] (138) [ ] (139) [ ]
(140) [ ] (141) [ ] (142) [ ]
(143) [ ] (144) [ ] (145) [ ]
(146) [ ] (147) [ ] (148) [ ]
(149) [ ] (150) [ ] (151) [ ]
(152) [ ] (153) [ ] (154) [ ]
(155) [ ] (156) [ ] (157) [ ]
(158) [ ] (159) [ ] (160) [ ]
(161) [ ] (162) [ ] (163) [ ]
(164) [ ] (165) [ ] (166) [ ]
(167) [ ] (168) [ ] (169) [ ]
(170) [ ]

13 윗글 밑줄 친 漢字語 (131)~(170)에서 첫소리가 '긴소리'인 것을 10개만 가려 그 번호를 쓰시오. (171~180)
(답을 10개가 넘게 쓰면 규정에 따라 감점)

(171) [ ] (172) [ ] (173) [ ]
(174) [ ] (175) [ ] (176) [ ]
(177) [ ] (178) [ ] (179) [ ]
(180) [ ]

14 다음 同音異義語를 구별하여 正字로 쓰시오. (181~190)

▶ 사거 (181) 죽어 세상을 떠남 [ ]
(182) 작별하고 떠남 [ ]

▶ 제수 (183) 임금이 벼슬을 시킴 [ ]
(184) 15÷3=5일 때의 3 [ ]

▶ 사제 (185) 신부 [ ]
(186) 내 집 [ ]

▶ 사주 (187) 모래섬 [ ]
(188) 신하에게 술을 내림 [ ]

▶ 주사 (189) 못된 술버릇 [ ]
(190) (몸 아프면 맞아야지) [ ]

15 요즘 보도되고 있는 실제와 다르다는 뜻의 '분식 회계'에서

(191) '분식'의 漢字를 쓰시오. [ ]

(192) 아래에서 '분식'과 가장 가까운 뜻이라고 생각되는 것 하나를 가려 번호를 쓰시오.

① 巧言令色 ② 朝三暮四
③ 上石下臺 ④ 羊頭狗肉

16 다음 故事成語의 뜻과 가장 가까운 뜻의 漢字成語를 〈보기〉에서 가려 그 번호를 쓰시오. (193)~(194)

(193) 四面楚歌 [ ]

(194) 金城湯池 [ ]

〈例〉

① 刻骨難忘 ② 難攻不落
③ 渴而穿井 ④ 刮目相對
⑤ 孤立無援 ⑥ 犬兔之爭
⑦ 累卵之危 ⑧ 金石盟約

17 다음 俗談에 해당될 뜻이 되도록 四字成語의 [ ] 안 漢字를 쓰시오. (195)~(196)

(195) 소 잃고 외양간 고친다. [ ]羊[ ]牢

(196) 낫 놓고 ㄱ자도 모른다. 目不[ ][ ]

18 다음 같은 뜻의 故事成語가 되도록 [ ] 안에 漢字를 쓰시오. (197)~(200)

(197) 刻舟求劍 – [ ]株[ ]兎

(198) 班[ ]之戲 – [ ]萊之戲

(199) 脣[ ]齒[ ] – 輔車相依

(200) 三遷之敎 – [ ][ ]之敎

합격점수 **160**점

제2회 한자능력검정시험 1급 기출분석문제

본 문제는 (사)한국어문회 시행 제30회 한자능력검정시험에 출제되었던 문제를 수험생들에게 수집한 것입니다.

제한시간 **90**분

1 다음 漢字語의 讀音을 쓰시오. (1~50)

(1) 唾罵 [ ] (2) 螺旋 [ ]
(3) 桎梏 [ ] (4) 賈竪 [ ]
(5) 袂別 [ ] (6) 凹凸 [ ]
(7) 寃魂 [ ] (8) 孕胎 [ ]
(9) 巫覡 [ ] (10) 囊乏 [ ]
(11) 顚沛 [ ] (12) 奔湍 [ ]
(13) 漲溢 [ ] (14) 裝塡 [ ]
(15) 坦懷 [ ] (16) 鵲巢 [ ]
(17) 吝嗇 [ ] (18) 灌漑 [ ]
(19) 虞犯 [ ] (20) 稠密 [ ]
(21) 陶窯 [ ] (22) 漆桶 [ ]
(23) 詰責 [ ] (24) 蜜蠟 [ ]
(25) 蓑笠 [ ] (26) 辣腕 [ ]
(27) 叩頭 [ ] (28) 怡悅 [ ]
(29) 鼎談 [ ] (30) 雀躍 [ ]
(31) 庶黎 [ ] (32) 絨緞 [ ]
(33) 括弧 [ ] (34) 爪痕 [ ]
(35) 痔漏 [ ] (36) 花卉 [ ]
(37) 旌閭 [ ] (38) 灼裂 [ ]
(39) 胤胄 [ ] (40) 詭怪 [ ]
(41) 奠幣 [ ] (42) 貝殼 [ ]
(43) 洑稅 [ ] (44) 故庄 [ ]
(45) 爾曹 [ ] (46) 羈旅 [ ]
(47) 翊戴 [ ] (48) 黍粟 [ ]
(49) 臀腫 [ ] (50) 氈帽 [ ]

2 다음 漢字語(1~50 중)의 뜻을 쓰시오. (51~55)

(51) 爪痕 : [ ]
(52) 貝殼 : [ ]
(53) 雀躍 : [ ]
(54) 蓑笠 : [ ]
(55) 唾罵 : [ ]

3 다음 漢字語를 固有語(우리말)로 바꾸어 쓰시오. (56~60)

(56) 擔架 : [ ]
(57) 器皿 : [ ]
(58) 廛鋪 : [ ]
(59) 芍藥 : [ ]
(60) 殘月 : [ ]

4 다음 漢字의 訓과 音을 쓰시오. (61~92)

(61) 垈 [ ] (62) 爐 [ ]
(63) 炊 [ ] (64) 譽 [ ]
(65) 毁 [ ] (66) 刹 [ ]
(67) 揷 [ ] (68) 牽 [ ]
(69) 塗 [ ] (70) 誕 [ ]
(71) 垂 [ ] (72) 蠶 [ ]
(73) 乞 [ ] (74) 唆 [ ]
(75) 滯 [ ] (76) 覆 [ ]
(77) 隔 [ ] (78) 攝 [ ]
(79) 屯 [ ] (80) 飼 [ ]
(81) 憾 [ ] (82) 脂 [ ]
(83) 縣 [ ] (84) 隻 [ ]
(85) 僑 [ ] (86) 尼 [ ]
(87) 碩 [ ] (88) 鬱 [ ]
(89) 魅 [ ] (90) 諜 [ ]
(91) 雇 [ ] (92) 殖 [ ]

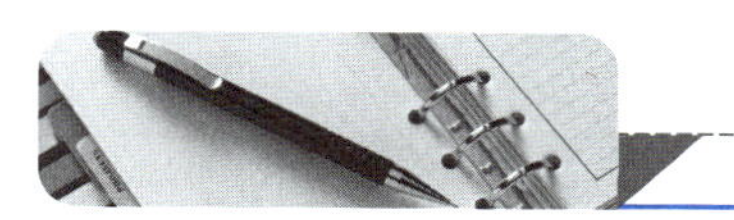

5 다음 漢字의 部首를 쓰시오. (93~102)

(93) 毁 [ ]　(94) 鬱 [ ]

(95) 乞 [ ]　(96) 垂 [ ]

(97) 屯 [ ]　(98) 牽 [ ]

(99) 尼 [ ]　(100) 覆 [ ]

(101) 雇 [ ]　(102) 縣 [ ]

6 다음 漢字의 略字를 쓰시오. (103~105)

(103) 譽 – [ ]　(104) 爐 – [ ]

(105) 蠶 – [ ]

※ 다음 글을 읽고, 물음에 답하시오.

▶ 風俗 문란[106]의 혐의[107] 붕료[108] 재산[109]의 절취[110]로 복역[111]한 자가 붕료를 납치[112] 살해하는 엽기[113]적인 일을 자행[114]하여 경찰이 국립 과학 수사[115] 연구소에 피살자 검시[116]를 의뢰하고 그 자를 체포[117]하였다. 그가 사면[118]될 날은 영원히 없을 것이다.

▶ 교착[119]된 與野의 협상[120]을 다시 추진하고 착종[121]된 社會의 욕구를 용해[122]시키며 계류[123]된 사건의 국회 비준[124]을 얻어 某國과 조약을 체결[125]하여 오늘의 갈등[126]을 봉합[127], 주도권을 장악[128]하려는 統治者의 뜻을 읽을 수 있다.

▶ 물가의 등귀[129] 구매[130]力의 저하가 문제다. 온건[131]하기는 하나 편파[132]적이며 균형[133]을 잃은 신문 편집[134]에 염증[135]이 나서 元老들의 자문[136]을 받아 등사[137]판으로 항의 전단[138]을 만들었는데 그것도 압수[139]당했다. 모멸[140]을 느낀다.

▶ 연탄[141]을 채굴[142]하는 이 협곡[143]갱도에서 옛날 질식[144] 한 사람이 있었는데 지금은 부설[145]된 현대 케이블 카를 타고 오른다.

7 윗글의 밑줄 친 漢字語의 漢字語를 正字로 쓰시오. (106~145)

(106) [ ]　(107) [ ]　(108) [ ]

(109) [ ]　(110) [ ]　(111) [ ]

(112) [ ]　(113) [ ]　(114) [ ]

(115) [ ]　(116) [ ]　(117) [ ]

(118) [ ]　(119) [ ]　(120) [ ]

(121) [ ]　(122) [ ]　(123) [ ]

(124) [ ]　(125) [ ]　(126) [ ]

(127) [ ]　(128) [ ]　(129) [ ]

(130) [ ]　(131) [ ]　(132) [ ]

(133) [ ]　(134) [ ]　(135) [ ]

(136) [ ]　(137) [ ]　(138) [ ]

(139) [ ]　(140) [ ]　(141) [ ]

(142) [ ]　(143) [ ]　(144) [ ]

(145) [ ]

8 윗글의 밑줄 친 漢字語에서 첫소리가 '긴소리'인 것을 10개만 가려 그 번호를 쓰시오. (146~155)

(146) [ ]　(147) [ ]　(148) [ ]

(149) [ ]　(150) [ ]　(151) [ ]

(152) [ ]　(153) [ ]　(154) [ ]

(155) [ ]

9 다음 同音異義語를 구별하여 漢字 正字로 쓰시오. (156~165)

▶ 앞서 간 아들의 묘 단장[156]을 마친 노인의 슬픔은 단장[157]의 슬픔이었다.

…………………… (156) [ ] (157) [ ]

▶ 적을 관대[158]한 관대[159]한 도량.

…………………… (158) [ ] (159) [ ]

▶ 聖堂 사제[160]를 시골 사제[161]로 초청한 서울 시장.

…………………… (160) [ ] (161) [ ]

▶ 古代 사기[162]에 기록된 많은 사기[163](속임수) 사건.

…………………… (162) [ ] (163) [ ]

▶ 자동차 길도 없는 벽지[164]의 내 집. 벽지[165]도 바르지 못하고 산다.

…………………… (164) [ ] (165) [ ]

10 다음 漢字에 類義字를 이어 흔히 쓰는 漢字語가 되게 하되, 뜻의 다름에 따라 2가지를 쓰시오. (166~171)

〈유의점〉
▶ 過 : ① '잘못'이라는 뜻으로 '失', '誤' 등이 이어질 수 있으나 '잘못'이라는 뜻으로만 2곳에 답을 하면 안됨. 다른 뜻으로 ② '지나치다'는 뜻으로 '剩' 혹은 ③ '지나다'의 뜻으로 '去'가 있을 수 있음.

▶ 報의 다른 뜻 두 개로
…………………… (166) [ ] (167) [ ]

▶ 辭의 다른 뜻 두 개로
…………………… (168) [ ] (169) [ ]

▶ 省의 다른 뜻 두 개로
…………………… (170) [ ] (171) [ ]

11 다음 漢字語(四字成語 포함)의 類義語를 漢字로 쓰시오. (172~175)

(172) 驅迫 = [ ]
(173) 領土 = [ ]
(174) 九牛一毛 = [ ] 一粟
(175) 一衣帶水 = [ ] 之間

12 다음 漢字에 相對者를 이어 흔히 쓰는 漢字語가 되게 하되, 뜻의 다름에 따라 2가지를 쓰시오. (176~181)

10의 類義語 때와 같음

▶ 自 ……………… (176) [ ] (177) [ ]
▶ 乘 ……………… (178) [ ] (179) [ ]
▶ 乾 ……………… (180) [ ] (181) [ ]

13 다음 漢字語(四字成語 포함)의 相對語를 漢字로 쓰시오. (182~185)

(182) 紅顔 ↔ [ ]
(183) 精管 ↔ [ ]
(184) 具體的 ↔ [ ]
(185) 苦盡甘來 ↔ [ ]盡[ ]來

14 다음 주어진 漢字에 맞추어 四字成語를 完成하시오. (186~192)

(186) 刻[ ][ ]恨
(187) 明若[ ][ ]
(188) [ ]田[ ]水
(189) 龍頭[ ][ ]
(190) [ ]木[ ]天
(191) 青出[ ][ ]
(192) [ ][ ]募改

15 다음 故事成語의 뜻하는 바를 간단히 쓰시오. (193~196)

〈유의점〉
▶ 字義가 아니라 轉義
例로 '百年河淸' : '百年에 河水 맑다'는 뜻을 쓰는 것이 아니고 '아무리 기다려도 가망 없다.'는 뜻을 쓸 것.

(193) 羊頭狗肉 : [ ]
(194) 丹脣皓齒 : [ ]
(195) 三顧草廬 : [ ]
(196) 擧案齊眉 : [ ]

16 다음 의미에 해당하는 故事成語를 漢字로 쓰시오. (197~200)

(197) 권위자. ……………………………… 泰[ ]北[ ]
(198) 화복이 덧없음. …………………… [ ][ ]之馬
(199) 제삼자의 뜻하지 않은 이득. …… [ ][ ]之利
(200) 속마음을 터놓고 가까이 사귐. … [ ][ ]相照

합격점수 160점

한자능력검정시험 1급 기출분석문제

본 문제는 (사)한국어문회 시행 제29회 한자능력검정시험에 출제되었던 문제를 수험생들에게 수집한 것입니다.

제한시간 90분

1 다음 漢字語의 讀音을 쓰시오. (1~50)

(1) 隙駒 [ ] (2) 癲狂 [ ]
(3) 宦途 [ ] (4) 詣闕 [ ]
(5) 堆肥 [ ] (6) 捐館 [ ]
(7) 巫覡 [ ] (8) 祕讖 [ ]
(9) 褒貶 [ ] (10) 忌諱 [ ]
(11) 結紐 [ ] (12) 絢飾 [ ]
(13) 浚渫 [ ] (14) 黜陟 [ ]
(15) 揭帖 [ ] (16) 康衢 [ ]
(17) 彙纂 [ ] (18) 稗說 [ ]
(19) 悖倫 [ ] (20) 顫舌 [ ]
(21) 拱揖 [ ] (22) 濫觴 [ ]
(23) 偕樂 [ ] (24) 掃灑 [ ]
(25) 庠序 [ ] (26) 洗滌 [ ]
(27) 兆朕 [ ] (28) 拐仗 [ ]
(29) 蒙塵 [ ] (30) 頒賜 [ ]
(31) 頹弛 [ ] (32) 纏帶 [ ]
(33) 浩澣 [ ] (34) 毁譏 [ ]
(35) 棗栗 [ ] (36) 皐復 [ ]
(37) 秦淮 [ ] (38) 支撑 [ ]
(39) 蔗糖 [ ] (40) 簡擢 [ ]
(41) 堆敲 [ ] (42) 霞彩 [ ]
(43) 踏臼 [ ] (44) 盡悴 [ ]
(45) 恍惚 [ ] (46) 稟議 [ ]
(47) 怡悅 [ ] (48) 茸茅 [ ]
(49) 蟄伏 [ ] (50) 歆饗 [ ]

2 다음 漢字語(1~50 중)에 해당되는 뜻을 쓰시오. (51~55)

(51) 庠序 : [ ]
(52) 踏臼 : [ ]
(53) 拐仗 : [ ]
(54) 康衢 : [ ]
(55) 棗栗 : [ ]

3 다음 漢字語(1~50 중)에 대해 A에는 字義를 쓰고, B에는 일반적으로 쓰이는 轉義를 쓰시오. (56~65)

〈例〉
矛盾 A (字意) 창과 방패
B (轉義) 앞과 뒤가 맞지 않음

▶ 濫觴 (56) A [ ]
(57) B [ ]
▶ 隙駒 (58) A [ ]
(59) B [ ]
▶ 蒙塵 (60) A [ ]
(61) B [ ]
▶ 捐館 (62) A [ ]
(63) B [ ]
▶ 堆敲 (64) A [ ]
(65) B [ ]

4 다음 漢字의 訓과 音을 쓰시오. (66~97)

(66) 妖 [ ] (67) 翰 [ ]
(68) 沮 [ ] (69) 預 [ ]
(70) 虐 [ ] (71) 塗 [ ]
(72) 屯 [ ] (73) 琢 [ ]
(74) 敷 [ ] (75) 膽 [ ]
(76) 紊 [ ] (77) 幾 [ ]

(78) 哨 [ ]　(79) 赦 [ ]
(80) 購 [ ]　(81) 籠 [ ]
(82) 垂 [ ]　(83) 苑 [ ]
(84) 旣 [ ]　(85) 痲 [ ]
(86) 窒 [ ]　(87) 廳 [ ]
(88) 詐 [ ]　(89) 彰 [ ]
(90) 煉 [ ]　(91) 殖 [ ]
(92) 秦 [ ]　(93) 纖 [ ]
(94) 糾 [ ]　(95) 尉 [ ]
(99) 租 [ ]　(97) 賠 [ ]

5 다음 漢字의 部首를 쓰시오. (98~107)

(98) 彰 [ ]　(99) 旣 [ ]
(100) 窒 [ ]　(101) 秦 [ ]
(102) 屯 [ ]　(103) 尉 [ ]
(104) 幾 [ ]　(105) 垂 [ ]
(106) 翰 [ ]　(107) 虐 [ ]

6 다음 漢字의 略字를 쓰시오. (108~110)

(108) 膽 [ ]　(109) 廳 [ ]
(110) 籠 [ ]

※ 다음 글을 읽고, 물음에 답하시오.

▶ 핵탄[111]과 그것을 운반[112]할 로켓이 지체[113] 없이 폐기[114]될 조치[115]가 있어야 北의 오만[116]한 선언으로 야기[117]된 첨예[118]한 갈등[119]이 완화[120]될 것이다.

▶ 체제 옹위[121]를 위한 유사[122]한 도발[123]은 이전에도 있었지만 균형[124] 잃은 편벽[125]된 논지[126]는 이전과는 현격[127]한 차이가 있어 우리 모두 분개[128]하는 바라, 뒤의 큰 재앙[129]을 방지하기 위해서 동맹국들이 협력하여 견제[130]하지 않으면 안 될 것이다.

▶ 세모[131]에 서가[132](책꽂이)를 정리하고 愛誦詩를 음영[133]하며 회고[134]해 보는 나의 생애[135] 젊어서는 나(라)맥[136](쌀보리)를 구걸[137]하여 요기[138]하며 정처 없이 표박[139]한 신산[140]을 겪었다.

▶ 농무[141]로 앞이 망막[142]하다. 전답[143]의 수확[144]은 아직 끝나지 않았다. 폭염[145]이 지나간 지 며칠이라고 남(람)벽[146]의 하늘이 저리 높은가. 순환[147]의 섭리[148] 앞에 이를 데 없이 미미한 나, 참괴[149]를 느낀다. 만종[150]의 그윽한 소리.

7 윗글의 밑줄 친 漢字語의 漢字語를 正字로 쓰시오. (111~150)

(111) [ ]　(112) [ ]　(113) [ ]
(114) [ ]　(115) [ ]　(116) [ ]
(117) [ ]　(118) [ ]　(119) [ ]
(120) [ ]　(121) [ ]　(122) [ ]
(123) [ ]　(124) [ ]　(125) [ ]
(126) [ ]　(127) [ ]　(128) [ ]
(129) [ ]　(130) [ ]　(131) [ ]
(132) [ ]　(133) [ ]　(134) [ ]
(135) [ ]　(136) [ ]　(137) [ ]
(138) [ ]　(139) [ ]　(140) [ ]
(141) [ ]　(142) [ ]　(143) [ ]
(144) [ ]　(145) [ ]　(146) [ ]
(147) [ ]　(148) [ ]　(149) [ ]
(150) [ ]

8 윗글의 밑줄 친 漢字語에서 첫소리가 '긴소리'인 것을 10개만(실제로는 10개보다 많음) 가려 그 번호를 쓰시오. (151~160)

(151) [ ]　(152) [ ]　(153) [ ]
(154) [ ]　(155) [ ]　(156) [ ]
(157) [ ]　(158) [ ]　(159) [ ]
(160) [ ]

9 다음 國名 · 地名의 漢字音을 쓰시오. (161~165)

(161) 洒川 [ ]　(162) 靺鞨 [ ]
(163) 暹羅 [ ]　(164) 濊貊 [ ]
(165) 長山串 [ ]

10 주어진 글의 뜻을 참고하여 다음을 漢字로 구별하여 쓰시오. (166~175)

▶ 경구　(166) 기발한 감상을 간결하게 표현한 글의 한 토막. ……………………………[ ]

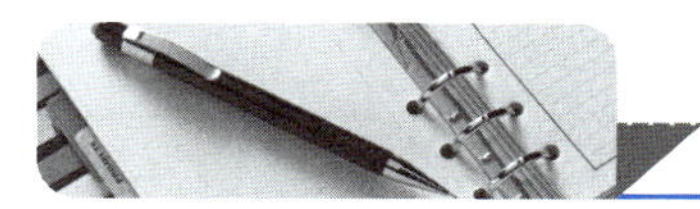

(167) 놀랄만큼 뛰어나게 지어진 글의 한 토막.
……………………………………[ ]

▶ 부역 (168) 국가를 배반하는 데 가담하는 것.
……………………………………[ ]

(169) 국가가 의무적으로 지우는 일.
……………………………………[ ]

▶ 연패 (170) 지난 번에 이어 또 패배하다.
……………………………………[ ]

(171) 지난 번에 이어 또 우승하다.
……………………………………[ ]

▶ 소음 (172) 시끄러운 소리. ………………[ ]

(173) 소리나지 않게 하다.…………[ ]

▶ 부상 (174) 등짐 장수. ……………………[ ]

(175) 돈 많은 장수. ………………[ ]

11 對立되는 뜻의 漢字語를 正字로 쓰시오. (176~180)

(176) 經度 ↔ [ ]

(177) 債權 ↔ [ ]

(178) 訥辯 ↔ [ ]

(179) 門外漢 ↔ [ ]

(180) 弄璋(之慶) ↔ [ ]

12 다음 四字成語를 完成하시오. (181~190)

◎ 同義(類義)語를 넣어 완성하시오.

(181) [ ][ ]蜚語

(182) 勞心[ ][ ]

(183) [ ][ ]妄動

(184) 剖棺[ ][ ]

(185) 拔本[ ][ ]

◎ 對立語를 넣어 완성하시오.

(186) 絕長[ ][ ]

(187) 黨同[ ][ ]

(188) 左衝[ ][ ]

(189) 冬扇[ ][ ]

(190) [ ][ ]西走

13 다음 〈例〉의 뜻을 참고하여 四字(故事)成語를 完成하시오. (191~200)

例

▶ 하찮은 일로 다투다.
▶ 천한 재주도 쓸모가
▶ 윗사람을 농락하고 멋대로
▶ 심부름을 간 사람 소식은
▶ 남의 힘으로 권세 부리다.
▶ 오래 노력하면 이루어진다.
▶ 늙도록 이렇게 효도를
▶ 쓸데없는 짓으로 실패하다.
▶ 책을 열심히 읽으니
▶ 여러 방면에 걸치면 한 방면도 이루기 어렵다.
(※ 순서대로가 아님)

(191) [ ]岐亡[ ]

(192) 畫[ ][ ]足

(193) 斑[ ]之[ ]

(194) 愚公[ ][ ]

(195) 韋[ ]三[ ]

(196) 狐[ ]虎[ ]

(197) [ ]鹿[ ]馬

(198) 咸興[ ][ ]

(198) 蝸[ ]之[ ]

(200) 鷄鳴[ ][ ]

합격점수 **160**점

한자능력검정시험 1급 기출분석문제

본 문제는 (사)한국어문회 시행 제28회 한자능력검정시험에 출제되었던 문제를 수험생들에게 수집한 것입니다.

제한시간 **90**분

1 다음 漢字語의 讀音을 쓰시오. (1~50)

(1) 廚房 [ ]　(2) 鰥夫 [ ]
(3) 銜勒 [ ]　(4) 瑕疵 [ ]
(5) 宸襟 [ ]　(6) 微恙 [ ]
(7) 砧聲 [ ]　(8) 狐鼠 [ ]
(9) 容膝 [ ]　(10) 杏林 [ ]
(11) 詰難 [ ]　(12) 唾罵 [ ]
(13) 抛擲 [ ]　(14) 恰似 [ ]
(15) 亢羅 [ ]　(16) 欽羨 [ ]
(17) 僭竊 [ ]　(18) 慓悍 [ ]
(19) 眞摯 [ ]　(20) 堰堤 [ ]
(21) 胄裔 [ ]　(22) 嗤侮 [ ]
(23) 眩暈 [ ]　(24) 泌尿 [ ]
(25) 縊殺 [ ]　(26) 拔萃 [ ]
(27) 彩靄 [ ]　(28) 邂逅 [ ]
(29) 卦爻 [ ]　(30) 做錯 [ ]
(31) 梵唄 [ ]　(32) 宦途 [ ]
(33) 涕泣 [ ]　(34) 纏袋 [ ]
(35) 諂諛 [ ]　(36) 辨償 [ ]
(37) 抽籤 [ ]　(38) 狡慝 [ ]
(39) 宕巾 [ ]　(40) 猜憚 [ ]
(41) 馥郁 [ ]　(42) 璽寶 [ ]
(43) 移徙 [ ]　(44) 憑藉 [ ]
(45) 擄掠 [ ]　(46) 托鉢 [ ]
(47) 廏吏 [ ]　(48) 眄視 [ ]
(49) 几杖 [ ]　(50) 疸症 [ ]

2 다음 漢字語에 해당한 순우리말(固有語)을 쓰시오. (51~53)

(51) 廚房 [ ]
(52) 鰥夫 [ ]
(53) 銜勒 [ ]

3 다음 漢字語의 뜻을 쓰시오. (54~57)

(54) 瑕疵 [ ]
(55) 宸襟 [ ]
(56) 微恙 [ ]
(57) 砧聲 [ ]

4 다음 漢字語의 (글자의 뜻이 아니라) 일반적으로 쓰이는 轉義을 쓰시오. (58~60)

> 例
> 矛盾 (字義) 창과 방패 (이 답을 쓰는 것이 아님)
> (轉義) 앞뒤가 맞지 않음 (○)

(58) 砧聲 [ ]
(59) 容膝 [ ]
(60) 杏林 [ ]

5 다음 漢字의 訓 · 音을 쓰시오. (61~92)

(61) 喜 [ ]　(62) 衷 [ ]
(63) 款 [ ]　(64) 戴 [ ]
(65) 胥 [ ]　(66) 摩 [ ]
(67) 覆 [ ]　(68) 窟 [ ]
(69) 傘 [ ]　(70) 獵 [ ]
(71) 劑 [ ]　(72) 峽 [ ]
(73) 揷 [ ]　(74) 尉 [ ]
(75) 融 [ ]　(76) 凝 [ ]
(77) 奏 [ ]　(78) 准 [ ]

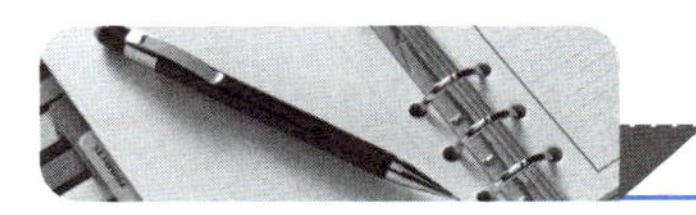

(79) 震 [ ]　(80) 窒 [ ]
(81) 輯 [ ]　(82) 炊 [ ]
(83) 鋪 [ ]　(84) 碩 [ ]
(85) 諮 [ ]　(86) 遞 [ ]
(87) 膠 [ ]　(88) 軌 [ ]
(89) 刹 [ ]　(90) 彰 [ ]
(91) 諜 [ ]　(92) 軸 [ ]

6 다음 漢字의 部首를 쓰시오. (93~102)

(93) 喜 [ ]　(94) 夷 [ ]
(95) 款 [ ]　(96) 戴 [ ]
(97) 腎 [ ]　(98) 摩 [ ]
(99) 覆 [ ]　(100) 窟 [ ]
(101) 傘 [ ]　(102) 獵 [ ]

7 다음 漢字의 略字를 쓰시오. (103~105)

(103) 獵 [ ]　(104) 劑 [ ]
(105) 峽 [ ]

※ 다음 글을 읽고, 물음에 답하시오.

韓國의 外交 광산 채굴[106]權 철도 부설[107]權을 장악[108]하고 척식[109] 會社를 만들어 경제적 수탈[110]을 자행[111]하니 우리 재벌[112]이란 말은 들어 보지도 못했다. 나맥[113](쌀, 보리)은 그나마 고급 식량, 배급이라고 주는 것은 동물의 사료[114]로나 쓸 고량 찌끼. 그 속에서 가슴에 창씨 개명한 명찰[115]을 달고 아침마다 동쪽을 향해 궁성 요배[116]를 하고 를 皇國臣民 서사[117]를 외쳤다. 징벌[118]이 무서워 日語 상용을 했다. 우리말 한 마디 썼다고 감봉[119] 처분된 공무원도 있었다. 우리의 過去다. 지금이라면 示威 농성[120]이라도 했을 텐데 그저 근로[121] 보국이라는 이름아래 혹사[122]당했다.

우리를 합병[123]한 일제의 밀정[124]이 되어 독립 운동가를 수색[125] 체포[126] 참형[127] 당하게 한 者가 光復 뒤에는 경찰[128] 幹部가 되어 반민족 행위자를 규탄[129]하는 志士들을 도리어 國家觀이 없다고 감옥[130]에 구금[131]하기도 했으니 울분[132] 어찌하랴. 더구나 그런 者들의 아들딸이 이 社會의 지도자가 되겠다고 광분[133]하는 "○○이 三代 떵떵거린다"는 도청[134] 도설[135]이 사실로 다가온다.

우리 초미[136]의 관심사는 주둔[137] 美軍의 再配置. 侵略軍을 견제[138]할 군사력의 균형[139]에 장애[140]는 없을까. 초계[141]艇이 피랍[142]되는 불측의 사태가 야기[143]되어도 지체[144]없이 대응 할 수 있을까. 우려[145]가 크다.

8 윗글의 밑줄 친 漢字語의 漢字語를 正字로 쓰시오. (106)~(145)

(106) [ ]　(107) [ ]　(108) [ ]
(109) [ ]　(110) [ ]　(111) [ ]
(112) [ ]　(113) [ ]　(114) [ ]
(115) [ ]　(116) [ ]　(117) [ ]
(118) [ ]　(119) [ ]　(120) [ ]
(121) [ ]　(122) [ ]　(123) [ ]
(124) [ ]　(125) [ ]　(126) [ ]
(127) [ ]　(128) [ ]　(129) [ ]
(130) [ ]　(131) [ ]　(132) [ ]
(133) [ ]　(134) [ ]　(135) [ ]
(136) [ ]　(137) [ ]　(138) [ ]
(139) [ ]　(140) [ ]　(141) [ ]
(142) [ ]　(143) [ ]　(144) [ ]
(145) [ ]

9 윗글의 밑줄 친 漢字語에서 첫소리가 長音인 것을 10개만(실제로는 10개보다 많음) 가려 그 번호를 쓰시오. (146~155)

(146) [ ]　(147) [ ]　(148) [ ]
(149) [ ]　(150) [ ]　(151) [ ]
(152) [ ]　(153) [ ]　(154) [ ]
(155) [ ]

10 아래 同音異議語를 구별하여 쓰시오. (音의 長短은 관계 없이) (156~164)

▶ 나에게는 동물의 사료로 사료[156]됨 ············(156)[ ]

▶ 皇國臣民의 서사를 서사[157]하라고 해서 두 번이나 썼다. ·······························(157)[ ]

▶ 宮城 요배를 한 우리 요배[158]들···················(158)[ ]

▶ 독립 운동가를 수색. 그것을 바라보는 사람들의 수색[159](근심스러운 빛) ······························(159)[ ]

▶ 사기 : 절터[160] ······························(160)[ ]

남을 속이다[161] ·····························(161)[ ]

활쏘기 말타기[162] ·························(162)[ ]

▶ 고용 : 삯을 주고 부림[163] ························(163)[ ]

삯을 받고 남의 일을 함[164] ············(164)[ ]

11 다음 漢字의 對立되는 뜻의 漢字, 漢字語를 正字로 쓰시오. (165~175)

(165) [ ] ↔ 簡

(166) 貸 ↔ [ ]

(167) [ ] ↔ 夭

(168) 雌 ↔ [ ]

(169) 雙手 ↔ [ ]手

(170) 鹹水 ↔ [ ]水

(171) 卵生 ↔ [ ]生

(172) 炎 ↔ [ ]世態

(173) 拘禁 ↔ [ ]

(174) [ ] ↔ 正統

(175) 人爲 ↔ [ ]

12 같은 뜻의 漢字語가 되게 ( ) 안에 漢字를 正字로 쓰시오. (176~185)

(176) 覺 – [ ]

(177) 敦 – [ ]

(178) [ ] – 悼

(179) [ ] – 蔬

(180) 俗世 – [ ]

(181) 一毫 – [ ]毫

(182) [ ]空 – 碧空

(183) 天地 – [ ][ ]

(184) 九泉 – [ ][ ]

(185) 近朱者赤 – 近[ ]者[ ]

13 [ ] 안에 같은 뜻이거나 혹은 대립되는 뜻의 漢字語를 넣어 흔히 쓰이는 四字成語를 完成하시오. (186~190)

(186) 微官[ ][ ]

(187) [ ][ ]湯池

(188) 拔本[ ][ ]

(189) 龍頭[ ][ ]

(190) [ ][ ]甘來

14 다음 〈例〉의 뜻을 참고하여 四字(故事)成語를 完成하시오. (191~200)

例
- ▶ 도둑
- ▶ 권위가 있는 사람
- ▶ 꾀로 우롱하다.
- ▶ 융통성이 없이 옛것에 집착하는 어리석음.
- ▶ 琴酒詩
- ▶ 실패하면 끝장
- ▶ 일을 하는 데 순서가 있다.
- ▶ 글 공부를 중도에 그만두다니
- ▶ 아무리 기다려도 가망 없음.
- ▶ 자기 힘이 미치지 못하니

(※순서대로가 아님)

(191) [ ]舟[ ]劍

(192) [ ][ ]北斗

(193) [ ][ ]之陣

(194) 百年[ ][ ]

(195) 孟母[ ][ ]

(196) 梁上[ ][ ]

(197) 朝三[ ][ ]

(198) [ ][ ]三友

(198) 登[ ]自[ ]

(200) [ ][ ]之歎

합격점수 **160**점

제5회 한자능력검정시험 1급 기출분석문제

본 문제는 (사)한국어문회 시행 제27회 한자능력검정시험에 출제되었던 문제를 수험생들에게 수집한 것입니다.

제한시간 **90**분

1 다음 漢字語의 讀音을 쓰시오. (1~50)

(1) 嗚咽 [ ] (2) 數遞 [ ]
(3) 覆載 [ ] (4) 萃聚 [ ]
(5) 陟降 [ ] (6) 葺繕 [ ]
(7) 璿譜 [ ] (8) 旌閭 [ ]
(9) 蕃酋 [ ] (10) 撒袋 [ ]
(11) 鼎峙 [ ] (12) 僭濫 [ ]
(13) 顫聲 [ ] (14) 哮吼 [ ]
(15) 蓑笠 [ ] (16) 麾旗 [ ]
(17) 鼈盞 [ ] (18) 訥澁 [ ]
(19) 庠序 [ ] (20) 脊椎 [ ]
(21) 脆怯 [ ] (22) 隆寵 [ ]
(23) 贖刑 [ ] (24) 盈溢 [ ]
(25) 檻穽 [ ] (26) 欠伸 [ ]
(27) 舅姑 [ ] (28) 眷率 [ ]
(29) 塵埃 [ ] (30) 茅廬 [ ]
(31) 股肱 [ ] (32) 汨沒 [ ]
(33) 容喙 [ ] (34) 彫琢 [ ]
(35) 膾炙 [ ] (36) 爪痕 [ ]
(37) 衙隷 [ ] (38) 皐敲 [ ]
(39) 耆艾 [ ] (40) 祚胤 [ ]
(41) 棗栗 [ ] (42) 僉押 [ ]
(43) 繩索 [ ] (44) 廛鋪 [ ]
(45) 唾棄 [ ] (46) 捷徑 [ ]
(47) 繭蠶 [ ] (48) 鹽醢 [ ]
(49) 師傅 [ ] (50) 鐵槌 [ ]

2 다음 漢字語에 해당한 순우리말(固有語)를 쓰시오. (51~55)

(51) 欠伸 [ ] (52) 舅姑 [ ]
(53) 眷率 [ ] (54) 塵埃 [ ]
(55) 茅廬 [ ]

3 다음 漢字語의 (A) 글자의 뜻과, (B) 一般的으로 쓰이는 轉意를 쓰시오. (56~65)

股肱 (56) A. [ ]
(57) B. [ ]
汨沒 (58) A. [ ]
(59) B. [ ]
容喙 (60) A. [ ]
(61) B. [ ]
彫琢 (62) A. [ ]
(63) B. [ ]
膾炙 (64) A. [ ]
(65) B. [ ]

4 다음 漢字의 部首를 쓰시오. (66~75)

(66) 爪 (67) 衙 (68) 皐 (69) 耆
(70) 胤 (71) 棗 (72) 僉 (73) 索
(74) 廛 (75) 棄

5 다음 漢字의 略字를 쓰시오. (76~80)

(76) 徑 (77) 蠶 (78) 鹽
(79) 師 (80) 鐵

6 다음 漢字의 訓과 音을 쓰시오. (81–110)

(81) 侮 [ ] (82) 憾 [ ]
(83) 坑 [ ] (84) 扉 [ ]
(85) 傀 [ ] (86) 恐 [ ]
(87) 寬 [ ] (88) 尉 [ ]
(89) 拳 [ ] (90) 忌 [ ]
(91) 孰 [ ] (92) 鍛 [ ]
(93) 悼 [ ] (94) 騰 [ ]
(95) 裸 [ ] (96) 獵 [ ]
(97) 謬 [ ] (98) 灣 [ ]
(99) 娩 [ ] (100) 蔑 [ ]
(101) 逢 [ ] (102) 揷 [ ]
(103) 庶 [ ] (104) 攝 [ ]
(105) 怨 [ ] (106) 融 [ ]
(107) 綜 [ ] (108) 津 [ ]
(109) 誕 [ ] (110) 逮 [ ]

※ 다음 글을 읽고, 물음에 답하시오.

▶ 영세[111]한 생활, 불편한 몸으로 새 집을 마련하느라 영일[112] 없었다. 아파트에 염증[113]이 나서 흙을 밟아 보려고 知人에게 간청[114], 50평 남짓 대지[115]를 임대[116]하여 공사를 시작해서 이제 內部 도장[117]만 남았다. 워낙 집이 넓지 못해서 방마다 선반을 가설[118]하여 써야겠다.

▶ 강상[119]이 무너지면 금수[120]와 다를 바 없으니라. 가족의 우애 돈독[121]하니 宗族이 화목[122]하니라.

▶ 계몽[123]의 시대는 지났다. 평소 과묵[124]하신 선생님이 과장[125]없는 實話로 우리를 긴장[126]하게 하신다.

▶ 파견[127]軍의 사령관이 非理에 대한 수사[128] 대상이 되었다. 관행[129]이 그렇다고 구차[130]하게 변명[131]했지만 견장[132]의 별이 치욕[133]으로 빛을 잃었다.

▶ 漢江에 몸 던져 익사[134]한 사람들. 갈등[135]을 극복하지 못한 그들. 탐관오리[136]. 외경[137]과 겸허[138]를 모르는 방자[139]한 무리들. 그들과 자리를 함께 했던 일을 생각하면 참괴[140]에 몸 둘 바 없다.

▶ 사찰[141] 승니[142]들의 참선[143]과 공양[144]. 만종[145]소리. 송경[146]소리.

▶ 천출[147]은 천한 출신이다. 한글로 써 놓고 하늘이 냈다는 뜻이란다. 그럴 수도 있겠지. 자칫 남북이 전쟁할 뻔했다. 어느 정당 대표는 자기 당의 보수[148]주의는 보수[149]주의라 했다. 모자라는 곳을 기워 고친다는 뜻인가. 한글 전용의 이 맹점[150]이 부조리.

7 윗글의 밑줄 친 漢字語의 漢字를 正字로 쓰시오. (111~150)

(111) [ ] (112) [ ] (113) [ ]
(114) [ ] (115) [ ] (116) [ ]
(117) [ ] (118) [ ] (119) [ ]
(120) [ ] (121) [ ] (122) [ ]
(123) [ ] (124) [ ] (125) [ ]
(126) [ ] (127) [ ] (128) [ ]
(129) [ ] (130) [ ] (131) [ ]
(132) [ ] (133) [ ] (134) [ ]
(135) [ ] (136) [ ] (137) [ ]
(138) [ ] (139) [ ] (140) [ ]
(141) [ ] (142) [ ] (143) [ ]
(144) [ ] (145) [ ] (146) [ ]
(147) [ ] (148) [ ] (149) [ ]
(150) [ ]

8 윗글의 밑줄 친 漢字語에서 첫소리가 長音인 것을 10개만 (실제로는 10개보다 많음) 가려 그 번호를 쓰시오. (10개가 넘으면 규정에 따라 감점) (151~160)

(151) [ ] (152) [ ] (153) [ ]
(154) [ ] (155) [ ] (156) [ ]
(157) [ ] (158) [ ] (159) [ ]
(160) [ ]

9 다음 漢字語를 '주어진 문맥에 맞는 뜻'의 同音異義語를 漢字로 쓰시오. (161~170)

▶ 영세 (161) 새해를 맞이하는 영세 …………… [ ]
(162) 聖堂에서 받은 영세 ……………… [ ]
▶ 대지 (163) 크고 넓은 땅 ……………………… [ ]
(164) 높고 평평한 곳 …………………… [ ]
▶ 가설 (165) 거리의 이야기 ……………………… [ ]
(166) 이론 체계를 연역하기 위하여 설정한 가정 ……………………………………………… [ ]
▶ 금수 (167) 수출, 수입을 금함 ………………… [ ]
(168) 날짐승과 길짐승 …………………… [ ]
▶ 수사 (169) 손으로 베끼다. …………………… [ ]
(170) 말이나 글을 더 아름답게 ………… [ ]

10 對立되는 뜻의 漢字, 漢字語를 正字로 쓰시오. (171~180)

(171) 旦 ↔ [ ] (172) 抑 ↔ [ ]
(173) 干 ↔ [ ] (174) 矛 ↔ [ ]
(175) 需 ↔ [ ] (176) 受理 ↔ [ ]
(177) 巧妙 ↔ [ ] (178) 質疑 ↔ [ ]
(179) 斬新 ↔ [ ] (180) 疎遠 ↔ [ ]

11 같은 뜻의 漢字語가 되게 [ ] 안에 漢字를 正字로 쓰시오. (181~190)

(181) 背恩 [ ]
(182) 交涉 [ ]
(183) 驅迫 [ ]
(184) 漂泊 [ ]
(185) 威脅 [ ]
(186) 甲男乙女 – 匹[ ]匹[ ]
(187) 今昔之感 – [ ][ ]之感
(188) 水魚之交 – [ ][ ]之友
(189) 五車之書 – 汗牛[ ][ ]
(190) 天壤之差 – [ ][ ]之差

12 다음 〈例〉의 뜻을 참고하여 四字(故事)成語를 完成하시오. (191~200)

例

▶ 미봉책
▶ 轉禍爲福
▶ 처지를 바꾸어서 생각하여 봄.
▶ 같은 값이면 다홍치마
▶ 가만히 있는 사람을 공연히 건드려서 화를 입거나 일을 불리하게 만듦.
▶ 바로잡으려 했는데 그만
▶ 그렇게까지 책을 읽어
▶ 천한 재주를 가진 사람
▶ 한 쪽이 망하면 다른 한 쪽도 영향을 받아 온전하기 어려움.
(※순서대로가 아님)

(191) [ ]田[ ]海
(192) 韋編[ ][ ]
(193) [ ]角[ ]牛
(194) 凍足[ ][ ]
(195) [ ][ ]之馬
(196) [ ]鳴[ ]盜
(197) [ ][ ]思之
(198) 宿虎[ ][ ]
(198) [ ]亡[ ]寒
(200) [ ][ ]紅裳

합격점수 160점

제6회 한자능력검정시험 1급 기출분석문제

본 문제는 (사)한국어문회 시행 제26회 한자능력검정시험에 출제되었던 문제를 수험생들에게 수집한 것입니다.

제한시간 90분

1 다음 漢字語의 讀音을 쓰시오. (1~50)

(1) 堪耐 [ ]　(2) 箴諫 [ ]
(3) 酷似 [ ]　(4) 埋沒 [ ]
(5) 邪慝 [ ]　(6) 勁健 [ ]
(7) 捺染 [ ]　(8) 磊落 [ ]
(9) 嫌惡 [ ]　(10) 孕胎 [ ]
(11) 邀擊 [ ]　(12) 牢獄 [ ]
(13) 誇矜 [ ]　(14) 編磬 [ ]
(15) 嗜僻 [ ]　(16) 輦輿 [ ]
(17) 鄙陋 [ ]　(18) 賭租 [ ]
(19) 黍粟 [ ]　(20) 插匙 [ ]
(21) 杜鵑 [ ]　(22) 瞻眺 [ ]
(23) 逆戾 [ ]　(24) 頻尿 [ ]
(25) 潰走 [ ]　(26) 辣腕 [ ]
(27) 羨溢 [ ]　(28) 卑怯 [ ]
(29) 康衢 [ ]　(30) 懶惰 [ ]
(31) 刪蔓 [ ]　(32) 暹羅 [ ]
(33) 貊族 [ ]　(34) 臂膊 [ ]
(35) 拿捕 [ ]　(36) 陶窯 [ ]
(37) 恭虔 [ ]　(38) 攪亂 [ ]
(39) 遁迹 [ ]　(40) 凱旋 [ ]
(41) 拐仗 [ ]　(42) 洋襪 [ ]
(43) 刮垢 [ ]　(44) 蹂躪 [ ]
(45) 艱澁 [ ]　(46) 賄賂 [ ]
(47) 睹聞 [ ]　(48) 隔搔 [ ]
(49) 羹汁 [ ]　(50) 癡呆 [ ]

2 다음 漢字의 訓과 音을 쓰시오. (51~74)

(51) 揭 [ ]　(52) 絞 [ ]
(53) 闕 [ ]　(54) 侮 [ ]
(55) 圈 [ ]　(56) 伴 [ ]
(57) 遮 [ ]　(58) 箱 [ ]
(59) 瑞 [ ]　(60) 碩 [ ]
(61) 繕 [ ]　(62) 垂 [ ]
(63) 搜 [ ]　(64) 厭 [ ]
(65) 震 [ ]　(66) 凝 [ ]
(67) 宰 [ ]　(68) 竊 [ ]
(69) 彰 [ ]　(70) 衡 [ ]
(71) 抛 [ ]　(72) 峽 [ ]
(73) 靴 [ ]　(74) 脂 [ ]

3 漢字는 한 字가 여러 뜻으로 쓰이는 일이 많고 뜻이 달라지면 그 音도 달라지는 경우가 있다. 다음 漢字語의 밑줄 친 漢字의 (A)에는 音을 (B)에는 訓을 쓰시오. (75~80)

忖度 (75) A. [ ] B. [ ]
度量 (76) A. [ ] B. [ ]
殺戮 (77) A. [ ] B. [ ]
減殺 (78) A. [ ] B. [ ]
洞窟 (79) A. [ ] B. [ ]
洞燭 (80) A. [ ] B. [ ]

※ 다음 글을 읽고, 물음에 답하시오.

▶ 옛날에는 지방 법원 위 高等法院 아래 복심[81] 法院이 있었고 여기서 지방 법원 판결의 항고[82]에 대하여 다시 살펴 독립적으로 판결하였다. 계류[83]된 사건의 진실을 지체[84]없이 규명[85]하는 것, 이것이 우리의 초미[86]의 관심사다. 선진국으로 도약[87]하는 길이 이것이다.

▶ 王黨派는 剖棺 참시[88]되었다. 벽지로 유배[89]되고 간

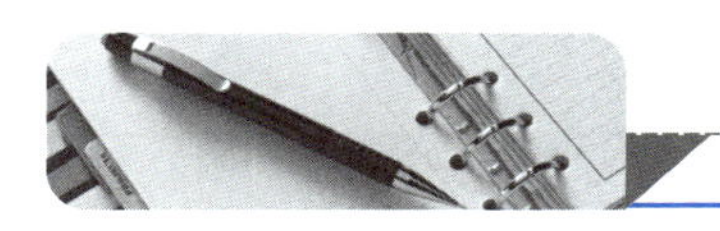

혔던 山林派들도 사면[90]되었다. 변경[91]의 요새[92]로 몽진[93]한 국왕은 울적[94]한 심사를 달랠 길 없었다.

▶ 63빌딩도 마천루[95]라 할 수 있을까. 그 63층 만찬[96]場에서는 악단의 연주[97] 속에 매혹[98]的인 무희[99]들이 춤을 추고 있었고 소개[100]받은 내빈[101]들이 '건배' 소리에 맞추어 환성[102]을 올렸다.

▶ 섬유[103]를 가공하여 실을 만드는 일을 방적[104]이라 하고 그 실로 피륙을 짜는 일을 방직[105]이라 한다. 털실을 모사[106], 털실에 다른 섬유를 섞은 실을 혼방사 또는 혼방[107]이라 한다.

▶ 땅에는 지축[108]을 흔드는 탱크 소리, 하늘에는 고막[109]을 찢는 듯한 제트기 소리, 대관[110]식이 끝난 뒤의 장엄[111]한 행사.

▶ 약관[112]을 어기고 배상[113]을 하지 않는 言論社는 구독[114]자를 농락[115]하는 것.

▶ 광궤[116](궤도 폭이 넓음) 철도를 부설[117]하고 지하 자원을 채굴[118]하여 식민지 수탈[119]에 광분[120]했던 日本.

4 윗글의 밑줄 친 漢字語의 漢字를 正字로 쓰시오. (81~120)

(81) [ ] (82) [ ] (83) [ ]
(84) [ ] (85) [ ] (86) [ ]
(87) [ ] (88) [ ] (89) [ ]
(90) [ ] (91) [ ] (92) [ ]
(93) [ ] (94) [ ] (95) [ ]
(96) [ ] (97) [ ] (98) [ ]
(99) [ ] (100) [ ] (101) [ ]
(102) [ ] (103) [ ] (104) [ ]
(105) [ ] (106) [ ] (107) [ ]
(108) [ ] (109) [ ] (110) [ ]
(111) [ ] (112) [ ] (113) [ ]
(114) [ ] (115) [ ] (116) [ ]
(117) [ ] (118) [ ] (119) [ ]
(120) [ ]

5 윗글의 밑줄 친 漢字語에서 첫소리가 長音인 것을 10개 가려 그 번호를 쓰시오. (121~130)

(121) [ ] (122) [ ] (123) [ ]
(124) [ ] (125) [ ] (126) [ ]
(127) [ ] (128) [ ] (129) [ ]
(130) [ ]

6 漢字語는 그 음은 같으나 뜻이 다른 말(同音異義語)이 많다. 윗글 밑줄 친 한자어 (83) (90) (91) (97) (100) (105) (106) (112) (117)의 '다음 문맥에 맞는 다른 뜻'의 漢字를 쓰시오. (131~140)

(131) 계류[83] : 시원한 계류에 발을 담갔다.
(132) 사면[90] : 어제 위원장을 사면하였다.
(133) 변경[91] : 일정 변경
(134) 연주[97] : 여러 개를 꿰어서 이은 구슬을 연주라 한다.
(135) 소개[100] : 전쟁 때 서울에서 시골로 소개했다.
(136) 방직[105] : '義以一外 敬以一內'. 바르고 곧다는 뜻의 방직
(137) 모사[106] : 미술관에서 모사만 하는 사람
(138) 모사[106] : 모사는 在人 성사는 在天
(139) 약관[112] : 약관에 과장으로 승진
(140) 부설[117] : 유언비어의 다른 말은 부설이다.

7 다음 漢字의 略字를 쓰시오. (141~143)

(141) 雙 – [ ] (142) 晝 – [ ]
(143) 鹽 – [ ]

8 다음 漢字의 部首를 쓰시오. (144~153)

(144) 凝 – [ ] (145) 勇 – [ ]
(146) 圈 – [ ] (147) 夜 – [ ]
(148) 學 – [ ] (149) 幕 – [ ]
(150) 戎 – [ ] (151) 望 – [ ]
(152) 羅 – [ ] (153) 衢 – [ ]

9 다음 漢字語의 우리말을 쓰시오.(154~157)

(154) 臀部 [ ]　(155) 釣竿 [ ]

(156) 贅瘤 [ ]　(157) 跋扈 [ ]

10 다음 漢字語의 (A)글자 뜻과 (B)일반적으로 쓰이는 말뜻을 쓰시오. (158~163)

雁帛 (158) A. [ ]

(159) B. [ ]

膏粱 (160) A. [ ]

(161) B. [ ]

菽麥 (162) A. [ ]

(163) B. [ ]

11 다음에서 뜻의 構造가 다른 것 하나를 가려 그 부호를 쓰시오. (164~168)

(164) ① 干戈　② 雇傭　③ 乾坤　④ 經緯

(165) ① 昇降　② 伸縮　③ 矛盾　④ 貫徹

(166) ① 畢竟　② 雌雄　③ 表裏　④ 腹背

(167) ① 旦夕　② 抑揚　③ 緩急　④ 俊秀

(168) ① 姑婦　② 安危　③ 敦篤　④ 需給

12 다음 漢字에 對立되는 뜻의 漢字를 쓰시오. (169~173)

(169) [ ] ↔ 夭

(170) 貸 ↔ [ ]

(171) 鰥 ↔ [ ]

(172) 曇 ↔ [ ]

(173) 銳 ↔ [ ]

13 다음 漢字의 뜻과 같은 뜻의 漢字를 더하여 일반적으로 쓰이는 漢字語를 만드시오. (174~180)

(174) 葑[ ]　(175) [ ]攀

(176) 慷[ ]　(177) 倦[ ]

(178) [ ]耗　(179) [ ]墓

(180) [ ]濯

14 다음 [ ] 안을 채워 서로 對立되는 뜻의 四字成語가 되게 하시오. (181~186)

(181) 錦上[ ][ ] ↔ (182) 雪上[ ][ ]

(183) [ ][ ]北狄 ↔ (184) [ ][ ]西戎

(185) [ ][ ]自重 ↔ (186) 輕擧[ ][ ]

15 다음 [ ] 안을 채워 같은 뜻의 四字成語가 되게 하시오. (187~192)

(187) [ ][ ]思義 - (188) 見危[ ][ ]

(189) 金城[ ][ ] - (190) [ ][ ]不落

(191) [ ][ ]之書 - (192) 汗牛[ ][ ]

16 다음 〈例〉의 뜻을 참고하여 四字成語를 完成하시오. (193~200)

> 例
> ▶ 죽어서 은혜를 갚는다.
> ▶ 孤立無援의 상태
> ▶ 舊習에 젖어 시대의 변화를 모른다.
> ▶ 옛 사물에 집착하는 어리석음.
> ▶ 명분과 實際가 一致하지 않는다.
> ▶ 아무리 기다려도 이루어질 가망 없다.
> ▶ 온갖 괴로움을 참고 견디다.
> ▶ 共同의 운명
> (※순서대로가 아님)

(193) 百年[ ][ ]

(194) [ ][ ]報恩

(195) 臥薪[ ][ ]

(196) [ ][ ]楚歌

(197) 守[ ]待[ ]

(198) [ ][ ]齒寒

(199) [ ][ ]狗肉

(200) 刻舟[ ][ ]

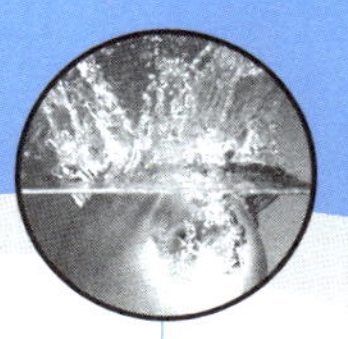

국가공인 한자능력검정시험 예상문제집 1급

정답 및 해설

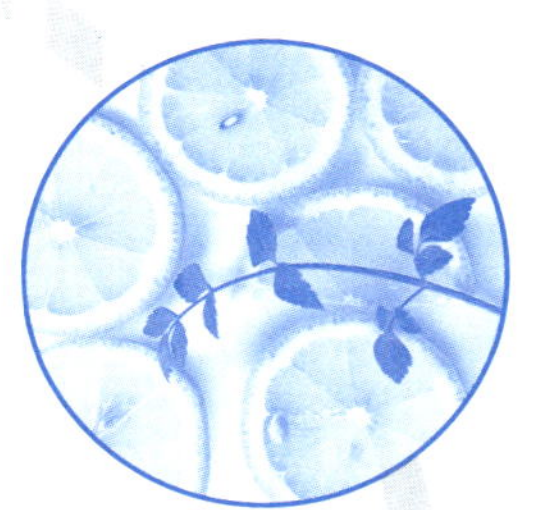

Memo

1급 정답 및 해설

실전예상문제 01회

(1) 미태	(2) 갑주	(3) 범어	(4) 영아	(5) 고민	(6) 낙인	(7) 감질
(8) 당구	(9) 매도	(10) 저담	(11) 괘선	(12) 작수	(13) 당리	(14) 환액
(15) 목채	(16) 파도	(17) 구륵	(18) 모전	(19) 망자	(20) 억설	(21) 교목
(22) 조박	(23) 수작	(24) 요업	(25) 불타	(26) 칭추	(27) 잠박	(28) 은닉
(29) 휘동	(30) 치밀	(31) 알선	(32) 화신	(33) 청담	(34) 조소	(35) 해학
(36) 보루	(37) 산증	(38) 화훼	(39) 나의	(40) 전도	(41) 훈위	(42) 옥잠
(43) 안기	(44) 옹색	(45) 시저	(46) 혼가	(47) 참람	(48) 개분	(49) 공복
(50) 하자	(51) 겹쳐질 첩	(52) 볼록할 철	(53) 골 학	(54) 글방 숙	(55) 나이 령	(56) 바큇살 복
(57) 효 효	(58) 나약할 나	(59) 문둥병 라	(60) 통 통	(61) 건져낼 로	(62) 파리할 수	(63) 안장 안
(64) 탈 탑	(65) 뿜을 분	(66) 받들 봉	(67) 비상 비	(68) 널/관 구	(69) 의나무 의	(70) 우거질 번
(71) 땜질할 고	(72) 부용 부	(73) 날 비	(74) 내려다볼 감	(75) 맞을 아	(76) 꺾을 요	(77) 속될 리/이
(78) 화로 로	(79) 울타리 리	(80) 아이밸 신	(81) 거둘 렴	(82) 담집 도	(83) 南極	(84) 探査
(85) 不意	(86) 事故	(87) 追慕	(88) 自願	(89) 越冬	(90) 參與	(91) 附設
(92) 所長	(93) 觀測	(94) 資料	(95) 效率	(96) 筆者	(97) 氣象	(98) 寒波
(99) 降水量	(100) 颱風	(101) 關心	(102) 循環	(103) 變動	(104) 熱帶	(105) 支配
(106) 要因	(107) 振動	(108) 現狀	(109) 氣壓	(110) 緯度	(111) 乾燥	(112) 高溫
(113) 持續	(114) 影響	(115) 調節	(116) 除外	(117) 季節	(118) 密接	(119) 上陸
(120) 豫測	(121) 積極的	(122) 支援	(123)~(132) 86, 91, 92, 94, 95, 103, 108, 114, 119, 120			
(133) 家山	(134) 加算	(135) 大爵	(136) 代作	(137) 炎毒	(138) 念讀	(139) 稀少
(140) 喜笑	(141) 千代	(142) 賤待	(143) 補短	(144) 一遇	(145) 汚吏	(146) 多魔
(147) 角者	(148) 孤掌	(149) 麥秀	(150) 徒食	(151) 墨客	(152) 神出	(153) 有備
(154) 爲針	(155) 兩端	(156) 孤獨	(157) 患難	(158) 順	(159) 憎	(160) 動
(161) 慶	(162) 許多	(163) 愚鈍	(164) 保守	(165) 郊外	(166) 延長	(167) 流動
(168) 웃돈	(169) 초승달	(170) 배다리	(171) 꿀물	(172) 앙갚음	(173) 눈썰미	(174) 편지
(175) 발바닥	(176) 곶감	(177) 한숨	(178) 後孫/世嗣	(179) 古木	(180) 視力	(181) 署名
(182) 聽, 說	(183) 三, 四	(184) 我, 引	(185) 漁, 父	(186) 天, 色	(187) 山, 海	(188) 目
(189) 黍	(190) 毋	(191) 止	(192) 凵	(193) 门	(194) 禾	(195) 走
(196) 爻	(197) 口	(198) 胆	(199) 庐	(200) 弍		

(1) 媚態(미태) : 아양을 부리는 태도.

(4) 嬰兒(영아) : 생후 2주부터 만 2세까지의 시기에 있는 아이.

(9) 罵倒(매도) : 몹시 꾸짖어 욕하는 것.

(28) '隱匿(은닉)'을 '은익'으로 읽지 않도록.

(35) 諧謔(해학) : 익살스럽고 품위 있는 농담.

(50) 瑕疵(하자) : 흠. 결점.

(183) 甲男乙女(갑남을녀) : 평범한 사람들을 일컫는 말.

(185) 犬兎之爭(견토지쟁) : 두 사람의 싸움에 제삼자가 이익을 봄을 이르는 말.

(186) 傾國之色(경국지색) : 썩 뛰어난 미인.

실전예상문제  02회

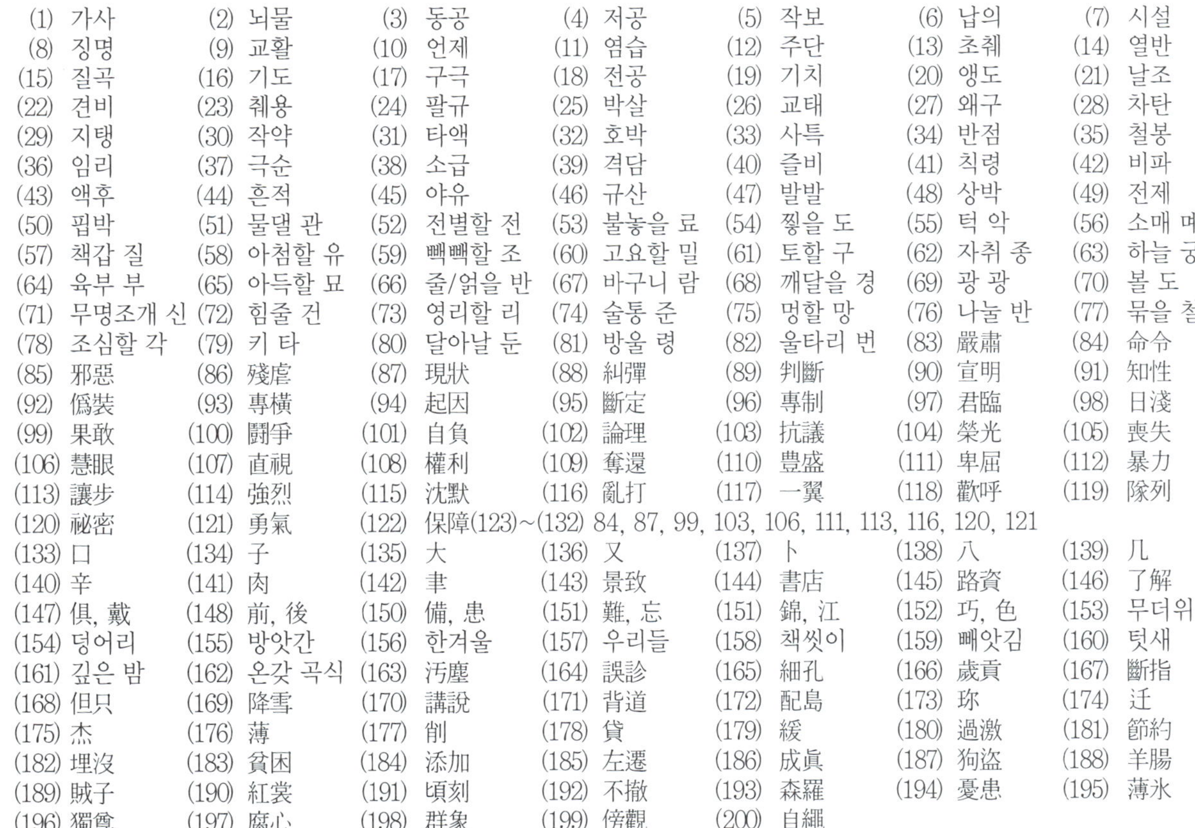

(1) 가사	(2) 뇌물	(3) 동공	(4) 저공	(5) 작보	(6) 납의	(7) 시설
(8) 징명	(9) 교활	(10) 언제	(11) 염습	(12) 주단	(13) 초췌	(14) 열반
(15) 질곡	(16) 기도	(17) 구극	(18) 전공	(19) 기치	(20) 앵도	(21) 날조
(22) 견비	(23) 췌용	(24) 팔규	(25) 박살	(26) 교태	(27) 왜구	(28) 차탄
(29) 지탱	(30) 작약	(31) 타액	(32) 호박	(33) 사특	(34) 반점	(35) 철봉
(36) 임리	(37) 극순	(38) 소급	(39) 격담	(40) 즐비	(41) 칙령	(42) 비파
(43) 액후	(44) 흔적	(45) 야유	(46) 규산	(47) 발발	(48) 상박	(49) 전제
(50) 핍박	(51) 물댈 관	(52) 전별할 전	(53) 불놓을 료	(54) 찧을 도	(55) 턱 악	(56) 소매 메
(57) 책갑 질	(58) 아첨할 유	(59) 빽빽할 조	(60) 고요할 밀	(61) 토할 구	(62) 자취 종	(63) 하늘 궁
(64) 육부 부	(65) 아득할 묘	(66) 줄/얽을 반	(67) 바구니 람	(68) 깨달을 경	(69) 광 광	(70) 볼 도
(71) 무명조개 신	(72) 힘줄 건	(73) 영리할 리	(74) 술통 준	(75) 멍할 망	(76) 나눌 반	(77) 묶을 철
(78) 조심할 각	(79) 키 타	(80) 달아날 둔	(81) 방울 령	(82) 울타리 번	(83) 嚴肅	(84) 命令
(85) 邪惡	(86) 殘虐	(87) 現狀	(88) 糾彈	(89) 判斷	(90) 宣明	(91) 知性
(92) 僞裝	(93) 專橫	(94) 起因	(95) 斷定	(96) 專制	(97) 君臨	(98) 日淺
(99) 果敢	(100) 鬪爭	(101) 自負	(102) 論理	(103) 抗議	(104) 榮光	(105) 喪失
(106) 慧眼	(107) 直視	(108) 權利	(109) 奪還	(110) 豊盛	(111) 卑屈	(112) 暴力
(113) 讓步	(114) 強烈	(115) 沈默	(116) 亂打	(117) 一翼	(118) 歡呼	(119) 隊列
(120) 祕密	(121) 勇氣	(122) 保障(123)~(132) 84, 87, 99, 103, 106, 111, 113, 116, 120, 121				
(133) 口	(134) 子	(135) 大	(136) 又	(137) 卜	(138) 八	(139) 几
(140) 辛	(141) 肉	(142) 聿	(143) 景致	(144) 書店	(145) 路資	(146) 了解
(147) 俱, 戴	(148) 前, 後	(150) 備, 患	(151) 難, 忘	(151) 錦, 江	(152) 巧, 色	(153) 무더위
(154) 덩어리	(155) 방앗간	(156) 한겨울	(157) 우리들	(158) 책씻이	(159) 빼앗김	(160) 텃새
(161) 깊은 밤	(162) 온갖 곡식	(163) 汚塵	(164) 誤診	(165) 細孔	(166) 歲貢	(167) 斷指
(168) 但只	(169) 降雪	(170) 講說	(171) 背道	(172) 配島	(173) 环	(174) 迁
(175) 杰	(176) 薄	(177) 削	(178) 貸	(179) 緩	(180) 過激	(181) 節約
(182) 埋沒	(183) 貧困	(184) 添加	(185) 左遷	(186) 成眞	(187) 狗盜	(188) 羊腸
(189) 賊子	(190) 紅裳	(191) 頃刻	(192) 不撤	(193) 森羅	(194) 憂患	(195) 薄氷
(196) 獨尊	(197) 腐心	(198) 群象	(199) 傍觀	(200) 自縄		

(1) 袈裟(가사) : 승려가 장삼 위에 걸쳐 입는 법의.

(9) 狡猾(교활) : 약은 꾀를 쓰는 것이 능함.

(21) 捏造(날조) : 사실이 아닌 것을 사실인 것처럼 거짓으로 꾸미는 것.

(36) 두음 법칙 현상으로 '淋(물 뿌릴 림)'이 '임'으로 발음된다.

(38) 遡及(소급) : 기왕에 거슬러 올라감.

(50) 逼迫(핍박) : 형세가 매우 절박하도록 바싹 닥쳐 옴.

(147) 氷炭之間(빙탄지간) : 서로 조화될 수 없는 사이.

(181) 濫用(남용) : 아끼지 않거나 규정을 벗어나 마구 쓰는 것.

실전예상문제 03회

(1) 당랑 (2) 수동 (3) 목곽 (4) 포복 (5) 함정 (6) 강인 (7) 종기
(8) 유린 (9) 팽창 (10) 시댁 (11) 패려 (12) 면시 (13) 어눌 (14) 패연
(15) 애로 (16) 천명 (17) 치열 (18) 척사 (19) 비취 (20) 모독 (21) 발췌
(22) 초면 (23) 야양 (24) 궐기 (25) 교환 (26) 교차 (27) 면박 (28) 차질
(29) 폭주 (30) 필목 (31) 설사 (32) 조박 (33) 해타 (34) 인색 (35) 승하
(36) 산호 (37) 자수 (38) 반거 (39) 파촉 (40) 앙등 (41) 겁탈 (42) 도박
(43) 궤변 (44) 배아 (45) 요조 (46) 향도 (47) 와형 (48) 삽고 (49) 박직
(50) 포상 (51) 낙타 타 (52) 광대뼈 권/관 (53) 통길 발 (54) 끊을 절 (55) 지렁이 인 (56) 비유할 유
(57) 절름발이 파 (58) 험할 기 (59) 노려볼 탐 (60) 외칠 갈 (61) 함께 해 (62) 심을/일할 가 (63) 닭을 식
(64) 어그러질 랄 (65) 바꿀 질 (66) 의좋을 의 (67) 우리 뢰 (68) 가마 교 (69) 비웃을 조 (70) 찰 패
(71) 덩굴 만 (72) 그을음 매 (73) 다급할 황 (74) 일할 길 (75) 설사 리/이 (76) 대개/곧을/막힐 경 (77) 흉년들 근
(78) 밝을 료 (79) 치질 치 (80) 부채 선 (81) 밀가루 면 (82) 뉘우칠 참 (83) 血管 (84) 細胞
(85) 維持 (86) 營養 (87) 酸素 (88) 供給 (89) 排出 (90) 環境 (91) 威脅
(92) 老廢物 (93) 汚染 (94) 添加物 (95) 經路 (96) 處理 (97) 脂溶性 (98) 代謝
(99) 膽道 (100) 呼吸 (101) 圓滑 (102) 心臟 (103) 下半身 (104) 筋肉 (105) 新鮮
(106) 役割 (107) 靜脈 (108) 毒素 (109) 痛風 (110) 豫防 (111) 腎臟 (112) 肺胞
(113) 腹式 (114) 習慣 (115) 攝取 (116) 豊富 (117) 纖維 (118) 運搬 (119) 菜蔬
(120) 多糖類 (121) 短縮 (122) 接觸 (123)~(132) 84, 92, 93, 96, 98, 99, 109, 110, 112, 119
(133) 透寫 (134) 鴻圖 (135) 舊錢 (136) 蜜蜂 (137) 惡獸 (138) 憤死 (139) 早播
(140) 散失 (141) 眼前 (142) 頂門 (143) 速 (144) 晩 (145) 贊 (146) 深
(147) 妥協 (148) 未熟 (149) 友好 (150) 綜合 (151) 複合 (152) 應答 (153) 螢雪
(154) 刻骨 (155) 鷄卵 (156) 錦衣 (157) 外患 (158) 大笑 (159) 雷同 (160) 雪上
(161) 梁上 (162) 遠交 (163) 柔能 (164) 江山 (165) 悲憤 (166) 千里 (167) 惑世
(168) 牛 (169) 广 (170) 氏 (171) 欠 (172) 力 (173) 入 (174) 肉
(175) 止 (176) 瓦 (177) 肉 (178) 拡 (179) 灾 (180) 属 (181) 便器
(182) 目下 (183) 賓辭 (184) 道敎 (185) 楚, 歌 (186) 臨, 變 (187) 滄, 粟 (188) 上, 下
(189) 聽, 說 (190) 相, 從 (191) 수다스러움/말이 많음 (192) 장조림 (193) 깜부기 (194) 평상시 (195) 밥알
(196) 줄타기 (197) 얼레빗 (198) 갑작스럽게 (199) 좋은 소식 (200) 움푹 꺼진 땅

해설

(1) 螳螂(당랑) : 사마귀. 버마재비.

(15) 隘路(애로) : 좁고 험한 길. 지장. 곤란.

(18) 擲柶(척사) : 윷놀이.

(35) 昇遐(승하) : 임금이 세상을 떠남.

(43) 詭辯(궤변) : 도리에 맞지 않는 변론.

(172) '肋(륵)' 자의 부수는 '肉(육)'이 아니고 '力(력)'이다.

(187) 九牛一毛(구우일모) : 많은 것 가운데서 가장 적은 것의 비유.

(189) 難兄難弟(난형난제) : 두 사물의 낫고 못함을 분간하기 어려움의 비유.

(190) 同病相憐(동병상련) : 같은 병의 환자끼리 서로 가엾게 여김.

실전예상문제 04회

(1) 주저 (2) 황달 (3) 무격 (4) 암둔 (5) 추장 (6) 규시 (7) 고간
(8) 질염 (9) 시비 (10) 전형 (11) 서측 (12) 포탈 (13) 저주 (14) 굴착
(15) 단백 (16) 작열 (17) 공창 (18) 함차 (19) 부고 (20) 초산 (21) 모우
(22) 진지 (23) 췌장 (24) 휘일 (25) 무료 (26) 교만 (27) 발효 (28) 제읍
(29) 와력 (30) 치매 (31) 질탕 (32) 준설 (33) 타원 (34) 경건 (35) 여과
(36) 호도 (37) 맹아 (38) 소적 (39) 잉여 (40) 희생 (41) 신랄 (42) 겁나
(43) 모해 (44) 취연 (45) 녹용 (46) 간석 (47) 척추 (48) 액살 (49) 시해
(50) 참서 (51) 너/어조사 이 (52) 아름다울 가 (53) 좀먹을 식 (54) 슬퍼할 측 (55) 달팽이 와 (56) 구기자 구
(57) 못 정 (58) 이불 금 (59) 때릴 구 (60) 돌모양 록 (61) 부추길 선 (62) 그릴 묘 (63) 욀 풍
(64) 미꾸라지 추 (65) 옷깃 금 (66) 감색 감 (67) 고래 경 (68) 원수 구 (69) 비방할 비 (70) 비단 백
(71) 이모 이 (72) 새우 하 (73) 문지를 찰 (74) 능가할 릉/능 (75) 기댈 빙 (76) 장대 간 (77) 유즙 락/낙
(78) 만두 만 (79) 채찍 편 (80) 다할 갈 (81) 물을 신 (82) 무덤 총 (83) 神話 (84) 怪物
(85) 惡夢 (86) 創造 (87) 監督 (88) 開封 (89) 恐怖 (90) 敷衍 (91) 極惡無道
(92) 對象 (93) 閉鎖 (94) 逃亡 (95) 處地 (96) 統制 (97) 事態 (98) 無防備
(99) 至論 (100) 效用 (101) 代理 (102) 經驗 (103) 克服 (104) 本質 (105) 抑壓
(106) 感受性 (107) 銳敏 (108) 穩和 (109) 外貌 (110) 獨特 (111) 浸禮敎 (112) 映畫
(113) 慣習 (114) 埋沒 (115) 裝置 (116) 興味 (117) 持續的 (118) 演出 (119) 講壇
(120) 反映 (121) 潛在 (122) 長技 (123)~(132) 84, 86, 89, 90, 92, 93, 95, 97, 100, 106, 107, 111,
118, 119, 120 중 10개 택 (133) 割據 (134) 皓齒 (135) 腹背 (136) 罷職 (137) 下問
(138) 碧海 (139) 易地 (140) 無敵 (141) 空拳 (142) 前代 (143) 徹頭 (144) 握發
(145) 狗尾 (146) 一目 (147) 虎威 (148) 自立 (149) 歡喜 (150) 興起 (151) 厭世
(152) 容易 (153) 實際 (154) 破壞 (155) 釋放 (156) 抵抗 (157) 抽象 (158) 胸腹
(159) 孤立 (160) 登院 (161) 僞券/緯圈 (162) 始務/視務 (163) 麥類 (164) 副審/浮心 (165) 女僧
(166) 釣針 (167) 削除/削蹄 (168) 回覽 (169) 講米 (170) 夭折 (171) 國法 (172) 伯, 勢
(173) 森, 羅 (174) 頭, 尾 (175) 空, 論 (176) 主, 客 (177) 鷄, 鶴 (178) 빗물 (179) 그저께
(180) 좁쌀 (181) 외딴섬 (182) 등짐장수 (183) 지렁이 (184) 짝사랑 (185) 저녁노을 (186) 연밥
(187) 손금 (188) 比 (189) 火 (190) 非 (191) 火 (192) 木 (193) 十
(194) 儿 (195) 木 (196) 釆 (197) 子 (198) 扌 (199) 弁 (200) 献

해설

(1) 躊躇(주저) : 망설임.

(22) 眞摯(진지) : 진실하게 일에 당하며 흔들리지 않음.

(39) 剩餘(잉여) : 다 쓰고 난 나머지.

(40) 犧牲(희생) : 어떤 사물, 사람을 위해서 자기 몸을 돌보지 않음.

(49) 弑害(시해) : 부모나 임금을 죽임.

(172) 莫上莫下(막상막하) : 우열의 차가 없음.

(176) 物心一如(물심일여) : 물체와 마음이 구분 없이 하나의 근본으로 통함.

(191) '炭(탄)' 자의 부수는 '山(산)'이 아니고 '火(화)'이다.

실전예상문제 05회

(1) 개벽 (2) 인후 (3) 도두 (4) 분쇄 (5) 견책 (6) 야유 (7) 참언
(8) 외람 (9) 귀각 (10) 요활 (11) 열반 (12) 원앙 (13) 취렴 (14) 탄로
(15) 찬탈 (16) 숙야 (17) 창만 (18) 증류 (19) 해일 (20) 구취 (21) 흘기
(22) 공고 (23) 답지 (24) 빙자 (25) 서리 (26) 힐난 (27) 품고 (28) 속죄
(29) 터득 (30) 세척 (31) 날인 (32) 황홀 (33) 박제 (34) 국새 (35) 선모
(36) 일민 (37) 가첩 (38) 서속 (39) 괴기 (40) 한부 (41) 형극 (42) 도서
(43) 해학 (44) 서식 (45) 남상 (46) 용동 (47) 옥소 (48) 괴리 (49) 파행
(50) 생질 (51) 널/관 구 (52) 노을 하 (53) 쌓을 온 (54) 발꿈치 종 (55) 암초 초 (56) 매울 가
(57) 천연두 두 (58) 조릿대 족 (59) 모서리 릉/능 (60) 그늘/덕택 음 (61) 목화 면 (62) 헐뜯을 방 (63) 참마 서
(64) 깁 사 (65) 후손 예 (66) 모 앙 (67) 버릴 반 (68) 돌 기 (69) 종기 소 (70) 가사 가
(71) 함 함 (72) 거닐 방 (73) 기장 량 (74) 족자 정 (75) 대이을 사 (76) 소쿠리/대광주리 단 (77) 둥근옥 벽
(78) 굵은 베옷 갈 (79) 선반 붕 (80) 꽃밥 약 (81) 밀 랍/납 (82) 지킬 수 (83) 獨逸 (84) 力點
(85) 體制 (86) 弊害 (87) 交涉 (88) 柔軟性 (89) 競爭力 (90) 解雇 (91) 緩和
(92) 附帶 (93) 縮小 (94) 負擔 (95) 輿論 (96) 確實 (97) 優位 (98) 選擧
(99) 臨迫 (100) 樣相 (101) 免疫力 (102) 抗癌劑 (103) 放射線 (104) 過激 (105) 營養
(106) 紫外線 (107) 露出 (108) 挑發 (109) 敢行 (110) 虛費 (111) 增強 (112) 友邦國
(113) 關係 (114) 尊重 (115) 歡迎 (116) 聲明 (117) 內包 (118) 單純 (119) 興奮
(120) 散策 (121) 香臭 (122) 餘韻 (123)~(132) 86, 89, 90, 91, 92, 94, 95, 98, 101, 102, 103, 104, 106, 109, 112, 117, 120 중 10개 택 (133) 寒食 (134) 解産 (135) 水軍 (136) 銀河
(137) 興, 亡 (138) 風, 燈 (139) 魚, 魯 (140) 讀, 經 (141) 因, 果 (142) 難, 攻 (143) 柒
(144) 摄 (145) 覔 (146) 마파람 (147) 지난번 (148) 응고된 피 (149) 풀잎소리 (150) 얼룩말
(151) 석쇠 (152) 부슬비 (153) 물장구 (154) 돌멩이 (155) 겉치레 (156) 財數 (157) 再修
(158) 惡材 (159) 樂才 (160) 館長 (161) 管掌 (162) 寶庫 (163) 報告 (164) 適性
(165) 笛聲 (166) 怠 (167) 卑 (168) 沈 (169) 我/此 (170) 鎭靜 (171) 遲鈍
(172) 靜肅 (173) 權利 (174) 虛僞 (175) 衰退 (176) 滅裂 (177) 顯正 (178) 厚顔
(179) 相照 (180) 巧言 (181) 盟約 (182) 小貪 (183) 路柳 (184) 多賣 (185) 山紫
(186) 安貧 (187) 苦吐 (188) 亡羊 (189) 一飯 (190) 主客 (191) 士 (192) 行
(193) 耳 (194) 尢 (195) 夕 (196) 十 (197) 儿 (198) 冂 (199) 麥
(200) 网

해설

(5) 譴責(견책) : 잘못을 꾸짖고 나무람.

(14) 綻露(탄로) : 비밀이 드러남. 비밀을 드러냄.

(22) 鞏固(공고) : 견고하고 튼튼함.

(45) 濫觴(남상) : 사물의 처음.

(48) 乖離(괴리) : 서로 등져 떨어짐.

(139) 目不識丁(목불식정) : 일자무식.

(142) 金城湯池(금성탕지) : 방비가 아주 견고한 성.

(182) 小貪大失(소탐대실) : 작은 것을 탐하여 큰 것을 잃음.

(189) 十匙一飯(십시일반) : 열 사람이 밥 한 술씩 보태면 한 사람 먹을 분량이 된다는 뜻.

실전예상문제 06회

(1) 효시 (2) 완강 (3) 경련 (4) 갱죽 (5) 치소 (6) 유쾌 (7) 원통
(8) 긍지 (9) 파초 (10) 주단 (11) 조고 (12) 감처 (13) 회자 (14) 봉투
(15) 포복 (16) 표문 (17) 황홀 (18) 비강 (19) 환거 (20) 살대 (21) 불령
(22) 늠렬 (23) 천명 (24) 사립 (25) 배회 (26) 서주 (27) 칩거 (28) 순수
(29) 팽배 (30) 기반 (31) 완장 (32) 조선 (33) 발사 (34) 비상 (35) 총신
(36) 여명 (37) 수집 (38) 권고 (39) 포로 (40) 악거 (41) 개가 (42) 비파
(43) 각성 (44) 유췌 (45) 촌탁 (46) 조율 (47) 대첩 (48) 저용 (49) 한발
(50) 전도 (51) 드물 한 (52) 부추길 주 (53) 사위 서 (54) 굳셀 의 (55) 봉산 봉 (56) 알깔 부
(57) 거만할 거 (58) 슬퍼할 창 (59) 자랑할 현 (60) 쇠망치 추 (61) 들 대 (62) 술 취할 명 (63) 자세할 자
(64) 끈끈할 점 (65) 살찔 고 (66) 쇳소리 쟁 (67) 공손할 제 (68) 용서할 유 (69) 샘 선 (70) 삿갓 립
(71) 발 렴 (72) 대오 오 (73) 밟을 도 (74) 무릎 슬 (75) 몽치/등뼈 추 (76) 깨어날 소 (77) 떠들 홍
(78) 비단 릉/능 (79) 기울 즙/집 (80) 찡그릴 빈 (81) 섬돌 폐 (82) 어지러울 교 (83) 規模 (84) 結成
(85) 衛星 (86) 航空 (87) 分析 (88) 最適 (89) 支援 (90) 契機 (91) 隣近
(92) 市廳 (93) 周邊 (94) 救助 (95) 裝備 (96) 提供 (97) 諸般 (98) 情報
(99) 警察 (100) 追後 (101) 對備 (102) 資料 (103) 投入 (104) 收拾 (105) 貢獻
(106) 確保 (107) 常時 (108) 更新 (109) 維持 (110) 豫算 (111) 關聯 (112) 製作
(113) 隨時 (114) 缺如 (115) 實情 (116) 次元 (117) 位置 (118) 煖房 (119) 送油管
(120) 構築 (121) 施設物 (122) 代案 (123)~(132) 86, 88, 90, 92, 94, 99, 101, 105, 108, 110, 112, 118, 119, 121, 122 중 10개 택 (133) 夕 (134) 衣 (135) 臼 (136) 屮 (137) 士
(138) 力 (139) 甘 (140) 大 (141) 女 (142) 日 (143) 寢具 (144) 軍士
(145) 禁酒 (146) 首都 (147) 內侍 (148) 武列 (149) 苦, 待 (150) 生, 畏 (151) 螢, 功
(152) 面, 背 (153) 눈엣가시 (154) 맞바둑 (155) 톱니바퀴 (156) 가지치기 (157) 광대 (158) 달팽이
(159) 골짜기 (160) 지난달 (161) 남새밭 (162) 본토박이 (163) 萬幸 (164) 蠻行 (165) 恥部
(166) 致富 (167) 許約 (168) 虛弱 (169) 利敵 (170) 移籍 (171) 祈福 (172) 起伏
(173) 県 (174) 蚕 (175) 双 (176) 假/僞 (177) 誤 (178) 揚 (179) 別
(180) 模倣 (181) 濕潤 (182) 卑俗 (183) 承諾 (184) 受理 (185) 獲得 (186) 架屋
(187) 萬年 (188) 應變 (189) 宗廟 (190) 天佑 (191) 汗牛 (192) 含憤 (193) 煙波
(194) 動地 (195) 術數 (196) 失色 (197) 不辭 (198) 不精 (199) 煙月 (200) 走馬

해설

(1) 嚆矢(효시) : 온갖 사물의 맨 처음으로 됨의 비유.

(13) 膾炙(회자) : 널리 사람이 입에 오르내림.

(23) 闡明(천명) : 드러내어 밝힘.

(28) 純粹(순수) : 다른 것이 조금도 섞이지 않음.

(36) 黎明(여명) : 희미하게 밝아오는 새벽.

(133) '夜(야)' 자의 부수는 '人(인)'이 아니고 '夕(석)'이다.

(150) 靑出於藍(청출어람) : 제자가 스승보다 나음을 이르는 말.

(152) 口蜜腹劍(구밀복검) : 말로는 친한 체하나 속으로 해칠 생각을 가짐.

(200) 走馬加鞭(주마가편) : 닫는 말에 채찍질을 더함.

실전예상문제 07회

(1) 혼백 (2) 뇌락 (3) 준동 (4) 앵삼 (5) 체념 (6) 만류 (7) 나해
(8) 응징 (9) 해타 (10) 살육 (11) 액기 (12) 감내 (13) 후노 (14) 전간
(15) 인갑 (16) 종양 (17) 항문 (18) 익일 (19) 두견 (20) 작약 (21) 정립
(22) 무구 (23) 곤상 (24) 초공 (25) 섬멸 (26) 질곡 (27) 역소 (28) 천공
(29) 저촉 (30) 개간 (31) 도태 (32) 간헐 (33) 연목 (34) 등반 (35) 편찬
(36) 인색 (37) 주방 (38) 봉대 (39) 기호 (40) 궁핍 (41) 전몰 (42) 곤충
(43) 주저 (44) 완곡 (45) 읍양 (46) 설진 (47) 구휼 (48) 몽매 (49) 무고
(50) 마비 (51) 장인 장 (52) 울타리 책 (53) 지을 찬 (54) 깰 오 (55) 어두울 명 (56) 지팡이 장
(57) 이무기 교 (58) 읊을 영 (59) 허둥거릴 황 (60) 빈 터 허 (61) 담비 초 (62) 물가 빈 (63) 포 포
(64) 쓰러질 미 (65) 바퀴자국 철 (66) 부평초 평 (67) 몸 구 (68) 갑자기 아 (69) 산기슭 록 (70) 꺼릴 탄
(71) 젖을 점 (72) 두려울 률 (73) 하품 흠 (74) 슬플 개 (75) 키작을 왜 (76) 콩 숙 (77) 투구 두
(78) 광대 창 (79) 매질할 달 (80) 빗댈 우 (81) 죽일 살 (82) 짤 함 (83) 露粱海戰 (84) 不死鳥
(85) 悲壯 (86) 莊嚴 (87) 落照 (88) 反映 (89) 役割 (90) 展開 (91) 慾望
(92) 投射 (93) 英雄 (94) 渴望 (95) 肖像 (96) 敍事 (97) 態度 (98) 累卵
(99) 危機 (100) 確保 (101) 誇張 (102) 感動 (103) 強要 (104) 政權 (105) 批判
(106) 復活 (107) 纖細 (108) 受賞 (109) 領域 (110) 亂中日記 (111) 飜譯 (112) 編輯
(113) 評傳 (114) 鐵甲船 (115) 建造 (116) 構築 (117) 競爭 (118) 克明 (119) 懇切
(120) 典型 (121) 祕訣 (122) 到來 (123)~(132) 85, 88, 90, 96, 97, 98, 101, 102, 105, 106, 113, 115, 117, 119, 120, 121, 122 중 10개 택
(133) 大 (134) 見 (135) 老 (136) 巾
(137) 土 (138) ノ (139) 玄 (140) 亻 (141) 田 (142) 戈 (143) 土理
(144) 地核 (145) 巨儒 (146) 解喪 (147) 折衝 (148) 版圖 (149) 戲弄 (150) 春秋
(151) 異域 (152) 亡德 (153) 步調 (154) 補助 (155) 補修 (156) 保守 (157) 炊事
(158) 取捨 (159) 後庭 (160) 厚情 (161) 羊毫 (162) 養護 (163) 盗 (164) 龟
(165) 壱 (166) 꽃말 (167) 썰물 (168) 모퉁이 구석 (169) 아지랑이 (170) 분필 (171) 돌솥
(172) 다리미 (173) 바늘귀 (174) 오목거울 (175) 반흘림 (176) 落 (177) 配 · 散 (178) 衆
(179) 落 (180) 離 (181) 野 (182) 賢 (183) 坤 · 濕 (184) 伏 · 寢 (185) 姑 · 夫
(186) 塞源 (187) 八達 (188) 松柏 (189) 狗肉 (190) 烏飛 (191) 流芳 (192) 臨渴
(193) 指鹿 (194) 絕倒 (195) 點睛 (196) 妄想 (197) 湯池 (198) 去頭 (199) 頭懸(項懸)
(200) 暗中

해설

(1) 魂魄(혼백) : 넋.

(9) 懈惰(해타) : 게으름.

(18) 翌日(익일) : 이튿날.

(40) 窮乏(궁핍) : 곤궁하고 가난해서 아무것도 없음.

(47) 救恤(구휼) : 빈민, 이재민에게 금품을 주어 구조함.

(135) '耆(기)'자의 부수는 '日(일)'이 아니고 '老(로)'이다.

(183) '乾(건)'자는 '하늘'이란 뜻과 '건조하다'는 뜻이 있으므로 상대자로 '坤(땅 곤)'과 '濕(젖을 습)'을 써야 한다.

(190) 烏飛梨落(오비이락) : 우연한 일치로 남의 혐의를 받음.

(196) 誇大妄想(과대망상) : 자기의 현실 상태를 턱없이 과장해서 사실이거니 하고 믿는 생각.

실전예상문제 08회

(1) 한척 (2) 조업 (3) 적력 (4) 혼돈 (5) 학질 (6) 만가 (7) 괴뢰
(8) 향합 (9) 해후 (10) 연기 (11) 괴편 (12) 사치 (13) 잉태 (14) 광정
(15) 보전 (16) 전포 (17) 포도 (18) 방탕 (19) 항태 (20) 표절 (21) 지각
(22) 잔재 (23) 배낭 (24) 초식 (25) 자당 (26) 홍곡 (27) 참호 (28) 탁령
(29) 보세 (30) 담외 (31) 호협 (32) 주문 (33) 담애 (34) 전서 (35) 하자
(36) 어혜 (37) 예봉 (38) 주연 (39) 함양 (40) 융이 (41) 우매 (42) 주공
(43) 휘황 (44) 경석 (45) 취허 (46) 강비 (47) 저통 (48) 영어 (49) 칭추
(50) 궤연 (51) 물뿌릴 쇄 (52) 관장할 할 (53) 큰집 저 (54) 피 패 (55) 속 오 (56) 놀랄 해
(57) 바를 말 (58) 김맬 운 (59) 고질병 고 (60) 험할 기 (61) 부의 부 (62) 헤아릴 짐 (63) 따를/도울 배
(64) 다듬잇돌 침 (65) 반찬 찬 (66) 끓을 비 (67) 짝 려 (68) 기름 방 (69) 떡 병 (70) 몽둥이 곤
(71) 높을 외 (72) 희게빛날 교 (73) 넓을 회 (74) 천연두 두 (75) 무기/의지 장 (76) 지도리 추 (77) 떠들 소
(78) 팔 완 (79) 침 침 (80) 멍들 어 (81) 명반 반 (82) 투기할 투 (83) 數千 (84) 放置
(85) 強化 (86) 問題 (87) 境界線 (88) 役割 (89) 印度 (90) 交戰 (91) 外務部
(92) 決定 (93) 巡察 (94) 水域 (95) 石油 (96) 埋藏 (97) 鑛區 (98) 擴張
(99) 疏忽 · 疎忽 (100) 依存 (101) 分離 (102) 主張 (103) 憂慮 (104) 政府 (105) 緊張
(106) 代表的 (107) 沿岸 (108) 宣布 (109) 最西端 (110) 濠洲 (111) 海洋 (112) 出擊
(113) 高潮 (114) 漁船 (115) 警告 (116) 射擊 (117) 哨戒機 (118) 侵犯 (119) 戰鬪機
(120) 契約 (121) 締結 (122) 兩國 (123)~(132) 83, 84, 86, 91, 97, 106, 109, 111, 115, 119, 120, 122 중 10개 택
(133) 口 (134) 辰 (135) 糸 (136) 干 (137) 口 (138) 乙
(139) 貝 (140) 耳 (141) 黑 (142) 里 (143) 災殃 (144) 隔月 (145) 表紙
(146) 妥協 (147) 答狀 (148) 黑鉛 (149) 干拓 (150) 巷說 (151) 小路 (152) 皇宮
(153) 触 (154) 变 (155) 択 (156) 술국 (157) 저승 (158) 굴뚝 (159) 잔돌
(160) 물레 (161) 팻말 (162) 돌고드름 (163) 너희들 (164) 뱃멀미 (165) 호숫가 (166) 隱蔽
(167) 損失 (168) 和睦 (169) 獨白 (170) 柔弱 (171) 極貧 (172) 外延 (173) 高尙
(174) 慘敗 (175) 模倣 (176) 女戴 (177) 沃畓 (178) 無人 (179) 垂範 (180) 深思
(181) 龍蛇 (182) 因果 (183) 德薄 (184) 暮改 (185) 寸鐵 (186) 鶴首 (187) 昏定
(188) 乾坤 (189) 不忘 (190) 七縱 (191) 陽傘 (192) 量産 (193) 商街 (194) 喪家
(195) 綠陰 (196) 錄音 (197) 浮揚 (198) 扶養 (199) 港口 (200) 恒久

해설

(7) 傀儡(괴뢰) : 꼭두각시, 허수아비.

(9) 邂逅(해후) : 우연히 서로 만남.

(32) 呪文(주문) : 술법을 행할 때 외는 글귀.

(37) 銳鋒(예봉) : 날카로운 창 끝 또는 칼 끝.

(41) 愚昧(우매) : 어리석고 사리에 어두움.

(134) '辱(욕)'자의 부수는 '寸(촌)'이 아니고 '辰(진)'이다.

(175) '創造(창조)'의 뜻은 '처음으로 만듦'이니 이 상대자는 '모방'이 되겠다.

(186) 鶴首苦待(학수고대) : 몹시 기다림.

(190) 七縱七擒(칠종칠금) : 일곱 번 놓아 주고 일곱 번 사로잡는다는 뜻으로 마음대로 잡았다 놓아 주었다 함의 비유.

실전예상문제 09회

(1) 나태 (2) 신금 (3) 도살 (4) 고사 (5) 방대 (6) 쾌유 (7) 보루
(8) 흡족 (9) 삼설 (10) 정박 (11) 패려 (12) 박살 (13) 구거 (14) 누설
(15) 시기 (16) 전대 (17) 반추 (18) 홍교 (19) 표독 (20) 첩자 (21) 장미
(22) 분뇨 (23) 판공 (24) 원비 (25) 와전 (26) 요절 (27) 조급 (28) 강경
(29) 희생 (30) 농단 (31) 상극 (32) 게송 (33) 부월 (34) 끽연 (35) 유대
(36) 주살 (37) 봉황 (38) 비장 (39) 조짐 (40) 노략 (41) 팽배 (42) 비수
(43) 수렵 (44) 범주 (45) 흠격 (46) 선창 (47) 격문 (48) 오뇌 (49) 총서
(50) 알력 (51) 사로잡을 금 (52) 주낼 주 (53) 길이 지 (54) 낄 협 (55) 떨어질 운 (56) 귀양갈 적
(57) 잔 상 (58) 마디충 명 (59) 맡을 후 (60) 볼기칠 태 (61) 섶나무 신 (62) 물살세찰 흉 (63) 미쳐날뛸 창
(64) 산골물 간 (65) 초석 초 (66) 멀 우 (67) 이리 랑 (68) 떨어질 추 (69) 도금할 도 (70) 둔한 말 노
(71) 뇌물 회 (72) 모퉁이 우 (73) 칠 고 (74) 두근거릴 계 (75) 돛대 장 (76) 물거품 포 (77) 꺾을 좌
(78) 내려다볼 감 (79) 쭉정이 비 (80) 곁마 부 (81) 불꽃 염 (82) 적을 사 (83) 會談 (84) 妥結
(85) 契機 (86) 冷戰 (87) 非核化 (88) 構築 (89) 難關 (90) 哲學 (91) 認識
(92) 豫備 (93) 對立 (94) 豫見 (95) 觀點 (96) 樂觀 (97) 非難 (98) 就任
(99) 神格化 (100) 暴君 (101) 危險 (102) 極端 (103) 攻擊 (104) 疑惑 (105) 提起
(106) 證據 (107) 濃縮 (108) 特使 (109) 突出 (110) 權利 (111) 歪曲 (112) 眞僞
(113) 明確 (114) 協議 (115) 供給 (116) 輕水爐 (117) 解除 (118) 宣言 (119) 增幅
(120) 壓迫 (121) 保守 (122) 背景 (123)~(132) 83, 84, 85, 86, 87, 92, 93, 94, 97, 98, 102, 115, 117, 121 중 10개 택
(133) 文房 (134) 僞裝 (135) 祝辭 (136) 遮日 (137) 文, 字 (138) 留, 皮
(139) 石, 鳥 (140) 代, 聞 (141) 齒, 心 (142) 竿, 頭 (143) 止 (144) 靑 (145) 牛
(146) 文 (147) 卜 (148) 人 (149) 臼 (150) 宀 (151) 土 (152) 金
(153) 自失 (154) 戴天 (155) 釋卷 (156) 遺患 (157) 吳越 (158) 韋編 (159) 賊反
(160) 一粟 (161) 破顔 (162) 興亡 (163) 口蜜 (164) 相對 (165) 坑儒 (166) 流言
(167) 懸頭 (168) 개구리밥 (169) 북극성 (170) 철새 (171) 바람둥이 (172) 애벌레 (173) 가을바람
(174) 물레방아 (175) 수라간 (176) 까마귀 (177) 벼락부자 (178) 養殖 (179) 糧食 (180) 審査
(181) 深思 (182) 對象 (183) 帶狀 (184) 過手 (185) 果樹 (186) 科場 (187) 誇張
(188) 賤 (189) 衰 (190) 辱 (191) 横 (192) 特殊 (193) 劣等 (194) 漂流
(195) 恥辱 (196) 疏遠 (197) 冷却 (198) 寿 (199) 嘗 (200) 庙

(5) 尨大(방대) : 매우 많고도 큼.

(26) 夭折(요절) : 나이 젊어서 죽음.

(35) 紐帶(유대) : 두 개의 것을 묶어서 연결을 맺게 하는 중요한 조건.

(47) 檄文(격문) : 특별한 경우에 군병을 모집하거나 또는 일반에게 일러주기 위한 글발.

(49) 叢書(총서) : 일정한 형식으로 계속해서 간행되는 같은 종류의 출판물.

(141) 臥薪嘗膽(와신상담) : 마음먹은 일을 이루려고 괴롭고 어려운 일을 참고 견딤.

(142) 累卵之危(누란지위) : 쌓아 놓은 알과 같은 위태로움.

(159) 賊反荷杖(적반하장) : 잘못한 사람이 도리어 잘한 사람을 나무라는 경우에 쓰는 말.

실전예상문제 10회

(1) 연하 (2) 구고 (3) 마구 (4) 천식 (5) 호선 (6) 흡사 (7) 발탁
(8) 무용 (9) 종식 (10) 장미 (11) 포주 (12) 구거 (13) 순화 (14) 광고
(15) 결박 (16) 골몰 (17) 홍쟁 (18) 보살 (19) 표연 (20) 첩약 (21) 광활
(22) 긍고 (23) 소의 (24) 운명 (25) 암자 (26) 병탄 (27) 감조 (28) 연지
(29) 무양 (30) 별관 (31) 협박 (32) 유리 (33) 적막 (34) 퇴세 (35) 혜성
(36) 죄송 (37) 염문 (38) 비호 (39) 구치 (40) 우범 (41) 파란 (42) 첨소
(43) 조예 (44) 군색 (45) 관아 (46) 흔적 (47) 서재 (48) 잔교 (49) 췌언
(50) 전분 (51) 부탁할 촉 (52) 정강이 경 (53) 옥소리 롱 (54) 몸통 동 (55) 비단 기 (56) 간질 간
((57) 도울 방 (58) 달일 전 (59) 노닐 배 (60) 창포 창 (61) 쌓을 퇴 (62) 명령할 분 (63) 수문 갑
(64) 넓적다리 퇴 (65) 산호 호 (66) 바랄 요 (67) 삶을 자 (68) 기생 기 (69) 오랑캐 적 (70) 물리칠 양
(71) 생강 강 (72) 눈동자 정 (73) 장가들 취 (74) 폭포 폭 (75) 돌 라 (76) 쪼갤 벽 (77) 마칠 준
(78) 다스릴 륜 (79) 무쇠/끌 선 (80) 전복 복 (81) 썩을 후 (82) 좁을 착 (83) 上昇 (84) 對策
(85) 單價 (86) 低廉 (87) 炭素 (88) 排出量 (89) 評價 (90) 必須 (91) 副產物
(92) 處理 (93) 施設 (94) 敷地 (95) 選定 (96) 漂流 (97) 强迫 (98) 裝備
(99) 透徹 (100) 監視 (101) 露宿者 (102) 殺害 (103) 背後 (104) 追跡 (105) 過程
(106) 尖銳 (107) 龜裂 (108) 慘劇 (109) 卽刻 (110) 衝擊 (111) 憤怒·忿怒 (112) 恐怖
(113) 葛藤 (114) 照明 (115) 成熟 (116) 傷處 (117) 冷笑 (118) 批判 (119) 活躍
(120) 稀貴本 (121) 顧客 (122) 副應 (123)~(132) 83, 84, 86, 87, 89, 91, 92, 93, 95, 97, 103, 105, 111,
112, 114, 117, 118, 122 중 10개 택 (133) 尸 (134) 隹 (135) 禾 (136) 弋
(137) 口 (138) 一 (139) 衣 (140) 豕 (141) 八 (142) 水 (143) 貫册
(144) 凶年 (145) 徹夜 (146) 俸給 (147) 女, 夫 (148) 表, 同 (149) 汗, 充 (150) 土, 山
(151) 前, 火 (152) 朱, 赤 (153) 害毒 (154) 解讀 (155) 埋葬 (156) 賣場 (157) 巨樹
(158) 擧手 (159) 鼓手 (160) 固守 (161) 五指 (162) 汚池 (163) 등딱지 (164) 된서리
(165) 엄지손가락 (166) 말버릇 (167) 깊은 속마음 (168) 점쟁이 (169) 무쇠 (170) 수키와 (171) 웃돈
(172) 볼모 (173) 纖 (174) 条 (175) 碍 (176) 濁 (177) 劣 (178) 縮
(179) 給 (180) 需要 (181) 飽食 (182) 平凡 (183) 苦痛 (184) 語尾 (185) 紅顔
(186) 不動 (187) 齊眉 (188) 殺牛 (189) 怪石 (190) 道聽 (191) 名實 (192) 針小
(193) 發憤 (194) 樓閣 (195) 魄散 (196) 扶弱 (197) 世態 (198) 以卵 (199) 隔靴
(200) 玉石

(6) 恰似(흡사) : 거의 같음.

(33) 寂寞(적막) : 쓸쓸하고 고요함.

(36) 罪悚(죄송) : 죄스럽고 황송함.

(40) 虞犯(우범) : 환경으로 죄를 범할 우려가 있음.

(43) 造詣(조예) : 학문, 기예 따위가 깊은 경지에 이른 정도.

(78) 두음 법칙 현상으로 '綸(다스릴 륜)'이 '윤'으로 발음된다.

(147) 夫唱婦隨(부창부수) : 남편 주장에 아내가 따르는 것이 부부 화합에 도리라는 뜻.

(152) 近墨者黑(근묵자흑) : '먹을 가까이 하면 검어진다.'는 뜻으로, 나쁜 사람과 사귀면 물들기 쉽다는 말.

(188) 矯角殺牛(교각살우) : 결점이나 흠을 고치려다가 수단이 지나쳐 일을 그르침.

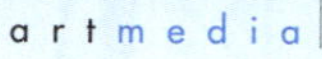

실전예상문제 11회

(1) 담박 (2) 융모 (3) 성함 (4) 종용 (5) 요철 (6) 늑골 (7) 섬광
(8) 굉장 (9) 피비 (10) 격조 (11) 요개 (12) 묘연 (13) 민담 (14) 병참
(15) 시호 (16) 괄마 (17) 흰소 (18) 양조 (19) 소요 (20) 궤멸 (21) 퇴고
(22) 조류 (23) 회자 (24) 농아 (25) 예토 (26) 소세 (27) 모색 (28) 탕건
(29) 독필 (30) 기부 (31) 태권 (32) 비익 (33) 갹출 (34) 작렬 (35) 별갑
(36) 괭창 (37) 질책 (38) 저작 (39) 폄하 (40) 형극 (41) 굉음 (42) 수치
(43) 나포 (44) 촬영 (45) 원수 (46) 농양 (47) 사향 (48) 발효 (49) 해이
(50) 매진 (51) 무당 무 (52) 줄기 경 (53) 캐물을 핵 (54) 빠질 륜 (55) 사기그릇 자 (56) 꾸밀 분
(57) 고칠 전 (58) 낟알 과 (59) 바랠 퇴 (60) 밭이랑 무 (61) 상말 언 (62) 가래 담 (63) 뺨 협
(64) 맞을 요 (65) 모실/임금 어 (66) 가려울 양 (67) 가릴 애 (68) 승냥이 시 (69) 등성마루 척 (70) 편안할 정
(71) 쬘 폭 (72) 리 리 (73) 죽순 순 (74) 엄지손가락 벽 (75) 붙잡을 나 (76) 성길 소 (77) 물댈 관
(78) 마을 려 (79) 다 실 (80) 산굽이 우 (81) 기뻐할 흔 (82) 즙 즙 (83) 求職難 (84) 矛盾
(85) 現狀 (86) 慢性 (87) 統計廳 (88) 失業者 (89) 調査 (90) 資料 (91) 實情
(92) 單純 (93) 治療 (94) 優秀 (95) 素質 (96) 適性 (97) 考試 (98) 供給
(99) 隔差 (100) 平均 (101) 養成 (102) 要求 (103) 實務 (104) 專攻 (105) 急變
(106) 産業界 (107) 需要 (108) 力不足 (109) 豫測 (110) 程度 (111) 經營 (112) 計劃
(113) 抛棄 (114) 狀況 (115) 企待·期待 (116) 無理 (117) 價値觀 (118) 姿勢 (119) 適應
(120) 當場 (121) 創意力 (122) 所重(123)~(132) 85, 87, 98, 101, 106, 109, 112, 113, 121, 122
(133) 물거품 (134) 손자의 손자 (135) 지난 밤 (136) 겹창 (137) 줄무늬 (138) 노름꾼 (139) 날품팔이
(140) 얼음지치기 (141) 여러분 (142) 차림표 (143) 氣團 (144) 基壇 (145) 瑞相 (146) 暑傷
(147) 浮流 (148) 部類 (149) 恩遇 (150) 隱憂 (151) 促進 (152) 觸診 (153) 使
(154) 滿·戈 (155) 益 (156) 歡 (157) 免 (158) 安 (159) 豊·吉 (160) 美
(161) 雌 (162) 順 (163) 塩 (164) 舖 (165) 証 (166) 斜陽 (167) 內紛
(168) 佛堂 (169) 證書 (170) 望樓 (171) 崩御 (172) 家口 (173) 浮言 (174) 言辭
(175) 細作·五列 (176) 觀天 (177) 兩難 (178) 取捨 (179) 換骨 (180) 結者 (181) 鼓腹
(182) 乳臭 (183) 之危 (184) 異夢 (185) 博學 (186) 不屈 (187) 守株 (188) 拔劍
(189) 百尺 (190) 弊, 破 (191) 日 (192) 里 (193) 目 (194) 心 (195) 又
(196) 丶 (197) 艸 (198) 广 (199) 手 (200) 豸

해설

(5) 凹凸(요철) : 오목함과 볼록함.
(13) 民譚(민담) : 민간 설화.
(37) 叱責(질책) : 꾸짖어 나무람.
(42) 羞恥(수치) : 부끄럼.
(50) 邁進(매진) : 힘써 나아감.
(176) 坐井觀天(좌정관천) : 견문이 썩 좁음을 이르는 말.
(180) 結者解之(결자해지) : 맺은 자가 풀어야 한다는 뜻으로 자기가 저지른 일은 자기가 해결해야 한다는 뜻.
(192) '量(량)' 자의 부수는 '日(일)'이 아니고 '里(리)'이다.

실전예상문제 12회

(1) 경악 (2) 전문 (3) 난기 (4) 견사 (5) 정제 (6) 늑장 (7) 유린
(8) 곡굉 (9) 조잡 (10) 체루 (11) 애비 (12) 구도 (13) 외곽 (14) 낙수
(15) 양말 (16) 현란 (17) 순탄 (18) 보살 (19) 조람 (20) 범패 (21) 작약
(22) 도벽 (23) 졸지 (24) 간극 (25) 궤봉 (26) 어휘 (27) 야금 (28) 위미
(29) 척박 (30) 호박 (31) 신속 (32) 추첨 (33) 누추 (34) 원추 (35) 납일
(36) 시훼 (37) 지연 (38) 빈사 (39) 흉한 (40) 첨위 (41) 고의 (42) 착취
(43) 만월 (44) 규곽 (45) 엄발 (46) 산만 (47) 기만 (48) 폐부 (49) 동통
(50) 범선 (51) 시들 조 (52) 동관 료 (53) 볼기 둔 (54) 잠길 인 (55) 이리 랑 (56) 묶을 괄
(57) 겨자 개 (58) 기침할 해 (59) 더러울 비 (60) 원망할 앙 (61) 감옥 령 (62) 동내 방 (63) 조심할 각
(64) 빌 근 (65) 상처 이 (66) 두려워할 황 (67) 괴팍할 퍅 (68) 잔 잔 (69) 소매 수 (70) 다룰 급
(71) 속일 편 (72) 도깨비불 린 (73) 그믐 회 (74) 돌아누울 전 (75) 사자 사 (76) 패 패 (77) 벙어리 아
(78) 걸릴 리 (79) 화살 전 (80) 발굽 제 (81) 어려울 간 (82) 선창 부 (83) 滑走路 (84) 綠地帶
(85) 白鷺 (86) 巡察 (87) 要員 (88) 破裂音 (89) 確認 (90) 退治 (91) 石灰
(92) 分解 (93) 葬事 (94) 鳥類 (95) 埋葬 (96) 附近 (97) 燒却爐 (98) 橫死
(99) 離着陸 (100) 損傷 (101) 運航 (102) 深刻 (103) 支障 (104) 墜落 (105) 略稱
(106) 超非常 (107) 射擊 (108) 警報器 (109) 悲鳴 (110) 錄音 (111) 衝擊 (112) 緩和
(113) 周邊 (114) 指定 (115) 遮斷 (116) 撤去 (117) 拔本塞源 (118) 動員 (119) 縱橫無盡
(120) 盲人 (121) 威脅 (122) 鳥獸(123)~(132) 88, 90, 93, 96, 99, 100, 101, 108, 109, 112, 115, 118 중 10개 택
(133) 齒寒 (134) 求魚 (135) 鬪狗 (136) 濁水 (137) 酒池 (138) 畫蛇
(139) 車載 (140) 膠柱 (141) 還鄕 (142) 自卑 (143) 止水 (144) 珍味 (145) 粉骨
(146) 嘗膽 (147) 罔測 (148) 酔 (149) 峡 (150) 専 (151) 前朝 (152) 黃泉
(153) 佛經 (154) 世世 (155) 反, 主 (156) 萬, 象 (157) 良, 口 (158) 錦, 食 (159) 陽, 節
(160) 息, 計 (161) 가문 날씨 (162) 붓의 털 (163) 술꾼 (164) 헛걸음 (165) 이다음 (166) 갑옷미늘
(167) 주먹도끼 (168) 푸른 하늘 (169) 콩기름 (170) 갓털 (171) 旅愁 (172) 旅費 (173) 漁港
(174) 御酒 (175) 略歷 (176) 哀號 (177) 尋訪 (178) 寬恕 (179) 舞鼓 (180) 吐絲
(181) 捨 (182) 陽 (183) 降 (184) 續 (185) 記憶 (186) 和解 (187) 散在
(188) 正統 (189) 矛盾 (190) 怨恨 (191) 木 (192) 隹 (193) 田 (194) 手
(195) 卩·㔾 (196) 二 (197) 丿 (198) 鹿 (199) 隶 (200) 人

해설

(1) 驚愕(경악) : 깜짝 놀람.
(14) 落穗(낙수) : 추수 후 땅에 떨어진 이삭.
(31) 迅速(신속) : 날쌔고 빠름.
(32) 抽籤(추첨) : 제비를 뽑음.
(47) 欺瞞(기만) : 남을 속임.
(134) 緣木求魚(연목구어) : 나무에서 고기를 구하듯 불가능한 일을 하려고 함.
(145) 粉骨碎身(분골쇄신) : 뼈가 가루가 되고 몸이 부서지도록 노력함.
(155) 主客顚倒(주객전도) : 사물의 경중, 선후, 완급이 서로 바뀜.
(171) '女囚(여수)'는 '여자 죄수'란 뜻이다.

기출문제 제 1 회

(1) 감여　(2) 포말　(3) 오매　(4) 조박　(5) 한발
(6) 두찬　(7) 고량　(8) 서려　(9) 발호　(10) 자고
(11) 조부　(12) 수고　(13) 결주　(14) 비루　(15) 침략
(16) 각건　(17) 온조　(18) 간착　(19) 독옹　(20) 구항
(21) 보살　(22) 고도　(23) 범납　(24) 권비　(25) 예맥
(26) 담타　(27) 미륵　(28) 열반　(29) 섬라　(30) 질갈
(31) 구생　(32) 개설　(33) 곤상　(34) 과립　(35) 노략
(36) 노기　(37) 질곡　(38) 고면　(39) 도륙　(40) 금종
(41) 괴패　(42) 송률　(43) 무격　(44) 눌삽　(45) 태달
(46) 감교　(47) 삭회　(48) 괄마　(49) 영어　(50) 궤양
(51) 하늘과 땅　(52) 물거품　(53) 깨어 있는 때와 자는 때(자나 깨나 언제나)
(54) 술을 걸러내고 남은 찌꺼기(술찌끼, 술비지)　(55) 가뭄
(56) 틀린 곳이 많은 저술　(57) 맛있는 음식(부귀한 가문)　(58) 일반 백성
(59) 권세나 세력을 믿고 함부로 날뜀
(60) 태만함을 극복하고 열심히 공부함　(61)~(65) 13, 17, 22, 25, 29
(66)~(70) 31, 33, 36, 40, 47　(71) 틈 극　(72) 즐길 개　(73) 줄 모
(74) 벗길 박　(75) 무너질 퇴　(76) 넘어질 폐　(77) 함 함　(78) 기릴 포
(79) 용 룡　(80) 다스릴 리　(81) 맛볼 상　(82) 물굽이 만　(83) 꿈 몽
(84) 창 극　(85) 꺾을 랍　(86) 귀울 료　(87) 근심 리　(88) 어두울 매
(89) 클 방　(90) 밝을 량　(91) 아낄 린　(92) 싹 맹　(93) 마를 위
(94) 허물 고　(95) 아플 동　(96) 모 릉　(97) 속일 만　(98) 모기 문
(99) 달아날 둔　(100) 다듬잇돌 침　(101) 까끄라기 망　(102) 술취할 명
(103) 阝(阜)　(104) 几　(105) 耒　(106) 刂(刀)　(107) 頁
(108) 攵(攴)　(109) 凵　(110) 衣　(111) 龍　(112) 里
(113) 甞　(114) 湾　(115) 梦　(116) 勤勉　(117) 濃厚
(118) 柔軟　(119) 陳腐　(120) 加霜　(121) ④　(122) ①
(123) ②　(124) ③　(125) ④　(126) 奪胎　(127) 散策
(128) 瓜年　(129) 天荒　(130) 授命　(131) 派閥　(132) 辯證
(133) 偏僻　(134) 辯論　(135) 侮蔑　(136) 拳銃　(137) 匪賊
(138) 屍身　(139) 洞窟　(140) 遺棄　(141) 卒徒　(142) 爛熟
(143) 閨房　(144) 俳優　(145) 魅惑　(146) 姿態　(147) 購買
(148) 忌避　(149) 碧溪　(150) 沐浴　(151) 清涼　(152) 糖尿
(153) 腎臟　(154) 跳躍　(155) 差度　(156) 汚染　(157) 覆蓋
(158) 高架　(159) 復元(復原)　(160) 潛在　(161) 侵犯　(162) 組暴
(163) 驅逐　(164) 解雇　(165) 商圈　(166) 焦眉　(167) 賠償
(168) 疏遠(疎遠)　(169) 葛藤　(170) 露呈
(171)~(180) 132, 134, 135, 136, 137, 138, 139, 142, 146, 153, 156, 164, 167 (택 10개)
(181) 死去　(182) 辭去　(183) 除授　(184) 除數　(185) 司祭
(186) 私第　(187) 沙洲　(188) 賜酒　(189) 酒邪　(190) 注射
(191) 粉飾　(192) ④　(193) ⑤　(194) ②　(195) 亡, 補
(196) 識丁　(197) 守, 待　(198) 衣, 老　(199) 亡, 寒　(200) 斷, 機

해설

(3) 寤寐(오매) : 깨어 있을 때나 자고 있을 때.

(5) 旱魃(한발) : 가뭄.

(28) 涅槃(열반) : 불도를 완전하게 이루어 일체의 번뇌를 해탈한 최고의 경지.

(37) 桎梏(질곡) : 속박으로 인한 고통의 상태를 비유하여 이르는 말.

(49) 囹圄(영어) : '감옥'을 매우 제한된 문맥에서 완곡하게 쓰는 말.

(79) 龍(룡 → 용), (80) 釐(리 → 이), (85) 拉(랍 → 납), (86) 聊(료 → 요), (87) 罹(리 → 이), (90) 亮(량 → 양), (91) 吝(린 → 인), (96) 稜(릉 → 능) : 이 글자들은 모두 두음 법칙이 일어나는 한자들이다.

(199) 輔車相依(보차상의) : 보는 수레 앞에 끼워 움직이게 하는 나무 토막이고 차는 수레이니 차는 보가 있어야 가고 보는 차가 없으면 무의미한 것으로 그 관계가 밀접하다는 뜻.

(200) 三遷之教(삼천지교) : 맹자의 어머니가 아들의 교육을 위해 집을 세 번이나 옮긴 일. 어린아이의 교육에는 환경이 매우 중요하다는 뜻으로 쓰임.

기출분석문제 제2회

(1) 타매 (2) 나선 (3) 질곡 (4) 고수 (5) 몌별
(6) 요철 (7) 원혼 (8) 잉태 (9) 무격 (10) 낭핍
(11) 전패 (12) 분단 (13) 창일 (14) 장전 (15) 탄회
(16) 작소 (17) 인색 (18) 관개 (19) 우범 (20) 조밀
(21) 도요 (22) 칠통 (23) 힐책 (24) 밀랍 (25) 사립
(26) 날완 (27) 고두 (28) 이열 (29) 정담 (30) 작약
(31) 서려 (32) 융단 (33) 괄호 (34) 조흔 (35) 치루
(36) 화훼 (37) 정려 (38) 작렬 (39) 윤주 (40) 궤괴
(41) 전폐 (42) 패각 (43) 보세 (44) 고장 (45) 이조
(46) 기려 (47) 익대 (48) 서속 (49) 둔종 (50) 전모
(51) 손톱자국 (52) 조가비, 조개껍데기 (53) 좋아서 뛰면서 기뻐함
(54) 도롱이와 삿갓 (55) ('침을 뱉으며 꾸짖는다'는 뜻으로) 아주 더럽게 여기며 욕함 (56) 들 것 (57) (살림살이에 쓰는 온갖) 그릇 (58) 가게
(59) 함박꽃 (60) 새벽달, 지새는 달 (61) 집터 대 (62) 화로 로
(63) 불땔 취 (64) 기릴 예, 명예 예 (65) 헐 훼 (66) 절 찰
(67) 꽂을 삽 (68) 이끌 견, 끌 견 (69) 칠할 도 (70) 낳을 탄, 거짓 탄 (71) 드리울 수 (72) 누에 잠 (73) 빌 걸 (74) 부추길 사
(75) 막힐 체 (76) 덮을 부, 엎어질 복 (77) 사이뜰 격
(78) 다스릴 섭, 잡을 섭 (79) 진칠 둔 (80) 기를 사 (81) 섭섭할 감
(82) 기름 지 (83) 고을 현 (84) 외짝 척 (85) 더부살이 교
(86) 여승 니 (87) 클 석 (88) 답답할 울 (89) 매혹할 매 (90) 염탐할 첩
(91) 품팔 고 (92) 불릴 식 (93) 殳 (94) 卪 (95) 乙
(96) 土 (97) 巾 (98) 牛 (99) 尸 (100) 襾
(101) 隹 (102) 糸 (103) 誉 (104) 炉 (105) 蚕
(106) 紊亂 (107) 嫌疑 (108) 朋僚 (109) 財産 (110) 竊取
(111) 服役 (112) 拉致 (113) 獵奇 (114) 杏行 (115) 搜查
(116) 檢屍 (117) 逮捕 (118) 赦免 (119) 膠着 (120) 協商
(121) 錯綜 (122) 溶(鎔, 熔)解 (123) 繫留 (124) 批准
(125) 締結 (126) 葛藤 (127) 縫合 (128) 掌握 (129) 騰貴
(130) 購買 (131) 穩健 (132) 偏頗 (133) 均衡 (134) 編輯
(135) 厭症 (136) 諮(咨)問 (137) 謄寫 (138) 傳單 (139) 押收
(140) 侮蔑 (141) 煉炭 (142) 採掘 (143) 峽谷 (144) 窒息
(145) 敷設 (146)~(155) 114, 116, 118, 123, 124, 128, 135, 136, 140, 142, 145 중 10개 택
(156) 丹粧 (157) 斷腸 (158) 款(寬)待 (159) 寬大 (160) 司祭
(161) 私第 (162) 史記 (163) 詐欺 (164) 僻地 (165) 壁紙
(166)~(167) 告/償, 酬, 答 (168)~(169) 說, 言/讓
(170)~(171) 察/略, 滅 (172) 虐待 (173) 版圖 (174) 滄海
(175) 指呼 (176) 他 (177) 至 (178) 降 (179) 除
(180) 坤 (181) 濕 (182) 白髮 (183) 卵管 (184) 抽象的
(185) 興, 悲 (186) 骨, 痛 (187) 觀, 火 (188) 我, 引 (189) 蛇, 尾
(190) 落, 寒 (191) 於, 藍 (192) 朝, 令 (193) ('양의 머리를 내걸어 놓고 실제로는 개고기를 판다'는 뜻으로) '겉보기만 그럴듯하게 보이고 속은 변변하지 아니함', 또는 '겉과 속이 다름'(을 비유하여 이르는 말) (194) ('붉은 입술과 하얀 이'라는 뜻으로) '여자의 썩 아름다운 얼굴'(을 이르는 말) (195) '인재를 맞아들이기 위해서 여러 번 찾아가서 예를 다하는 일'(을 이르는 말) (196) ('밥상을 눈썹 높이까지 들어올려 남편에게 바친다'는 뜻으로) '남편을 깍듯이 공경함'(을 이르는 말)
(197) 山, 斗 (198) 塞, 翁 (199) 漁, 夫(父) (200) 肝, 膽

해설

(2) 螺旋(나선) : 나사 모양으로 된 줄.

(3) 桎梏(질곡) : 몹시 속박하여 자유를가질 수 없게 하는 일.

(17) 吝嗇(인색) : 재물을 체면 없이 다랍게 아낌.

(29) 鼎談(정담) : 사람이 마주앉아 하는 이야기.

(36) 花卉(화훼) : 피어 있는 꽃. 화초.

(62, 86) '爐(로)'자와 '尼(니)'자는 두음 법칙에 해당하는 한자이므로 글자 처음에 올 때는 '노'와 '이'로 발음된다.

(193) 羊頭狗肉(양두구육) : 겉으로는 훌륭하게 내세우나 속은 변변찮음.

(194) 丹脣皓齒(단순호치) : 붉은 입술과 흰 이란 뜻으로 아름다운 여자의 비유.

기출분석문제 제3회

(1) 극구 (2) 전광 (3) 환도 (4) 예궐 (5) 퇴비
(6) 연관 (7) 무격 (8) 비참 (9) 포폄 (10) 기휘
(11) 결뉴 (12) 현식 (13) 준설 (14) 출척 (15) 게첩
(16) 강구 (17) 휘찬 (18) 패설 (19) 패륜 (20) 전설
(21) 공읍 (22) 남상 (23) 해락 (24) 소쇄 (25) 상서
(26) 세척 (27) 조짐 (28) 괴장 (29) 몽진 (30) 반사
(31) 퇴이 (32) 전대 (33) 호한 (34) 훼참 (35) 조율
(36) 고복 (37) 진회 (38) 지탱 (39) 자당 (40) 간탁
(41) 퇴고 (42) 하채 (43) 답구 (44) 진췌 (45) 황홀
(46) 품의 (47) 이열 (48) 즙모 (49) 칩복 (50) 흠향
(51) 학교 ※(鄕校를 周나라에서는 '庠', 殷나라에서는 '序' 라고 부른데서 유래함.)
(52) 디딜방아 (53) 지팡이 (54) 사방팔방으로 통하는 번화한 큰 거리
(55) 대추와 밤 (56) 잔을 띄움 ※ (양쯔 강과 같은 큰 강물도 그 시초는 잔을 띄울 만큼 가늘게 흐르는 시냇물이라는 뜻에서 유래함.) (57) 사물의 시초. 기원(起源). 근원(根源). (58) 문틈 사이로 달리는 망아지를 봄
(59) 세월이 빨리 흐름 (60) 먼지를 뒤집어 씀
(61) 임금이 난리를 피하여 다른 곳으로 자리를 옮김 (62) 살던 집을 버림
(63) '사망' 을 높여 이르는 말 (64) 밀고 두드림.
(65) (시문을 지을 때) 자구(字句)를 여러 번 생각하여 고치고 다듬음 (66) 요사할 요
(67) 편지 한 (68) 막을 저 (69) 맡길 예, 미리 예 (70) 모질 학
(71) 칠할 도 (72) 진칠 둔 (73) 다듬을 탁 (74) 펼 부 (75) 쓸개 담
(76) 문란할 문, 어지러울 문 (77) 몇 기 (78) 망볼 초 (79) 용서할 사
(80) 살 구 (81) 대바구니 롱 (82) 드리울 수 (83) 나라 동산 원
(84) 이미 기 (85) 저릴 마 (86) 막힐 질 (87) 관청 청 (88) 속일 사
(89) 드러날 창 (90) 달굴 련 (91) 불릴 식 (92) 성 진 (93) 가늘 섬
(94) 얽힐 규 (95) 벼슬 위 (96) 조세 조 (97) 물어줄 배 (98) 彡
(99) 无 (100) 穴 (101) 禾 (102) 屮 (103) 寸
(104) 幺 (105) 土 (106) 羽 (107) 虍 (108) 肉
(109) 广 (110) 竹 (111) 核彈 (112) 運搬 (113) 遲滯
(114) 廢棄 (115) 措置 (116) 傲慢 (117) 惹起 (118) 尖銳
(119) 葛藤 (120) 緩和 (121) 擁衛 (122) 類似 (123) 挑發
(124) 均衡 (125) 偏僻 (126) 論旨 (127) 懸隔 (128) 憤慨
(129) 災殃 (130) 牽制 (131) 歲暮 (132) 書架 (133) 吟詠
(134) 回顧 (135) 生涯 (136) 裸麥 (137) 求乞 (138) 療飢
(139) 漂迫 (140) 辛酸 (141) 濃霧 (142) 茫漠 (143) 田畓
(144) 收穫 (145) 暴炎 (146) 藍碧 (147) 循環 (148) 攝理
(149) 慙愧 (150) 晩鍾 (151)~(160) 112, 114, 116, 117, 120, 121, 122, 127, 128, 131, 136, 141, 150 중 10개 택 (161) 면천 (162) 말갈
(163) 섬라 (164) 예맥 (165) 장산곶 (166) 警句 (167) 驚句
(168) 附逆 (169) 賦役 (170) 連敗 (171) 連覇 (172) 騷音
(173) 消音 (174) 負商 (175) 富商 (176) 緯度 (177) 債務, 負債
(178) 能辯, 達辯 (179) 專門家 (180) 弄瓦(之慶) (181) 流言 (182) 焦思
(183) 輕擧 (184) 斬屍 (185) 塞源 (186) 補短 (187) 伐異
(188) 右突 (189) 夏爐 (190) 東奔 (191) 多, 羊 (192) 蛇, 添
(193) 衣, 戱 (194) 移, 山 (195) 編, 絕 (196) 假, 威 (197) 指, 爲
(198) 差使 (199) 角, 爭 (200) 狗盜

해설

(5) 堆肥(퇴비) : 잡초, 납엽, 해조 같은 것을 쌓아서 썩힌 비료.
(19) 悖倫(패륜) : 인륜에 어그러짐.
(22) 濫觴(남상) : 사물의 처음. 시작.
(26) 洗滌(세척) : 깨끗이 씻음.
(27) 兆朕(조짐) : 길흉이 생길 동기가 미리 드러나 보이는 빌미.
(90) 두음 법칙 현상으로 '煉(달굴 련)' 이 '연' 으로 발음된다.
(178) 訥辯(눌변)은 '더듬거리는 말솜씨' 의 뜻이다.
(185) 拔本塞源(발본색원) : 폐단의 근원을 아주 뽑아서 없애 버림.
(190) 東奔西走(동분서주) : 이리저리 바삐 다님.

기출분석문제 제4회

(1) 주방 (2) 환부 (3) 함륵 (4) 하자 (5) 신금
(6) 미양 (7) 침성 (8) 호서 (9) 용슬 (10) 행림
(11) 힐난 (12) 타매 (13) 포척 (14) 흡사 (15) 항라
(16) 흠선 (17) 참절 (18) 표한 (19) 진지 (20) 언제
(21) 주예 (22) 치모 (23) 현훈 (24) 비뇨 (25) 액살
(26) 발췌 (27) 채애 (28) 해후 (29) 괘효 (30) 주착
(31) 범패 (32) 신도 (33) 체읍 (34) 전대 (35) 첨유
(36) 판상 (37) 추첨 (38) 교특 (39) 탕건 (40) 시탄
(41) 복욱 (42) 새보 (43) 이사 (44) 빙자 (45) 노략
(46) 탁발 (47) 구리 (48) 면시 (49) 궤장 (50) 달증
(51) 부엌, 푸줏간 (52) 홀아비 (53) 재갈 (54) 흠, 티
(55) 임금의 속마음 (56) 대단하지 않은 병
(57) 다듬이질 하는 소리 (58) 간사하고 못된 무리
(59) 방이나 처소가 매우 비좁음 (60) 한방의 의원(醫員) (61) 기쁠 희
(62) 속마음 충 (63) 항목 관 (64) 일 대 (65) 콩팥 신 (66) 문지를 마
(67) 다시 복/덮을 부 (68) 굴 굴 (69) 우산 산 (70) 사냥할 렵
(71) 약제 제 (72) 골짜기 협 (73) 꽂을 삽 (74) 벼슬 위 (75) 녹을 용
(76) 엉길 응 (77) 아뢸 주 (78) 비준 준 (79) 우뢰, 벼락 진
(80) 막힐 질 (81) 모을 집 (82) 불땔 취 (83) 가게 포 (84) 클 석
(85) 물을 자 (86) 갈길 체 (87) 아교 교 (88) 바퀴자국 궤 (89) 절 찰
(90) 드러날 창 (91) 염탐할 첩 (92) 굴대 축 (93) 口 (94) 衣
(95) 欠 (96) 戈 (97) 肉 (98) 手 (99) 襾
(100) 穴 (101) 人 (102) 犬 (103) 犭 (104) 刂
(105) 峡 (106) 採掘 (107) 敷設 (108) 掌握 (109) 拓植(殖)
(110) 收奪 (111) 恣行 (112) 財閥 (113) 裸麥 (114) 飼料
(115) 名札 (116) 遙拜 (117) 誓詞 (118) 懲罰 (119) 減俸
(120) 籠城 (121) 勤勞 (122) 酷使 (123) 合併 (124) 密偵
(125) 搜索 (126) 逮捕 (127) 慘刑 (128) 警察 (129) 糾彈
(130) 監獄 (131) 拘禁 (132) 鬱憤 (133) 狂奔 (134) 道聽
(135) 塗說 (136) 焦眉 (137) 駐屯 (138) 牽制 (139) 均衡
(140) 障碍 (141) 哨戒 (142) 被拉 (143) 惹起 (144) 遲滯
(145) 憂慮 (146)~(155) 106,107,108,111,113,117,119,121,128,134,137,142,143 중 10개 택 (156) 思料 (157) 書寫 (158) 僚輩 (159) 愁色
(160) 寺基 (161) 詐欺 (162) 射騎 (163) 雇用 (164) 雇傭
(165) 煩, 雜, 詳 (166) 借 (167) 壽, 長, 老 (168) 雄 (169) 隻
(170) 淡 (171) 體 (172) 涼 (173) 釋放, 放釋, 放免
(174) 異端, 傍系, 似而非 (175) 自然, 天爲, 無爲, 天然
(176) 悟, 醒, 驚, 發 (177) 篤, 厚, 勉, 迫
(178) 哀, 憫, 悲, 痛 (179) 宋 (180) 塵世 (181) 秋
(182) 蒼 (183) 乾坤, 天壤, 玄黃 (184) 冥泉 (185) 墨, 黑
(186) 末職 (187) 金城 (188) 塞源 (189) 蛇尾 (190) 苦盡
(191) 刻, 求 (192) 泰山 (193) 背水 (194) 河淸 (195) 斷機
(196) 君子 (197) 暮四 (198) 北窓 (199) 高, 卑 (200) 望洋

해설

(1) 廚房(주방) : 음식을 차리는 방.
(14) 恰似(흡사) : '거의 같음, 그럴 듯하게 비슷함'의 뜻.
(26) 拔萃(발췌) : 중요한 부분만을 뽑아냄.
(43) 移徙(이사) : 집을 다른 곳으로 옮김.
(44) 憑藉(빙자) : 말막음으로 내세워 핑계함.
(168) '雌(자)'는 '암컷'을 뜻하는 한자이니, '수컷'을 나타내는 한자를 생각한다.
(192) 泰山北斗(태산북두) : 세상 사람으로부터 가장 존경을 받는 사람.
(197) 朝三暮四(조삼모사) : 간사한 꾀로 남을 속여 희롱함을 이르는 말.

기출분석문제 제5회

(1) 오열 (2) 삭체 (3) 부재 (4) 췌취 (5) 척강
(6) 즙선 (7) 선보 (8) 정려 (9) 번추 (10) 살대
(11) 정치 (12) 참람 (13) 전성 (14) 효후 (15) 사립
(16) 휘기 (17) 별잔 (18) 눌삽 (19) 상서 (20) 척추
(21) 취겁 (22) 융총 (23) 속형 (24) 영일 (25) 함정
(26) 흠신 (27) 구고 (28) 권솔 (29) 진애 (30) 모려
(31) 고굉 (32) 골몰 (33) 용훼 (34) 조탁 (35) 회자
(36) 조흔 (37) 아례 (38) 고고 (39) 기애 (40) 조윤
(41) 조율 (42) 첨압 (43) 승삭 (44) 전포 (45) 타기
(46) 첩경 (47) 견잠 (48) 염혜 (49) 사부 (50) 철퇴
(51) 하품과 기지개 (52) 시어머니와 시아버지 (53) 식구
(54) 티끌 (55) 띳집 (56) A. 넓적다리와 팔
(57) B. 충성스런 신하 (58) A. 빠져 듦 (59) B. 어떤 일에 깊이 빠져 듦
(60) A. 입을 놀리다. (61) B. 옆에서 말 참견을 함.
(62) A. 새기고 쪼다. (63) B. 시문 등을 고치고 다듬다.
(64) A. 생고기와 구운 고기. (65) B. 세상 사람의 입에 오르내리다.
(66) 爪 (67) 行 (68) 白 (69) 老 (70) 月
(71) 木 (72) 人 (73) 幺 (74) 广 (75) 木
(76) 径 (77) 蚕 (78) 塩 (79) 师 (80) 鉄
(81) 업신여길 모 (82) 섭섭할 감 (83) 구덩이 갱 (84) 품팔 고 (85) 허수아비 괴
(86) 두려울 공 (87) 너그러울 관 (88) 벼슬 위 (89) 주먹 권 (90) 꺼릴 기
(91) 누구 숙 (92) 쇠불릴 단 (93) 슬퍼할 도 (94) 오를 등 (95) 벗을 라
(96) 사냥 렵 (97) 그릇될 류 (98) 물굽이 만 (99) 낳을 만 (100) 업신여길 멸
(101) 만날 봉 (102) 꽂을 삽 (103) 무리 서 (104) 잡을 섭 (105) 원망할 원
(106) 녹을 융 (107) 모을 종 (108) 나루 진 (109) 날 탄 (110) 잡을 체
(111) 零細 (112) 寧日 (113) 厭症 (114) 懇請 (115) 垈地
(116) 賃貸 (117) 塗裝 (118) 架設 (119) 綱常 (120) 禽獸
(121) 敦篤 (122) 和睦 (123) 啓蒙 (124) 寡默 (125) 誇張
(126) 緊張 (127) 派遣 (128) 搜査 (129) 慣行 (130) 苟且
(131) 辨明 (132) 肩章 (133) 恥辱 (134) 溺死 (135) 葛藤
(136) 汚吏 (137) 畏敬 (138) 謙虛 (139) 放恣 (140) 慙愧
(141) 寺刹 (142) 僧尼 (143) 參禪 (144) 供養 (145) 晩鐘(晩鍾)
(146) 誦經 (147) 賤出 (148) 保守 (149) 補修 (150) 盲點
(151)~(160) 113, 114, 116, 118, 123, 124, 125, 131, 136, 137, 139, 144, 145, 146, 147, 148, 149 중 10개 택 (161) 迎歲 (162) 領洗 (163) 大地
(164) 臺地 (165) 街說 (166) 假設 (167) 禁輸 (168) 禽獸
(169) 手寫 (170) 修辭 (171) 暮, 夕 (172) 揚 (173) 戈
(174) 盾 (175) 給 (176) 却下 (177) 拙劣 (178) 應答
(179) 陳腐 (180) 親近 (181) 忘德 (182) 折衝 (183) 虐待
(184) 流離 (185) 脅威 (186) 夫,婦 (187) 隔,世
(188) 知,己, (莫,逆) (189) 充,棟 (190) 雲,泥 (191) 桑,碧
(192) 三, 絕 (193) 矯, 殺 (194) 放, 尿 (195) 塞, 翁 (196) 鷄, 狗
(197) 易, 地 (198) 衝, 鼻 (199) 脣, 齒 (200) 同, 價

해설

(1) 嗚咽(오열) : 목메어 욺. 흐느껴 욺.

(29) 塵埃(진애) : 티끌. 먼지.

(32) 汨沒(골몰) : 다른 생각을 할 겨를도 없이 한 가지 일에만 파묻히는 것.

(33) 容喙(용훼) : 옆에서 말 참견을 함.

(46) 捷徑(첩경) : 지름길. 어떤 일에 이르기 쉬운 방편.

(188) 水魚之交(수어지교) : 아주 친밀하여 떨어질 수 없는 사이.

(190) 天壤之差(천양지차) : 하늘과 땅 사이와 같이 엄청나 차이.

(195) 塞翁之馬(새옹지마) : 모든 것이 전전하여 무상하므로 인생의 길흉, 화복이 예측할 수 없다는 것.

기출분석문제 제6회

(1) 감내	(2) 잠간	(3) 혹사	(4) 매몰	(5) 사특
(6) 경건	(7) 날염	(8) 뇌락	(9) 혐오	(10) 잉태
(11) 요격	(12) 뇌옥	(13) 과긍	(14) 편경	(15) 기벽
(16) 연여	(17) 비루	(18) 도조	(19) 서속	(20) 삽시
(21) 두견	(22) 첨조	(23) 역려	(24) 빈뇨	(25) 궤주
(26) 날완	(27) 선일	(28) 비겁	(29) 강구	(30) 나타
(31) 산만	(32) 섬라	(33) 맥족	(34) 비박	(35) 나포
(36) 도요	(37) 공건	(38) 교란	(39) 둔적	(40) 개선
(41) 괴장	(42) 양말	(43) 괄구	(44) 유린	(45) 간삽
(46) 회뢰	(47) 도문	(48) 격소	(49) 갱즙	(50) 치매
(51) 높이들 게	(52) 목맬 교	(53) 대궐 궐	(54) 업신여길 모	(55) 우리 권
(56) 짝 반	(57) 가릴 차	(58) 상자 상	(59) 상서 서	(60) 클 석
(61) 기울 선	(62) 드리울 수	(63) 찾을 수	(64) 싫어할 염	(65) 우레 진
(66) 엉길 응	(67) 재상 재	(68) 훔칠 절	(69) 드러날 창	
(70) 저울대 형	(71) 던질 포	(72) 골짜기 협	(73) 신 화	(74) 기름 지
(75) (A) 탁 (B) 헤아리다		(76) (A)도 (B)법도		
(77) (A)살 (B)죽이다		(78) (A)쇄 (B)감하다		(79) (A)동 (B)골
(80) (A)통 (B)밝히다		(81) 覆審	(82) 抗告	(83) 繫留
(84) 遲滯	(85) 糾明	(86) 焦眉	(87) 跳躍	(88) 斬屍
(89) 流配	(90) 赦免	(91) 邊境	(92) 要塞	(93) 蒙塵
(94) 鬱寂	(95) 摩天樓	(96) 晩餐	(97) 演奏	(98) 魅惑
(99) 舞姬	(100) 紹介	(101) 來賓	(102) 歡聲	(103) 纖維
(104) 紡績	(105) 紡織	(106) 毛絲	(107) 混紡	(108) 地軸
(109) 鼓膜	(110) 戴冠	(111) 莊嚴	(112) 約款	(113) 賠償
(114) 購讀	(115) 籠絡	(116) 廣軌	(117) 敷設	(118) 採掘
(119) 收奪	(120) 狂奔	(121)~(130) 82, 83, 88, 90, 96, 97, 99, 101, 107, 110, 113, 116, 117, 118 중 택 10개		
		(131) 溪流	(132) 辭免	(133) 變更
(134) 聯珠	(135) 疏(疎)開	(136) 方直	(137) 模寫	(138) 謀事
(139) 弱冠	(140) 浮說	(141) 双	(142) 画(畵)	(143) 塩
(144) 氵	(145) 力	(146) 口	(147) 夕	(148) 子
(149) 巾	(150) 戈	(151) 月	(152) 网(罒)	(153) 行
(154) 엉덩이	(155) 낚싯대	(156) 혹	(157) 날뛰	
(158) (A)기러기와 비단		(159) (B)편지	(160) (A)살찐 고기, 좋은 음식	
(161) (B)맛있는 음식		(162) (A)콩과 보리	(163) (B)어리석은 사람	
(164) ②	(165) ④	(166) ①	(167) ④	(168) ③
(169) 壽	(170) 借	(171) 寡	(172) 晴	(173) 鈍
(174) 助	(175) 登	(176) 慨	(177) 怠	(178) 消
(179) 墳	(180) 洗	(181) 添花	(182) 加霜	(183) 南蠻
(184) 東夷	(185) 隱忍	(186) 妄動	(187) 見利	(188) 授命/致命
(189) 湯池	(190) 難攻	(191) 五車	(192) 充棟	(193) 河淸
(194) 結草	(195) 嘗膽	(196) 四面	(197) 株, 免	(198) 脣亡
(199) 羊頭	(200) 求劍			

해설

(3) 酷似(혹사) : 꼭 같다고 할 만큼 닮음.

(4) 埋沒(매몰) : 파묻음.

(21) 杜鵑(두견) : 두견이. 진달래.

(40) 凱旋(개선) : 싸움에 이기고 돌아옴.

(44) 蹂躪(유린) : 함부로 짓밟음.

(172) '曇(담)'자는 '날씨가 흐림'을 나타내는 한자이니, '날씨가 맑음'을 나타내는 한자를 생각해 본다.

(182) 雪上加霜(설상가상) : 난처할 일이나 불행한 일이 잇달아 일어남.

(187) 見利思義(견리사의) : 눈앞에 이익이 보일 때, 의리를 생각함.